ネイティブ中国語
補語例解

陳文芷 ＋ 陸世光 =主編
Chen Wenzhi　　Lu Shiguang

大修館書店

主編者

陳文芷　陸世光

編著者（50音順）

王京蒂　鈴木秀美　中川裕三　李琳瑩

執筆協力者（50音順）

伊藤さおり　内山白蘭　片倉健博　北西仁
鈴木こずえ　西村朗　皆川伸子

まえがき

　中国語を学習する上で，補語は重要なポイントの一つです。ある調査によると，北京語言文化大学の現代中国語精読教材において，補語を伴う文（補語が形容詞に後置する文を含む）は3,882例見られ，例文総数の13.25%を占めていたそうです。また同様に動詞補語文（補語が動詞に後置する文）についても調査したところ，こちらは動詞述語文全体の27.64%を占めていたということです。これらの結果から，動詞補語文がいかによく使われるものであるか，おわかりいただけることと思います。

　補語は，中国語を学習する上での大きな難関であると言えます。なぜなら，補語の役割は非常に複雑で，それが何を修飾しているかわからないと文意が把握できないからです。その上，補語の中にはその構造の類似から混乱を招きやすいものも多く存在しています。そのため，学習者の多くが，「文を構成している単語は学んだことのあるものばかりなのに，文意がさっぱりわからない」，「文章を書くときに補語を使うべきだということに気付かない」，「たとえ補語を使ったとしてもその使い方が適切でない」，といった問題にぶつかることになるのです。

　私は中国語作文を教える中で，早くから学習者のための補語に関する本が必要であると感じていました。その私の考えに陸世光，王京蒂両氏が賛同してくださり，共同編集することになりました。しかし，補語を扱うためには，その意味を理解した上で，こなれた日本語で翻訳しなければなり

ません。それには中国語に精通した日本人の教師の協力がどうしても必要でした。幸いにも，鈴木秀美，中川裕三両氏がほぼ全面的に協力してくださることになり，両氏ともご多忙中にもかかわらず，執筆に時間を割いてくださいました。

　本書を著す際に，私が特に気を遣ったのは，補語がどのように使われるかを示すことと，中国語の例文をできる限り自然な日本語で正確に表わすことの二点でした。

　作業手順として，まず語彙を選び，例文を作り，それに日本語訳を付した上で，最後に補語の種類として方向・結果・程度・可能・介詞・時量の6つに分類しました。中国語の補語には研究論文も多く，その分類の仕方も研究者によって意見が分かれていますが，本書では比較的受け入れやすく，中国語と日本語の対照もしやすいと思われるこの6つの分類法を採用しました。

　執筆にあたり，作業は主に以下のような分担でおこないました。

・Q&A執筆：陳
・Q&A日本語訳：中川
・例文：陸・李琳瑩
・例文の日本語訳：鈴木・中川
・例文の注釈執筆：陳・王
・例文の注釈日本語訳：鈴木・中川

　中国語の例文は，日本語を解さない2名が作成しました。それは，このような方法をとることで例文が日本語の影響を受けることなく，中国での実際の使用状況を反映したものになると考えたからです。
　Q&A，例文と注釈の日本語訳に関しては，正しくかつ自然な日本語を崩さないよう，疑問点，あるいは解釈の分かれる点があれば，中国・日本

双方の教師の納得がいくまで何度も話し合い，例文ごとに何度も推敲を重ねました．特に，中川氏に日本語訳の最終チェックをお願いした際には，文の使用される背景や人物関係に対するきめ細かな分析をふまえた上で，氏の中国語に対する正確な理解に基づき，日本語の訳文をさらに中国語の原意に近付けていただきました．

　また，巻末の日本語索引にも工夫を凝らし，日本語からも中国語の表現が調べられるようにしました．

　今回の執筆過程で，私たちは補語の重要性と複雑さを改めて痛感しました．補語が難しいとされるのは，それが最も中国語的な部分であり，またその構造が判別しにくいためです．補語を用いた文では，字面を見るだけではなく，文の使用状況や文脈，言葉の組み合わせを考える必要があります．また，中国語と日本語ではその表現方法がかなり異なります．この問題を解決するたびに，私たちは一種の達成感と大きな喜びを感じました．本書の執筆は，日中双方の研究者がお互いの言葉の理解を深める有意義な経験でもあったと感じています．こうした思いが本書を通して読者の皆さんに伝わり，それによって皆さんが広く中国語に対して興味を感じ，補語に対する理解を深め，補語という難関から解放されることを願っています．さらに補語の学習が，中国語の表現方法や考え方に触れる一つの楽しい体験となればと考えています．

　補語のような複雑な表現方法は，段階を踏んで一歩一歩学ぶことが肝要です．まず本書に収録されている例文の中から気に入ったものを選び，その構造と文意を確かめ，声に出して何度か読んでみたり，実際に使ってみたりしてください．本書の例文は，日常的に使われるようなものを中心に選んでありますので，いくつかを暗唱してみるのもおすすめです．また，もしどうしても理解できない例文に出くわしたときには，とりあえずその例文を覚えるだけにしておくことも必要でしょう．繰り返し使うことで，

補語の共通性を見出すことができたなら，補語の難しさをだんだんと乗り越えていけるのではないかと思います。

　本書の編集に着手してから出版に至るまで，およそ十数年の歳月を費やしました。その間，補語の学習書としてどのような形をとるのがよいかをさまざまに試みた結果，最終的に本書のような形に落ち着きました。特に体裁の統一等，書籍の形として実現していくにあたっては，大修館書店編集第一部の黒崎昌行・松岡澪両氏にたいへんお世話になりました。両氏の細やかで忍耐強い支援なくしては，本書を世に出すことはできなかったでしょう。

　本書が，中国語を学ぶより多くの方の手助けとなることを願っています。

2008年5月
陳文芷

もくじ

まえがき ……………………………………………… iii
補語表現早見表 …………………………………… viii

Q & A ……………………………………………… 3

A………………	17	N………………	190
B………………	19	P………………	195
C………………	31	Q………………	209
D………………	54	R………………	219
F………………	75	S………………	224
G………………	99	T………………	253
H………………	118	W………………	279
J………………	134	X………………	288
K………………	163	Y………………	311
L………………	172	Z………………	327
M………………	185		

日本語索引 ………………………………………… 349

補語表現早見表

動：動詞　介：介詞補語

【方向補語】

動＋方向＋了
妹妹跑过来了。
妹は走ってきた。

没＋動＋方向
妹妹没跑过来。
妹は走ってこなかった。

【結果補語】

動＋結果＋了
妹妹跑丢了。
妹は迷子になった。

没＋動＋結果
妹妹没跑丢。
妹は迷子にならなかった。

【可能補語】

[A]

動＋得＋方向or結果
妹妹跑得过来吗？
妹は走ってこれるの？

妹妹跑得丢吗？
妹は（走り回って）
迷子にならないのか。

動＋不＋方向or結果
妹妹跑不过来。
妹は走ってこられない。

妹妹跑不丢。
妹は迷子にならない。

【程度補語】

動＋得＋様態
妹妹跑得很快。
妹は走るのが速い。

動＋得＋不＋様態
妹妹跑得不快。
妹は走るのが速くない。

[B]

動＋得＋了liǎo
妹妹丢得了吗？
妹は迷子になったり
するのか。

動＋不＋了liǎo
妹妹丢不了。
妹は迷子になる
はずがない。

（＋了）
なった

【介詞補語】

動＋介（＋了）
妹妹跑在前面。妹は前を走っている。

没＋動＋介
妹妹没跑在前边。妹は前を走っていなかった。

【時量補語】

動（了）＋時量（＋了）
妹妹跑一个小时。妹は1時間走る。
妹妹跑了一个小时。妹は1時間走った。
妹妹跑了一个小时了。妹は1時間走っている。

不＋動＋時量（＋了）
妹妹不跑一个小时（＋了）。妹は1時間走らない。（やめた。）

没＋動＋時量
妹妹没跑一个小时。妹は1時間走らなかった。

ネイティブ中国語
補語例解

1 補語とは？

「補語」とはどのようなものを指しているのですか？

中国語には，日本語の「て，に，を，は」のような助詞もなければ，英語の"-s, -ed, -ing"のような形態変化もありません。しかし，中国語は語順によって文法関係を表す言語で，語順が重要な情報を担っています。中でも重要なのは，説明部分が説明される部分の前にあるという原則です。述語の中心成分が動詞の場合，動詞を説明する状語（連用修飾語）は一般に動詞の前に置かれます。しかし，動詞の後ろにその動詞を説明する成分がくることもよくあります。それらは動詞の方向，結果を表すものであったり，動作にかかった時間などを表すものであったりしますが，それこそが本書で紹介しようとしている「補語」なのです。補語は動詞述語文に現れ，述語の意味の中心となっていることが多く，ほかに表現する手段がないことがよくあります。たとえば次の動詞述語文がそうです。

・您**说得很对**。（おっしゃるとおりです。）
・我等了**半个小时**。（私は30分待った。）
・我把钥匙**忘在房间里**了。（カギを部屋に忘れてきた。）

次の各文は，補語に関する知識がないと誤解してしまう学習者も見られます。このことからも，補語の重要性がわかります。

・"请旅客们等飞机**停稳了**再**站起来**。"
　（飛行機が完全に止まってからお立ちください。）
・"电梯上到第八层附近突然**停了下来**。"

(エレベーターが8階付近にさしかかったとき突然停止した。)

しかし見方を変えれば，補語の構成要素自体はその大部分がすでに学んだことのある語句です。したがって，補語の規則をマスターするということは，既習の語句を「昇格」させて「再利用」し，その機能を最大限に発揮させることにほかならないのです。

補語をマスターすることにより，表現能力・理解能力を高め，中国語力を飛躍的にレベルアップすることができるのです。

2 補語の果たす役割

Q 補語は中国語では重要な要素だと聞きますが，補語を用いなくとも同じ意味は表せるのではないかと思います。補語を使うとよいことがあるのでしょうか？

A 日本語を中国語に訳す際には補語は重要な役割を果たします。たとえば，「非常に楽しい1か月を過ごした。」という文は，日本人学習者は"我过了非常愉快的一个月。"と訳してしまいがちですが，"这一个月我**过得非常愉快**。"のほうがより自然な中国語です。補語を使うことがより自然な中国語へ近づくための1つのポイントになります。

また，補語は中国語の動詞との組み合わせで大変重要な役割を果たします。そこに中国語らしさが表れます。

日本語で「コップが割れた」という時，中国語では"杯子**碰破**了。"と言いますが，中国語は，"破了"（割れた）という結果だけでなく，そのような結果が引き起こされた原因を動詞によって具体的に説明することが多いようです。"杯子**碰破**了。"では，どこかに"碰"（ぶつける）したことが原因で，コップが"破"（割れる）したという結果が引き起こされた，ということを表しています。動補構造にはこうした表現方法が多く，動詞が原因或いは具体的な動作を，後ろの補語が動作の結果を説明しています。"打碎"（ぶつけて砕ける），"喝醉"（酒を飲んで酔う），"晒黑"（日に当たって黒くなる）などもその例です。

3 補語の名称と意味

Q 意味から考えると、"东西买多了。"(品物を買いすぎた)の"多"、"我气死了。"(すごく腹が立つ)の"死"は程度補語で、"东西买回来了。"(品物を買って帰って来た)の"回来"、"墙刷得很白。"(壁は真っ白に塗られている)の"很白"は結果補語ではないでしょうか？

A 形式的に言えば、例文中の"多"、"死"は結果補語、"回来"は方向補語、"很白"は程度補語に分類されますが、これらの例文の意味を考えると、名称と意味が一致していないことがわかります。実際、方向補語には、方向を表すだけでなく、結果、状態、変化など多くの派生用法があり、方向を表す場合でさえ、結果の意味を含んでいることがあります。したがって本書では、名称は補語を分類する際の単なる記号であり、補語が表す意味と一緒に考えるべきではないと考えます。

4 補語が表す内容

Q "你一定要把他劝回来。"では"回来"するのは"你"ではなく"他"ではないかと思われますが、このように補語の表す動作が主語の動作でない場合はよくあることですか？

A 補語を理解するうえで重要な問題は補語とその他の文成分との関係をはっきりさせることです。動補構造を含んだ文中の主語、動詞、目的語、補語の間のさまざまな関係を分析して1つ1つはっきりさせる必要があります。たとえば次のように、補語が主語の位置の動作主について説明していることがあります。

・他骑在马上很神气。(馬に乗っている彼は格好いい。)

また次のように補語が動作の受け手について説明している場合もあります。

・你一定要把他劝回来。
　(帰ってくるように必ず彼を説得してください。)

更に次のように述語動詞について説明している場合もあります。
・她做菜**做得很棒**。（彼女が作った料理はおいしい。）

5 日本語→中国語と補語

Q 「叫び声を聞いて，彼はびっくりした」や「昨日彼らは望遠鏡で金星を見た」は，どう中国語に訳したらいいでしょう？

A 一定のルールはありますが，すべての文章に適応できるかどうかはまだ何とも言えません。日本語の動詞は動作の結果を含む傾向にありますが，中国語の動詞はほとんど動作の過程を表すだけなので，補語がないと結果を表せないことがよくあります。日本語から中国語に翻訳する場合には，特に注意が必要です。

1．一般的に言うと，日本語の「～して，…した」「～してから，…した」「～した」を中国語に訳す場合，結果を表す補語を付け加えるかどうかについて考える必要があります。次のように動作の結果がすでに現れたことが前提となっている場合は動詞の後ろに何らかの結果を表す補語を用いるのがふつうです。

叫び声を<u>聞いて</u>，彼はびっくりした。 → **听见**叫声，他吓了一跳。
映画を<u>見てから</u>，彼女は電車で学校に戻った。→ **看完**电影，她坐电车返回学校。
私は4歳のときに偶然<u>経験した</u>ことを思い出した。→ 我想起四岁时**遇到**的一件事。

2．目的語をとる場合は補語がいるかどうか考える必要があります。
四季の変化を見ることができる。→ 我们可以**看到**一年四季的变化。
昨日彼らは望遠鏡で金星を見た。→ 昨天他们从望远镜里**看到**了金星。
もし単に"看金星了"と言った場合，"看"という行為がおこなわれたことだけを表し，「金星が見えたかどうか」という結果については言及してい

ません。一方，例文のように補語の"到"を用いて"看到了金星"と言った場合は結果まで表し，「(星空を見ていたら) 金星が見えた」という意味になります。

3．前後の文脈が異なれば，動詞や補語が異なります。
  a．カがやってきた。→ 蚊子**飞来**。
  b．波がやってきた。→ 波浪**涌来**。
  a．足元のバッグを手に取った。→ **拿起**脚下的皮包。
  b．引き出しの中からファイルを取った。→ 从抽屉里**拿出**文件。

6　方向補語と結果

Q "收集上来"の"上来"，"笑了起来"の"起来"，"停了下来"の"下来"，"买了下来"の"下来"，"努力下去"の"下去"が表しているのは方向ですか？

A 方向補語は，単純方向補語と複合方向補語の2種類に分けられます。

	上	下	进	出	回	过	起	开
来	上来	下来	进来	出来	回来	过来	起来	开来
去	上去	下去	进去	出去	回去	过去	—	—

実際のところ，方向補語は方向を表すと同時に結果を表すこともあります。また，方向補語には派生用法があり，結果や状態も表します。派生用法は，単に方向を表す用法よりもずっと多いうえ，意味を捉えにくいことがよくあります。しかし，どのような意味の動詞がどの方向補語と結びつくとどのような意味を表すのかということはある程度決まっているので，学習者の皆さんは1つ1つ覚える必要があります。

たとえば，"上来"は"收集"(集める)，"报"(報告する)，"调 diào"(異動する)，"推荐"(推薦する)，"反映"(報告する)等の動詞の後ろでは，単に空間の下から上への移動を表しているのではなく，比喩的に「人間関係や

組織の下から上に向かって動作がおこなわれること」を表しています。たとえば"反映上来"は,「組織の末端から中央に向かって"反映"という動作がおこなわれること」を表しています。

"起来"は"笑"(わらう),"跑"(走る),"写"(書く),"穿"(着る),"学"(学ぶ),"吃"(食べる),"喊"(叫ぶ),"说"(話す)などの動詞と結びついた場合,動作の「開始」を表します。"藏"(隠れる),"收"(しまう),"围"(囲む)などの動詞の後ろでは結果の意味,つまり動作の対象が統御下に置かれるということを表します。

"下来"は,"停"(止まる),"站"(立つ),"歇"(休憩する),"放心"(安心する),"安定"(安定させる),"沉"(落ち着かせる)などの動詞の後ろでは「安定した状態へ落ち着く」ということを表しますが,一方"买"(買う),"收"(受け取る),"抢"(奪い取る)といった「獲得」の意味を表す動詞の後ろでは,「所有権の移動」,すなわち「動作行為の対象物が相手側から分離した結果,話し手の領域に帰属する」ということを表します。

"下去"は,"听"(聞く),"说"(話す),"住"(住む),"保持"(保持する),"坚持"(堅持する),"継続"(継続する),"开展"(展開する),"活"(生きる)などのような,動作そのものや動作後の状態を持続できる動詞に付いて,すでにおこなわれている動作や動作後の状態の「持続」を表します。

方向補語が難しいのは,一緒に用いられる動詞の違いや文脈によって意味が異なるため,どの意味なのかを捉えにくいことが原因となっています。方向補語は注意深く分析する必要があります。

Q7 "起来"と"上来"と"出来"

方向を表す"起来""上来""出来"はどこが違うのでしょうか?

A "抱起来"と"抱上来","拔出来"と"拔起来"の意味・用法を比較してみましょう。

方向を表す場合,"起来"を用いる場合の話者の視点は「動作の起点から上方への離脱」にあります。一方,"上来"の場合は,話者の視点が「動作

の終点への到達」にあります。たとえば，"你把孩子**抱起来**。"（子供を抱きあげなさい）は，"抱"という動作を通した「子供の地面・床などからの離脱」を表します。一方"你把孩子**抱上来**。"（子供を抱いてあがってきなさい）は，"抱"という動作を通した「子供のより高い所への到達」を表し，この場合，話者の視点は動作の「終点」にあります。

"拔"という動詞の意味は，「物体を外に向かって引き抜く」ことで，"拔"の対象はある物体の内部にあります。"拔"は「動作」そのものについて表しているだけで，動作の「結果」についてはまったく関知していません。したがって，後ろに補語を加えてはじめて結果の意味を表すことができます。たとえば"拔萝卜"（大根を抜く）の場合，"拔出来"（引き抜く）は"拔"という動作を通して「大根が地面から出てくる」ことを表します。一方"拔起来"（抜き始める）のほうは，"拔"という動作との関係から，"拔"という動作の「開始」を表すだけで，「下から上へ」という動作の方向は表しません。もし動作の受け手の物体が高いところにあって，手を伸ばして"拔"という動作をおこなわなければならない場合には，"你把墙上的钉子**拔下来**吧。"（壁の釘を抜きなさい）のように"拔下来"としなければなりません。

8 補語と状語

Q 動詞の表す動作を説明する場合，どんなときに状語を用い，どんなときに補語を用いるのでしょうか？

A 1. 動詞を説明する成分が客観的状況，無意識の行為，已然の出来事を表す場合，すなわち動作が発生した後でないと知覚できないものである場合は，補語が用いられるのがふつうです。

・他看书**看得太多了**。（彼は本を読みすぎた。）
・车站前的大街**挤得走都走不动**。
　（駅前大通りは身動きがとれないくらい混み合っている。）
・哎呀！我们**坐反了**，快下车吧！
　（あっ反対方向に乗ってしまった。はやく降りなきゃ。）

・他見到一位导演。（彼はある監督に会った。）

逆に，話者の主観，意識的な行為を表す場合には状語が用いられます。たとえば，"吃多了"（食べすぎた）と"多吃点儿"（多めに食べる），"他走得很慢"（彼は歩くのが遅い）と"请慢慢儿（地）走"（ゆっくり歩いてください），"拉上来了"（引きあげた）と"往上拉"（上に引く），"我来早了"（私は早く来すぎた）と"我早来了"（私はとっくに来ている）では，前者には補語が用いられ，後者には状語が用いられています。

2．"在～"が「動作のおこなわれる場所」を表す場合は動詞の前に置かれ，「動作の結果存在する場所」を表す場合は動詞の後ろに置かれます。

・在黑板上写字。（黒板に字を書く。）
・把字写在黑板上。（字を黒板に書く。）

しかし，このように2つの語順が可能な動詞は非常に少なく，たとえば"发表"（発表する），"居住"（居住する），"出生"（生まれる），"出现"（現れる）などが挙げられます。

また，"在～"が状語になれない場合や，補語になれない場合もあります。次のような動詞と一緒に用いられる場合，"在～"は動作の結果存在する場所しか表し得ないので，状語にはなれません。

 a．○把这个投在邮箱里吧。（これをポストに投函してください。）
 b．×把这个在邮箱里投吧。
 a．○会期改在明年八月了。（会の日取りを来年8月に変更した。）
 b．×会期在明年八月改了。

逆に，次のような動詞と一緒に用いられる場合は，動作がおこなわれる場所しか表し得ないので，補語にはなれません。

 a．○他在宿舍休息。（彼は宿舎で休憩する。）
 b．×他休息在宿舍。
 a．○我在大学学习。（私は大学で勉強している。）
 b．×我学习在大学。

9 補語と時間表示

Q 動作の時間を表す場合，どんなときに状語を用い，どんなときに補語を用いるのですか？目的語はどこに置くのですか？

A 動作がおこなわれる時点を表す成分は単独で状語になることはできますが，単独では補語になることができません。次の例では"夜里両点"は"到"と一緒になってはじめて補語になれます。
　a．她夜里両点才睡。（彼女は夜中の２時にようやく寝る。）
　b．她一直工作**到**夜里両点。（彼女は夜中の２時までずっと働いていた。）
動作がおこなわれる時間の長さを表す成分は，次のように，単独で状語になる場合と補語になる場合の２通りの語順があります。
　a．她两个小时没休息了。（彼女はもう２時間休んでいない。）
　b．她休息了**两个小时**。（彼女は２時間休んだ。）
名詞が目的語になる場合は，次のように動作時間の長さを表す動量補語の後ろに置かれるのがふつうです。
　・交換**一下**意見。（ちょっと意見交換する。）
　・学了**两年**英語。（２年間英語を学んだ。）
人名，地名及び人に対する呼称が目的語になる場合，補語の前と後ろの２通りの語順がありますが，人称代名詞が目的語になる場合は，次のように補語の前に置かれるのがふつうです。
　・我見过他**一面**。（彼に１度会ったことがある。）

10 可能補語とは？

Q どんな場合に可能補語を用いるのですか？可能補語はどんなニュアンスでしょうか？

A 可能表現には，"能看見"のように助動詞の"能"を用いた「"能／不能"＋動詞＋方向／結果補語」の形式と，"看得見"のように

可能補語の"得/不"を用いた「動詞+"得/不"+方向/結果補語」と「動詞+"得了 liǎo /不了"」の形式があります。

　一般的に言うと，可能を表す場合には「"能"+動詞+方向/結果補語」の形式が用いられることが多いのですが，不可能を表す場合には，「"不能"+動詞+方向/結果補語」と，「動詞+"不"+方向/結果補語」「動詞+"不了 liǎo"」の2つの可能補語の形式があります。

　助動詞の否定形を用いる場合の意味の重点は状況を客観的に描写することにありますが，可能補語の否定形を用いる場合の意味の重点はしばしば状況を主観的に描写することにあります。たとえば，"不能扔"は状況が許されないことを表します。"扔不远"は「投げたいけれども遠くへは無理である」「投げたとしても遠くまでは届かない」という意味を表し，"扔不了 liǎo"は「投げたくても投げられない」という意味を表すことがあります。また"说不出口"は「言いたいけれど恥ずかしくて，口を開くこともできないし，ことばも出てこない」という意味を表していますが，いずれも話者の主観を表した生き生きとした表現です。

11　程度補語と結果補語

程度補語と結果補語は，同じような意味を表しているように思えることがありますが，自分で文章を書くときにどうやって使い分ければいいですか？

A　1．動作の状態を描写したり，動作そのものについて考えを述べたりする場合は，程度補語を用いるのがふつうです。
・他**跑得很快**。（彼は走るのがはやい。）
・她**滑冰滑得很漂亮**。（彼女はスケートがとてもうまい。）
・我们**实习得很顺利**。（我々の実習は順調だった。）

2．主語または目的語がある動作を通して変化する様を描写する場合は，結果補語を用います。

・手套都**磨破**了。（手袋がすりきれた。）
・別**哭坏**了眼睛。（泣いてばかりいると目がはれちゃうよ。）

3. 次の2つの表現は同じ意味を表しているように見えますが，程度補語を用いた文は状況の描写，結果補語を用いた文は変化の描写に重点があります。

　程度補語：太陽**升**得很高了。（太陽は高く昇っている。）
　結果補語：太陽**升**高了。（太陽は高く昇った。）

　程度補語：她**急**得哭了起来。（彼女は焦って泣き出した。）
　結果補語：她**急**哭了。（彼女は焦って泣いた。）

　程度補語：东西**买**得太多了。（品物を買いすぎた。）
　結果補語：东西**买**多了。（品物を買いすぎた。）

　最後の例文を例に引けば前者は「"买"という行為がどのようになされたか」ということ，つまり「量的に買いすぎである」という状況に重点が置かれているのに対し，後者は「予定した量を超えた」という結果に重点が置かれています。

12　補語の否定形

Q "听不清楚"（可能補語の否定形）と"没听清楚"（"没"を用いた否定形）の違いは何でしょうか？

A "听不清楚"は「はっきり聞こえない」という一種の状態を描写しています。一方，"没听清楚"は"听清楚了"（はっきり聞こえた）の否定で，ある1回きりの出来事が何らかの原因で実現しなかった，つまり「はっきり聞こえなかった」ということを描写しています。したがって，両者は文脈によって使い分けられることがあります。

　a．坐在后边儿，老师说的话就**听不清楚**。（後ろに座ったら，先生の話

がはっきり聞こえない。)
　　b．老师刚才说的话，我没听清楚。(先生のさっきの話は，私にははっきり聞こえなかった。)
　aは実現していない仮定の表現なので"听不清楚"が，bは具体的な出来事が実現しなかったことを表しているので"没听清楚"がふさわしいことになります。

13　方向補語と目的語

Q　方向補語の"来"や"去"を用いようとするとき，目的語との位置関係がよくわかりません。

A　文中に方向補語の"来"または"去"がある場合，目的語の位置に注意する必要があります。

1．事物を表す目的語が"来"または"去"の後ろに置かれる場合，動作がすでにおこなわれているのがふつうです。その場合，目的語には数量詞が必要ですが，"了"があってもなくても意味は変わりません。
　　・他给我买(回)来一件漂亮的旗袍。
　　(彼は私にきれいなチャイナドレスを買ってきてくれた。)
　しかし，そのような目的語が"来"または"去"の前に置かれる場合は，動作がすでにおこなわれている場合と，まだおこなわれていない場合の2通りがあります。
　　・他给我买(回)一件漂亮的旗袍来。
　　(彼は私にきれいなチャイナドレスを買ってきてくれた。)
　　・给我买(回)一件漂亮的旗袍来！
　　(私にきれいなチャイナドレスを買ってきて！)

2．移動の起点や終着点を表す目的語は，"来"または"去"の前に置かれるのが一般的です。

・**跑出**厕所**来**（トイレから駆け出す）
・**跑进**厕所**去**（トイレに駆け込む）

これは共通語の規範的な語順ですが，実際には"〜进去厕所"のように言われるケースも少なくないようです。共通語が方言などの影響で将来どのように発展していくか，注意深く観察する必要があります。

3. 目的語が文頭や"把"の後ろに置かれることもよくあります。
   ・今天买的东西她都**拿回去**了。
   （今日買った品物は彼女がすべて持って帰った。）
   ・她把今天买的东西都**拿回去**了。
   （彼女は今日買った品物をすべて持って帰った。）

14　補語の発音

補語の読み方（声調）にはなにか法則はあるのですか？

まず，程度補語の"得"と場所を表す補語の"在"，それから可能補語の"得／不"は必ず軽声になります。
・她做菜做**得**很香。（彼女が作った料理はおいしい。）
・这一个月我过**得**非常愉快。
（非常に楽しい1か月を過ごさせてもらった。）

・我的钥匙忘**在**房间里了。（カギは部屋に忘れてきた。）
・会期改**在**明年八月。（会の日取りを来年8月に変更する。）

・他一顿饭吃**得**下五十个饺子。
（彼は1回の食事で50個のギョーザを食べられる。）
・外来语用**得**多了，日本人也看**不**懂。
（外来語を使いすぎると，日本人が読んでもわからない。）
・这些玻璃一天擦**得**完擦**不**完？（これらのガラスは1日で拭けますか。）

方向補語も基本的に軽声で発音します。
・都十点了，妹妹还没回来。
（もう10時だが，妹はまだ帰ってこない。）
・这个你拿去吧。（これを持って行きなさい。）

・落水的孩子救上来了没有？（溺れた子供は助けられたか。）
・他跑上楼去了。（彼は上の階に走って上がっていった。）

結果補語，程度補語，時量補語はもとの声調で読みます。しかし，例外も多いので，個々のケースについて注意する必要があります。

A

【挨】āi
1. 再**挨紧**一点儿，要不然照不进去。[结果]（〔写真に〕入りきらないから，もう少し詰めてください。）
2. **挨近**一看，原来是一片树叶。[结果]（近付いて見てみると，それは1枚の木の葉だった。）
3. 他们两个**挨得很近**，她是他的女朋友吧？[程度]（あの2人はくっついているけれど，彼女なのかしら。）

【爱】ài
1. 他**爱**上了一个同班同学。[方向]（彼はあるクラスメイトのことが好きになった。）
    〈注〉この"上"は「（"爱"という段階への）到達」を表している。
2. **爱不起来**也不能强迫。[可能]（愛せないからといって無理強いすることもできない。）
    〈注〉この"起来"は「（"爱"という）状況が起こる」という意味で，"爱不起来"は「そうした状況は起こり得ない」ということを表している。

【安排】ānpái
1. 他们的房间都**安排好**了。[结果]（彼らの部屋はもう手配しました。）
2. **安排完**明天的工作，他才回家。[结果]（明日の仕事の準備が済むと，彼はようやく家路についた。）
3. 这个计划**安排得很不科学**。[程度]（このスケジュールの組み方はとても不合理だ。）
4. 旅行社给我们**安排得很周到**。[程度]（旅行社の手配はとても行き届いている。）
5. 他的生活**安排得一塌糊涂**。[程度]（彼の生活はめちゃくちゃ不規則だ。）
6. 招待外国朋友，主人有时候也会把去卡拉OK**安排到日程里去**。[介词]（外国の友人を接待するとき，ホストがカラオケをスケジュールに組み込む

こともあるだろう。)

7．语法课就**安排**在星期一吧。［介詞］（文法の授業は月曜日にしましょう。）

【安装】 ānzhuāng

1．他迅速地拿出零件**安装**了**上去**。［方向］（彼はさっと部品を出して取り付けた。）
　　〈注〉この"上去"は「話し手から離れたところにあるものに付着する」という意味で、"安装上去"は「"安装"という行為を通して、部品がどこかに付け加えられる」ということを表している。

2．什么时候能**安装好**啊？［結果］（いつになったらちゃんと取り付けられるの。）

3．那位老师傅**安装得快极**了。［程度］（そのベテラン職人はあっという間に取り付けた。）

4．你能把这个**安装到原来的地方去**吗？［介詞］（これをもとの場所に取り付けられますか。）

【按】 àn

1．糟糕！我**按错**了地方，把刚写的文章消掉了。［結果］（しまった。押し間違えて、書いたばかりの文章を消してしまった。）

2．请**按住**，别松手！［結果］（しっかり押さえて手をゆるめるな。）
　　〈注〉この"住"は「動きがしっかり止まる」という意味で、"按住"は「"按"（押さえる）という動作をしっかりおこなった結果、動作対象がしっかり固定される」ということを表している。

3．没带图章的话，在这儿按一个手印也行，就**按在这儿**吧。［介詞］（ハンコを持っていないなら、拇印でもかまいません。ここに押してください。）

B

【拔】bá

1. 把那个钉子**拔下来**吧。[方向]（あの釘を抜いてください。）
   〈注〉この"下来"は「分離した結果，話し手の領域に帰属する」という意味で，"拔下来"は「拔」という行為を通して，釘が何かから分離して話し手の領域に入る」ということを表している。

2. 昨天他去把虫牙**拔掉**了。[結果]（昨日彼は虫歯を抜いてきた。）

【掰】bāi

1. 她把点心**掰成**一小块一小块的，往孩子嘴里送。[結果]（彼女はお菓子をばらばらに割って，子供の口に入れた。）

【摆】bǎi

1. 他**摆出**一副长辈的样子。[方向]（彼は先輩風を吹かした。）
   〈注〉この"出"は「結果の出現」という意味である。"摆"はもともと「並べる」という意味であるが，"摆出一副~的样子"となり，「～のそぶりを示す；～風を吹かす」という慣用的な意味を表す。

2. 你可以把这样做的理由都**摆出来**。[方向]（こうしなければならなかった理由を言ってもいいですよ。）

3. 把公筷也**摆上**吧。[方向]（取り箸も並べましょう。）
   〈注〉この"上"は「付着」という意味で，"摆上"は「摆」という行為を通して，取り箸がほかの食器が並んでいるところに添えられる」ということを表している。

4. 我的屋里**摆满**各种观赏植物。[結果]（私の部屋はいろいろな観葉植物でいっぱいだ。）

5. 要**摆平**关系还真不容易。[結果]（人間関係のバランスを取るのは本当に難しい。）
   〈注〉"摆平"はもともと「平らに置く」という意味であるが，この文では「関係を公平に扱う」ということを表している。

6. 各种新商品在柜台里**摆得整整齐齐的**。[程度]（いろいろな新商品がショーケースの中にきちんと並べられている。）

7．这张桌子很大，所有的资料都**摆得下**。［可能］（この机は大きいので，すべての資料が並べられる。）

〈注〉この"得下"は「場所に余裕があり収納できる」という意味で，"摆得下"は「"摆"という行為を通して，机の上にすべての資料を収納できる」ということを表している。

8．看着**摆**在盘子里的焦黄的油炸虾，我情不自禁地高兴起来。［介詞］（大皿に並んでいるきつね色のエビフライを見ていると，私は思わずうれしくなってきた。）

9．要讨论的问题都**摆到**桌面上来吧。［介詞］（話し合いたい問題は，会議にかけてください。）

【拜托】bàituō

1．你就决心自己干吧，谁也**拜托**不了liǎo。［可能］（自分でやるという覚悟を決めることだ。誰も当てにできないから。）

【搬】bān

1．要打扫卫生，教室里的桌椅都得**搬出去**。［方向］（掃除をするので，教室の机といすを外に運び出さなければならない。）

2．你**搬**好家了吗？［結果］（引っ越しは済みましたか。）

3．住户**搬走**了，押金退给他了吗？［結果］（住人は引っ越してしまったけれど，敷金は返しましたか。）

4．门这么小，这个长沙发**搬得进去搬不进去**？［可能/可能］（このドアは小さいけれど，こんな長いソファは搬入できますか。）

5．他刚**搬到**我隔壁来。［介詞］（彼は隣に引っ越してきたばかりだ。）

6．这十年中，我**搬**了**两次**家。［時量］（この10年で2回引っ越した。）

【办】bàn

1．那家公司条件很好，他正在想办法把小王**办进去**。［方向］（その会社は待遇がいいので，彼は王さんを入れる手だてを考えているところだ。）

2．这个案子要**办下去**，一定要把案情及有关人员弄清楚。［方向］（この事件は調べていかなければならないので，状況及び関係者を徹底的に究明すべきだ。）

3．**办好**入境手续我就放心了。[結果]（入国手続きが済んで安心した。）
4．她很能干，事情**办得**很漂亮。[程度]（彼女はやり手なので，うまく対応できた。）
5．这件事很复杂，不知你**办得了**liǎo**办不了**liǎo？[可能/可能]（この件はとても複雑だけど，あなたは対応できますか。）

【包】bāo

1．请你给我**包上**。[方向]（包んでください。）
   〈注〉この"上"は「付着」という意味で，"包上"は「"包"という行為を通して，品物の表面に包装紙などが付着する」ということを表している。
2．我**包得**不好，他**包得**很好，你找他去吧。[程度/程度]（私は包み方が下手ですが，彼は上手なので，彼に頼んでください。）
3．这几天天气特别冷，出去的时候她把孩子**包得**严严实实的。[程度]（ここ数日特に寒いので，彼女は赤ん坊をしっかりと包んで出かける。）
4．春节去饭店吃饭**包不到**单间。[可能]（春節にレストランで食事をしようと思っても個室の予約が取れない。）
5．这个东西真不好包，怎么包也**包不紧**。[可能]（これは包みにくくて，どうしてもきっちり包めない。）
6．这件事**包在**我身上了。[介詞]（このことは私に任せてください。）

【包围】bāowéi

1．歌星一走出来，等候在出口的歌迷们就立刻把他**包围了起来**。[方向]（スターが出てくると，出口で待っていたファンがあっという間に彼を取り囲んだ。）
   〈注〉この"起来"は「事物が統御下に置かれる」という意味で，"包围起来"は「"包围"という行為を通して，スターが身動きできなくなる」ということを表している。
2．四周的山把这山谷**包围得**像一口井。[程度]（周りの山はこの谷を井戸のように囲んでいる。）

【保持】bǎochí

1．她的记录恐怕要**保持不了**liǎo了。[可能]（彼女の記録はおそらく保持で

きなくなるだろう。)
2．看这个吉尼斯纪录能**保持**到什么时候? [介詞]（このギネス記録はいつまでもつだろうか。)
3．这种习惯一直**保持**了很久。[時量]（この習慣はずっと続けられてきた。)

【保存】 bǎocún
1．这是纪念邮票，**保存起来**。[方向]（これは記念切手ですから，取っておきなさい。)
    〈注〉この"起来"は「事物が統御下に置かれる」という意味で，"保存起来"は「"保存"という行為を通して，切手が統御下に置かれる」，つまり「取っておく」ということを表している。
2．没想到妻子会把丈夫的情书**保存到现在**。[介詞]（奥さんがご主人のラブレターを今まで取っているとは思わなかった。)
3．他把**保存**了多年的旧胶片捐赠给音像图书馆了。[時量]（彼は長年保存していた古いフィルムをAVライブラリーに寄贈した。)

【保护】 bǎohù
1．快把现场**保护起来**。[方向]（はやく現場を確保しなさい。)
    〈注〉この"起来"は「事物が統御下に置かれる」という意味で，"保护起来"は「"保护"という行為を通して，そのままになっている事件現場が統御下に置かれる」，つまり「保存しておく」ということを表している。
2．我**保护不了**liǎo他。[可能]（私は彼を守りきれない。)

【保留】 bǎoliú
1．他的学籍会一直**保留**下去的。[方向]（彼の学籍は必ず残されるでしょう。)
2．您的座位我可以给您**保留到明天**。[介詞]（ご予約のフライトは明日まで取っておけます。)
3．**保留**一年两年大概没问题。[時量]（1，2年保留してもたぶん大丈夫でしょう。)

【抱】bào

1. 他把小妹妹**抱**了起来。［方向］（彼は妹を抱きあげた。）
2. 你把小孩儿**抱**上楼去吧。［方向］（子供を抱いて上の階にあがりなさい。）
3. 这个孩子越来越重，我简直**抱不动**了。［可能］（この子はますます重くなり，もう抱っこできない。）
  〈注〉この"不动"は「（"抱"という）動作を思うようにおこなうことができない」という意味を表している。
4. 请把这些衣服**抱**到楼上去。［介詞］（この服を全部2階まで持ってあがってください。）
5. 她把孩子紧紧地**抱**在怀里。［介詞］（彼女は子供をしっかり抱きしめた。）
6. 她俩很高兴地**抱**在一起，跳了起来。［介詞］（彼女たちは喜んで抱き合い，飛びあがった。）

【背】bēi

1. 休息一会儿以后，他又把病人**背起来**向前走去。［方向］（しばらく休んでから，彼はまた病人を背負って前に進んだ。）
2. 这个书包很重，妹妹都快**背不动**了。［可能］（このランドセルは重くて，妹は背負えなくなりそうだ。）
  〈注〉この"不动"は「（"背"という）動作を思うようにおこなうことができない」という意味を表している。
3. 地震的时候，要把病人**背**到安全的地方。［介詞］（地震のときには，患者を安全な場所まで背負って行かなければならない。）
4. 他只好把大家的书包都**背**在自己背上。［介詞］（彼は仕方なく皆のランドセルを全部背負った。）
5. 这个包袱他已经**背**了很长时间了，该帮他解决了。［時量］（この問題は彼がずっと背負い込んでいるから，もう解決してあげるべきだ。）
  〈注〉"背包袱"はもともと「風呂敷包みを背負う」という意味であるが，ここでは比喩的に「精神的な負担を持っている」ということを表している。

【背】bèi

1. 老师叫我们把这几句话**背**下来。［方向］（先生は私たちにこれらの文を覚

えさせた。)
　　〈注〉この"下来"は「話し手の領域に残存する」という意味で、"背下来"は「"背"（暗誦する）という行為の結果、文が自分の記憶に残る」ということを表している。
2. 这几句话他**背**得很流利。[程度]（これらの文は、彼はすらすらと暗唱できる。)
3. 昨天你还**背**得出来，怎么今天**背**不出来了呢？　[可能/可能]（昨日は暗唱できたのに、どうして今日はできなくなったの。)
4. 我一下子**背**不下来。[可能]（すぐには覚えられない。)
5. 我已经**背**到第三段了，你呢？　[介詞]（私はもう3段落目まで覚えたけれど、君は。)
6. **背**了那么半天了，还没**背**完吗？　[時量/結果]（そんなに長い間かかって、まだ覚えられないの。)

【比】bǐ

1. 这两件衣服放在一起，质量好坏就**比**出来了。[方向]（この2着の服を一緒にしたら、質のよしあしがはっきりした。)
　　〈注〉この"出来"は「わかる；明らかになる」という意味で、"比出来"は「"比"という行為を通して、両者のよしあしが明らかになる」ということを表している。
2. 行了，行了，别**比**了。你要**比**到什么时候去？　[介詞]（もういいよ、いいよ、やめなさい。いつまで比べるつもり。)
3. 哪种方法好，哪种不好，放在一起**比**一下就能**比**出来了。[時量/方向]（どんな方法がよくて、どんな方法がよくないか、一緒にして比較すればわかる。)

【闭】bì

1. 把眼睛**闭**上别看！　[方向]（目を閉じて、見ないで。)
　　〈注〉この"上"は「付着」という意味で、"闭上"は「"闭"という動作を通して、上下のまぶたが付着する」ということを表している。
2. 她坐在那儿，把嘴**闭**得紧紧的。[程度]（彼女は口をしっかりつぐんで、あそこに座っている。)
3. 孩子高兴得嘴都**闭**不上了。[可能]（子供はうれしくて口元が緩んでしまった。)

【避】bì

1. 就算这一次你能**避**过去，下一次怎么办？［方向］（今回は避けられたとしても，次はどうするつもりだい。）
   〈注〉この"过去"は「ある地点を通り過ぎて行く」という意味で，"避过去"は「"避"という行為を通して，あることを通り過ぎる」，つまり「やり過ごす」ということを表している。
2. 他们想办法**避**开了一些不利于赞助者的说法。［方向］（彼らは何とかしてスポンサーに不利な表現を避けた。）
3. 家庭里的婆媳矛盾是**避**不开的，只有双方互相体谅搞好关系。［可能］（家庭における嫁姑問題は避けられないもので，お互いが相手を思いやって良好な関係を築くしかない。）

【毕业】bìyè

1. 他**毕业**得比我早，是我的学长。［程度］（彼は私より卒業がはやいので，私の先輩だ。）
2. 拿不到这个学分，就**毕**不了liǎo**业**了。［可能］（この単位が取れなかったら，卒業できなくなる。）
3. 他**毕业**于一个地方大学。［介詞］（彼は地方大学の出身だ。）
4. 他**毕业**快一年了。［時量］（彼が卒業してもうすぐ1年になる。）

【编】biān

1. 那件事根本就没发生过，都是他**编**出来的。［方向］（それはもともとなかったことで，すべて彼の作り話だ。）
2. 你怎么把我也**编**进去了？［方向］（どうして私まで話の中に引きずり込むのですか。）
3. 他的事迹被**编**成话剧，在全国上演。［結果］（彼の事績は新劇となって，全国で上演されている。）
4. 他被**编**到第三班里。［介詞］（彼は3組に入れられた。）

【变】biàn

1. 魔术师从箱子里**变**出来一个漂亮的小姐。［方向］（手品師は箱の中か

らきれいな女性を出した。)

2．魔术师可以把花**变成**鸽子，咱们可**变不了**liǎo。[結果/可能]（手品師は花をハトに変えることができるが、私たちにはできない。)

3．几年不见，她已经**变成**一个大姑娘了。[結果]（何年か会わないうちに、彼女は大人の女性になっていた。)

4．这个失足青年经过教育已经**变好**了。[結果]（この不良青年は教育によってすでに更正している。)

5．黄山温泉的温泉更有吸引力，说是沐浴后白发可以**变黑**。[結果]（黄山温泉の温泉は更に魅力的で、入浴後、白髪が黒くなると言われている。)

6．几年不见，你**变精**了。[結果]（しばらく会わないうちに賢くなったね。)

7．洗完温泉，朋友们开玩笑说大家都**变美了**。[結果]（温泉から上がると、友達同士きれいになったと冗談を言い合った。)

8．几年不见，这些孩子**变得很有规矩，很有礼貌了**。[程度]（何年か会わないうちに、この子たちは行儀よく、礼儀正しくなった。)

9．这一年他**变得几乎认不出来了**。[程度]（この１年で彼は見分けが付かないほど変貌した。)

10．原来规定的时间已经**变了**一次了，这次不要再变了。[時量]（決めた時間はすでに１度変更しているから、今回はもう変更しないほうがいい。)

【标】biāo

1．这种药的成分和副作用都应该**标清楚**。[結果]（この薬の成分と副作用ははっきり表示すべきだ。)

2．卖伞的地方在哪儿，这个图**标得一点儿都不清楚**。[程度]（かさ売り場がどこにあるのか、この案内図ではさっぱりわかりません。)

3．价钱都**标在那儿呢**，你看不见吗？[介詞]（値段はあそこに表示してあるでしょう。目に入らないの。)

【裱】biǎo

1．朋友看了赞叹不已，立刻请人**裱好**，收藏起来。[結果]（友人は見るとしきりに賛嘆の声をあげ、すぐに表装してもらって、大事にしまい込んだ。)

2．那张画儿一个月就**裱完**了。[結果]（その絵は1か月で表装し終わった。）
3．他裱画儿**裱得很好**。[程度]（彼は絵の表装がうまい。）
4．这张画儿还**裱得了**liǎo吗？[可能]（この絵はまだ表装できますか。）

【表达】biǎodá
1．我的谢意好像还没有充分**表达出来**。[方向]（私の感謝の気持ちはまだ十分に伝わらないようだ。）
2．我已经把我的意思**表达得很清楚**了。[程度]（私の考えはすでにはっきり表明しました。）
3．他感情是丰富的，就是**表达不出来**。[可能]（彼は感情豊かだが、ことばでうまく言い表すことができない。）
4．他的想法，连他自己都**表达不清楚**，我们怎么会知道？[可能]（彼の考えていることは，彼自身でもはっきり言い表せないのに，どうして私たちがわかるというのですか。）

【表示】biǎoshì
1．我已经用实际行动**表示出**我是赞成的了。[方向]（私はすでに実際の行動によって賛成であることを表明している。）
2．对这件事的态度，我已经**表示完**了，请大家发表意见。[結果]（この件について私の態度はすでに表明済みなので，どうか皆さん意見を出してください。）
3．他的态度，**表示得很明确**。[程度]（彼のスタンスははっきりしている。）
4．不这么做就**表示不出**他的心意。[可能]（こうしないと彼の気持ちを表すことができない。）
5．他**表示过几次**，如果邀请，他一定去参加。[時量]（もし招待されたら必ず参加すると，彼は何度も表明している。）
6．刚学几句外语的人最喜欢用外语向熟人打招呼，**表示一下**好意。[時量]（外国語を少し学んだばかりの人は，その外国語で知り合いに挨拶して親しみを表すのを好む。）

【表现】biǎoxiàn
1. 看来，在这个问题上**表现**出来的"代沟"越来越明显了。[方向]（どうやら，この問題で現れた「ジェネレーションギャップ」はますます顕著になったようだ。）
2. 他一向**表现**得很好。[程度]（彼はいつも優秀だ。）
3. 这么演**表现**不出那个时代的气氛。[可能]（こんな演じ方ではあの時代の雰囲気を表現しきれない。）
4. 当然服务态度的好坏绝不只**表现**在鞠躬致意上。[介詞]（もちろん接客態度のよしあしは，お辞儀にだけ表れるものでは決してない。）
5. 他今天真是大大地**表现**了一番。[時量]（今日彼は本当によいところをおおいに見せつけた。）

【表扬】biǎoyáng
1. 你**表扬**错了，他根本没帮大家做过事情。[結果]（彼をほめるのはおかしいよ。皆のためにまったく何もしたことがないのだから。）
2. 大会**表扬**完了先进代表，文艺节目就开始了。[結果]（大会で模範代表を表彰し終えると，催し物が始まった。）
3. 老师对有进步的学生**表扬**了好半天。[時量]（先生は進歩のあった学生を長い間ほめていた。）

【憋】biē
1. 你把话都说出来吧，老**憋**在心里该憋出病来了。[介詞/方向]（言いたいことは言いなさい。我慢していると病気になってしまうよ。）

【并】bìng
1. 把两个班**并**成一个班，并起来以后一共有多少人？[結果/方向]（2つのクラスを1つにすると，合わせた後は，合計で何人になりますか。）
2. 立正的时候脚跟要**并**拢。[結果]（気を付けの時はちゃんとかかとをつけなければならない。）
3. 上次骨折以后两条腿就**并**不紧了。[可能]（前回骨折してから両足を揃えられなくなった。）

4．日本妇女不管是拿东西还是做手势，都是四指**并在一起**的。[介词]（日本女性は物を手に取るにも手振りをするにも、いつでも4本の指を揃える。）

【病】 bìng

1．近来他身体一直不太好，**一病起来**就要住院。[方向]（近頃彼はずっと体調が悪く、病気になるとすぐ入院する。）

2．流感一来，我们科室就**病倒了**三个。[结果]（インフルエンザの時期になると、私たちの部署は3人も倒れた。）

3．这次她**病得不轻**，需要住院治疗。[程度]（今回、彼女の病状は重く、入院治療が必要だ。）

4．他的身体很好，冬天用冷水洗澡也**病不了**liǎo。[可能]（彼は健康で、冬に水風呂に入っても病気にならない。）

5．去年春天旅游时，他**病在上海了**，病好了才回到东京。[介词]（昨年の春に旅行した際、彼は上海で病気になり、治ってからようやく東京に帰った。）

6．她去年**病了一个多月**。[时量]（彼女は昨年1か月以上患った。）

【补】 bǔ

1．我们队有两个队员病了，临时**补进来**两个人。[方向]（私たちのチームは2人のメンバーが病気になったため、臨時に2人補充した。）

2．那件衣服**补好了**。[结果]（その服をちゃんとつくろった。）

3．我的驾驶证丢了，交警队又**补给我**一个。[介词]（免許証を失くしたので、警察に再発行してもらった。）

4．昨天她给学生补课**补了一个晚上**。[时量]（昨夜彼女は1晩中、学生の補講をおこなった。）

5．他身体太虚了，应该好好**补一下**。[时量]（彼は体が弱すぎるので、しっかり栄養を摂るべきだ。）

【补充】 bǔchōng

1．这篇论文很好，可以再**补充进去**一些例句。[方向]（この論文はとてもよいが、更に例文をいくつか追加したほうがよい。）

2．五号船的淡水**补充**完了。[結果]（5号船の淡水を補充し終えた。）
3．燃料**补充**得太及时了。[程度]（燃料をタイミングよく補充できた。）
4．对这个工作总结，我再**补充**一下。[時量]（この仕事の総括について，私からもう少し補足します。）
5．老王作完报告后，老张又**补充**了十分钟。[時量]（王さんが報告を終えると，張さんがまた10分間補足説明した。）

【布置】 bùzhì

1．别看房间小，**布置**出来还挺漂亮的。[方向]（部屋は小さいけれど，飾り付けるととてもきれいだ。）
　　〈注〉この"出来"は「結果の出現」という意味で，「"布置"という行為を通して，部屋に新しい状況が出現する」ということを表している。
2．会议室**布置**好了。[結果]（会議室をきちんと配列した。）
3．会场**布置**得非常庄严。[程度]（会場の装飾はおごそかだ。）
4．下午开研讨会，你去把会议室**布置**一下。[時量]（午後研究討論会があるから，会議室の準備をお願いします。）

【擦】cā

1. 妈妈拿出手绢，给孩子**擦去**了眼泪。[方向]（お母さんはハンカチを取り出し，子供の涙を拭いてやりました。）
2. 这辆车很旧了，**擦起来**一定很费时间。[方向]（この車はとても古くなったので，拭くのには相当時間がかかるだろう。）
3. 玻璃杯都**擦干净**了。[結果]（コップはもう全部きれいに拭いた。）
4. 打扫公司派来的师傅擦玻璃**擦得又快又干净**。[程度]（清掃会社が派遣した人はガラスをはやく，きれいに拭く。）
5. 这几间屋子的玻璃用半天时间**擦得完擦不完**？[可能/可能]（これらの部屋のガラスを半日で拭けますか。）
6. 玻璃上是什么呀？怎么**擦也擦不掉**。[可能]（ガラスについているのは何なの。どうしても拭き取れない。）
7. 那几张桌子他**擦了半天**了，还没**擦完**呢？[時量/結果]（あれらの机は彼がずっと拭いているけれど，まだ拭き終わらないの。）

【猜】cāi

1. 我早就**猜到**你要来的。[結果]（君が来ることはとっくに見当が付いていた。）
2. 他一下子就把我们的心思**猜中**zhòng了。[結果]（彼はすぐに我々の心中を読み取った。）
3. 那个谜语，我一下子就**猜着**zháo了。[結果]（その謎々を私はすぐに当てた。）
4. 你**猜得很对**，我今年是四十五岁。[程度]（当たりです。私は今年45歳になります。）
5. 他要说什么，我都**猜得出来**。[可能]（彼が何を言うか，私は全部わかる。）
6. 你绝对**猜不到**，今天晚上谁来。[可能]（今晩誰が来るか，君は絶対当てられない。）
7. 他**猜了半天**也没**猜出来**。[時量/方向]（彼はずっと当てようとしていたが当てられなかった。）

〈注〉この"出来"は「わかる；明らかになる」という意味で，"猜出来"は「"猜"という心理動作を通して，答えが明らかになる」ということを表している。

8. 这个字谜我猜了半天也没猜对。[時量/結果]（この漢字クイズはずいぶん考えたが当てられなかった。）

【采】cǎi

1. 我把花采下来，插在花瓶里。[方向]（花を摘んで花びんにさした。）
   〈注〉この"下来"は「分離した結果，話し手の領域に帰属する」という意味で，"采下来"は「"采"という行為を通して，花が草木から分離して話し手の領域に入る」ということを表している。
2. 山里的蘑菇都被人们采完了。[結果]（山のキノコは皆人々に採られてしまった。）
3. 她采茶采得可快了。[程度]（彼女はお茶を摘むのがとてもはやい。）
4. 这里的茶树已经采过一遍了。[時量]（ここのお茶の木はすでに1度収穫した。）
5. 那个油田的石油够采五十年的。[時量]（その油田は50年間採油できる。）

【踩】cǎi

1. 他一脚踩下去，踩空kōng了，摔了一跤。[方向/結果]（彼は1歩踏み出そうとしたら，空を踏んで，すてんと転んだ。）
2. 他不小心踩错地方了，应该踩闸，他却踩了加速器！[結果]（彼はうっかり踏み間違え，ブレーキを踏むところをアクセルを踏んでしまった。）
3. 小心！别把布景踩坏了！[結果]（気を付けて。セットを踏んで壊さないで。）
4. 我没注意，踩了他一下。[時量]（うっかりしていて彼を踏んでしまった。）

【参加】cānjiā

1. **参加**进去才知道，他们的俱乐部办得很有意思。[方向]（参加してみて初めて，彼らのクラブがおもしろいとわかった。）
2. 你还不够资格，你**参加**不了liǎo。[可能]（まだ資格がないので，君は参加できません。）

3. 要**参加**到他们当中去。［介詞］（彼らの中に入って行かなければならない。）
4. 他**参加**过一次游行。［時量］（彼はデモ行進に参加したことがある。）

【藏】 cáng
1. 快把礼物**藏**起来，别让他发现。［方向］（彼に見つからないように、はやくプレゼントを隠して。）
2. 我没**藏**好，被他发现了。［結果］（うまく隠れられなかったので、彼に見つかった。）
3. 他自以为把毒品**藏**得很巧妙，可还是被海关搜出来了。［程度］（彼自身は薬物を巧妙に隠したと思っていたが、やはり税関に見つけられた。）
4. 我心里**藏**不住话，有什么，说什么。［可能］（私は隠しごとができなくて、思ったことは何でも話してしまう。）
  〈注〉この"住"は「動きがしっかり止まる」という意味で、"藏不住"は「"藏"しようとしても、話を心の中にしっかり留めておくことができない」、つまり「隠しごとができない」ということを表している。
5. 那个老人把钱**藏**在靴子里了。［介詞］（あの老人はお金をブーツの中に隠した。）

【操作】 cāozuò
1. 这种机器**操作**起来很方便。［方向］（この機械は操作がとても楽だ。）
2. 没学过，可**操作**不了liǎo那么复杂的机器。［可能］（習ったことがなければ、あんな複雑な機械は操作できない。）

【测】 cè
1. 学生们**测**完了体重，又去测身高。［結果］（学生たちは体重を量り終えると、身長を測りに行った。）
2. 仪器坏了，**测**不准。［可能］（器械が壊れたので、正確に測れない。）
3. 这个地区的空气质量我们**测**过一遍了。［時量］（この地区の大気の質は一通り測ったことがある。）

【插】chā

1. 开学一个月了，班里又**插**进来两个学生。[方向]（新学期が始まって1か月たった頃，クラスに2人の学生がまた転入してきた。）

2. 屋子里**插**上几枝鲜花，就会显得富有生气。[方向]（部屋に何本か花を生けると，生気に富むようになる。）

3. 国庆节家家门前都**插**上了五星红旗。[方向]（国慶節のときは，家々の玄関先に五星紅旗が立てられている。）

   〈注〉この"上"は「付着」という意味で，"插上"は「"插"という動作を通して，五星紅旗が玄関先に立てられる」ということを表している。

4. 这些花**插**得真漂亮。[程度]（これらの花はとてもきれいに生けられている。）

5. 大家谈得很热烈，我简直**插**不上嘴。[可能]（皆は熱心に話していて，私はまったく口を挟めない。）

6. 我们把带回来的花**插**在花瓶里。[介詞]（私たちは持って帰ってきた花を花びんにさした。）

【查】chá

1. 这个事故发生的原因已经**查**出来了。[方向]（この事故が発生した原因はすでに明らかになった。）

2. 词典**查**得快不快，可以看出一个人的水平。[程度]（辞書を引くはやさで，その人のレベルがわかる。）

3. 这个地方一般的地图上根本**查**不到。[可能]（この場所は普通の地図ではぜんぜん見つけられない。）

4. 这么多材料，一天**查**不完。[可能]（こんな多くの材料は，1日では検査し終わらない。）

5. 税务局来公司**查**帐一直**查**到晚上。[介詞]（税務局が会社に来て夜まで帳簿を調べた。）

6. 第一页的生词，他**查**了一个小时还没**查**完。[時量/結果]（1ページ目の単語を，彼は1時間かかってもまだ調べ終わらない。）

【差】chà

1. 我们取得的成绩离要求还**差**得很远。[程度]（私たちの成績は，要求か

らはまだ程遠い。）

2．两方面相比，你们用的时间多，他们用的时间少，**差**就**差在这里**。[介詞]（両者を比べると、あなたたちがかけた時間は多く、彼らがかけた時間は少ない。差はまさにここにある。）

【拆】chāi

1．快把信**拆开**看看！[方向]（はやく手紙をあけて見てみなさい。）
2．这几个扣子是从旧衣服上**拆下来**的。[方向]（この何個かのボタンは古着から取ってきたものだ。）
3．这里的房子都**拆光**了。[結果]（このあたりの家はすべて取り壊された。）
4．计时器被孩子**拆坏**了。[結果]（タイマーは子供が分解して壊してしまった。）
〈注〉"拆坏"は「子供がタイマーに対しておこなった"拆"（分解する）という行為が原因で，タイマーが"坏"という状態になる」ということを表している。
5．那片旧房子**拆**了**两天**就**拆完**了。[時量/結果]（そのあたりの古い家は2日で取り壊された。）

【铲】chǎn

1．路上的雪已经**铲干净**了。[結果]（道路の雪はきれいにかいた。）
2．**铲**了**半大**雪，我都出汗了。[時量]（長い間雪かきをして、汗までかいた。）

【颤动】chàndòng

1．我感觉地面**颤动**了一下，是不是地震了？[時量]（地面が揺れたように感じたんだけど、地震だろうか。）
2．他的嘴唇**颤动**了半天也没说出话来。[時量]（彼の唇はずっと震えていて、何も話せなかった。）

【颤抖】chàndǒu

1．他冻得浑身**颤抖起来**。[方向]（彼は寒さで全身が震え出した。）
2．她很紧张，声音**颤抖**得很厉害。[程度]（彼女は緊張のあまり，声がひどく震えていた。）

【尝】cháng

1. 你**尝**出什么味儿来了？ [方向]（どんな味がしましたか。）
2. 有一次我吃到了特别新鲜的生鱼片，初次**尝到**了"甜"的味道。
   [結果]（あるとき，私は特に新鮮な刺身を食べ，初めて「甘い」という味覚を体験した。）
   　〈注〉この"到"は「結果への到達」という意味で，"尝到"は「"尝"という行為の結果，〈甘い〉味がわかるという結果に到達する」ということを表している。
3. 妈妈**尝到**了体育锻炼的甜头。 [結果]（母はスポーツトレーニングのおもしろさを味わった。）
4. 你**尝一下**，这馅儿是咸还是淡？ [時量]（この具はしょっぱいかどうか，ちょっと味見してください。）

【唱】chàng

1. 你把这个歌**唱出来**让大家听听好不好听。 [方向]（この歌を歌ってみて皆にいいかどうか聞いてもらったらどうですか。）
2. 和亲戚朋友聚会吃饭，经常会有人自告奋勇地**唱起**自己喜欢的歌。 [方向]（親戚や友人と会食すると，自ら進んで自分の好きな歌を歌い出す人がよくいる。）
3. 她总觉得这个歌**唱起来**有些不自然。 [方向]（彼女はこの歌を歌ってみるといつも不自然に感じる。）
4. 一个人走在山路上也会**唱上**几句山歌。 [方向]（1人で山道を歩いているときでも山歌を口ずさんでしまうことがある。）
   　〈注〉「動詞＋"上"＋数量」という形式は極めて口語的な表現で，軽く口ずさんでいる状態を表している。"唱上几句"は「"唱山歌"という行為が"几句"に到達する」ということを表している。
5. 虽然**唱错**了，可是她并没有慌，很快就改过来了。 [結果]（間違っても，彼女は決して慌てず，すぐに正しく歌いなおした。）
6. 今天我感冒了没**唱好**，下次我一定努力**唱好**。 [結果/結果]（今日はカゼでうまく歌えなかったが，次はうまく歌えるよう頑張ります。）
7. 有的人虽然**唱得**不好，也得表演。 [程度]（歌の苦手な人でも，何か芸をやらなければならない。）

8．她唱歌**唱得非常动听**。［程度］(彼女の歌う歌は非常に感動的だ。)
9．这次大会**唱**不知你们**唱得好唱不好**？［可能/可能］(今回の合唱コンクールであなたたちはうまく歌えるだろうか。)
10．大家一直**唱到**五点钟才回家。［介詞］(皆5時まで歌ってようやく帰って行った。)
11．这几个年轻人在卡拉OK室里**唱**了**很长时间**。［時量］(この若者たちはカラオケボックスで長時間歌った。)

【畅游】 chàngyóu
1．他只身到关西**畅游**了一周，平安无事地回到东京。［時量］(彼は関西1人旅を心ゆくまで楽しみ，無事東京に戻った。)

【超】 chāo
1．车速已**超出**每小时150公里。［方向］(車速は時速150kmを超えた。)
2．他总想**超过**那辆车，可怎么也**超不过去**。［方向/可能］(彼はあの車を追い越したいと思っているが，どうしても追い越せない。)
3．他已经**超过**了十个运动员，不知道能不能得第一？［方向］(彼はすでに10人追い越したが，1位になれるだろうか。)
4．一路上老赵**超**了好几次车。［時量］(道中，趙さんは何度も車を追い越した。)

【吵】 chǎo
1．小声点！别把孩子**吵醒**。［結果］(静かに。騒がしくして子供を起こさないで。)
   〈注〉"醒"は「覚める」という意味で，"吵醒"は「"吵"（騒がしくする）ということが原因で，子供が目覚める」ということを表している。このように，どのような原因で目覚めるのかを表すものに，"叫醒"（呼ばれて目が覚める），"惊醒"（驚いて目が覚める），"痛醒"（痛くて目が覚める）などがある。
2．蝉的叫声**吵得不得了** liǎo。［程度］(セミの鳴き声がうるさくてたまらない。)
3．他们俩**吵得很厉害**。［程度］(彼ら2人は激しく口論した。)
4．很多朋友在他的房间里喝酒聊天，**吵得邻居们都没睡好**。［程度］(彼の部屋でたくさんの友達が酒を飲んで騒いだので，近所の人たちはよく眠れな

かった。)
5．来往汽车的喇叭声**吵得人心烦**。[程度]（行き来する車のクラクションがうるさくていらいらする。）
6．这个女学生太厉害，谁也**吵不过她**。[可能]（この女学生はとても性格がきつく，誰も彼女を言い負かすことができない。）
7．我和他大**吵了一顿**。[時量]（私は彼と大げんかした。）

【炒】chǎo
1．瓜子**炒熟了**。[結果]（スイカの種はしっかり煎った。）
2．那块地皮**炒得特别热**。[程度]（その土地は転売が非常に盛んだ。）
　〈注〉この"炒"は「土地を転売する」という意味である。"炒得特别热"はそれが「特に盛んである」という話し手の主観的評価を表している。
3．辣椒**炒两分钟**就可以。[時量]（唐辛子は2分間炒めればよい。）

【扯】chě
1．两个老朋友见面**扯起来**就没完没了。[方向]（2人の旧友が会って話し出すと止まらない。）
2．请你不要把话题**扯得太远**。[程度]（話題をそんなに脱線させないでください。）
3．我们说正事呢，你不要**扯到别处去**。[介詞]（私たちはまじめなことを話しているのだから，話をそらさないで。）
4．她**扯了一下**我的衣角说："快回家吧。"[時量]（彼女は私の裾を引っ張って「はやく家に帰りましょう。」と言った。）

【撤】chè
1．菜不吃了，都**撤下去**吧。[方向]（料理はもう食べないので，全部下げてください。）
2．由于贪污受贿，他被**撤掉了**书记的职务。[結果]（収賄により，彼は書記の職を失った。）
3．大部队已经**撤到长江以南**。[介詞]（大部隊はすでに長江以南まで撤退した。）

【沉】 chén

1. **沉住气**，别着急。[結果]（落ち着いて，慌てるな。）
   〈注〉この"住"は「動きがしっかり止まる」という意味で，"沉住气"は「気持ちを静めて落ち着かせる」という意味の慣用句である。

2. 船**沉得很快**，很多人没来得及逃生。[程度]（船は沈むのがとてもはやく，多くの人が逃げられなかった。）

3. 那艘船很大暂时**沉不了** liǎo。[可能]（その船は大きいので，すぐには沈まない。）

4. 那些金银珠宝也随着船**沉到海底**了。[介詞]（それらの金銀財宝も船と共に海底に沈んだ。）

【沉睡】 chénshuì

1. 这样的人好容易走进电车，立刻就会**沉睡过去**。[方向]（このような人はやっとのことで電車に乗ると，すぐに眠ってしまうだろう。）
   〈注〉この"过去"は「本来あるべき状態を離れる」という意味で，"沉睡过去"は「起きている状態から"沉睡"の状態になる」ということを表している。

2. **沉睡了一夜**以后，她精神好多了。[時量]（1晩熟睡すると，彼女はずいぶん元気になった。）

【称】 chēng

1. 在中国，被**称为**长辈是受到尊敬的意思。[結果]（中国では，年長者と言われることは尊敬されていることを意味する。）

2. 孟老师可**称得上**是"活词典"。[可能]（孟先生は「生き字引」と言える。）
   〈注〉この"上"は「("称'活辞典'"という段階への）到達」という意味で，"称得上"はそのような基準に到達できる」ということを表している。

3. 售货员同志，请把这几个苹果**称一下**。[時量]（販売員さん，これらのリンゴの重さを量ってください。）

【称赞】 chēngzàn

1. 听到李宁助人为乐的事迹，大家都**称赞起来**。[方向]（李寧さんの人助けの話を聞いて，皆彼のことを賞賛し出した。）

2．刚**称赞**完他，他就翘尾巴了。[結果]（今ほめたとたん，彼は得意になった。）

3．你们对他**称赞**得太过分了，其实他没有那么好。[程度]（彼をほめすぎだ。実際彼はそんなにたいしたことはない。）

【成】 chéng
1．他已经**成为**一个银行家了。[結果]（彼はすでに銀行家になった。）
2．这笔生意不知**成得了**liǎo**成不了**liǎo。[可能/可能]（この商売は成功するかどうかわからない。）
3．我给他办过很多事，可是只**成了一次**。[時量]（私は彼のために多くのことをしてきたが，1度だけしか成功しなかった。）

【盛】 chéng
1．刚**盛出来**还太烫，我待会儿吃。[方向]（よそったばかりだとまだ熱すぎるので，しばらくしてから食べます。）
2．每碗饭都**盛得满满的**。[程度]（どの茶碗のご飯も山盛りだ。）
3．这个锅太小**盛不下**。[可能]（このお鍋は小さすぎて盛りきれない。）
   〈注〉この"不下"は「場所に余裕がなく収納できない」という意味で，"盛不下"は「"盛"しようとしても，鍋にすべての材料を収納しきれない」ということを表している。
4．快拿碗**盛饭给**他们母女吃。[介詞]（はやく茶碗にご飯をよそってあの母子に食べさせてあげなさい。）

【成立】 chénglì
1．这个扶贫组织**成立得很及时**。[程度]（この貧困層救済のための組織は適時に設立された。）
2．这个罪名**成立不了**liǎo。[可能]（この罪名は成立しない。）
3．我们语言学会已经**成立十多年**了。[時量]（私たちの言語学会は設立されて10年あまりたつ。）

【承认】 chéngrèn
1．你先把事情**承认下来**，有什么事以后再说。[方向]（この件はとりあ

えず承知しておいて，何かあったら後で考えましょう。)
2．他对自己的所作所为**承认得很痛快**。[程度]（彼は自分のしたことをあっさり認めた。）
3．你犯了那么多错，可你**承认过一回**吗？[時量]（君はあんなにたくさん過ちを犯しているのに，1回でも認めたことがあるのかい。）

【成长】chéngzhǎng
1．几年来，一批青年科学家已经**成长起来**。[方向]（数年来，すでに多くの青年科学者が育っている。）
2．当年的小学生已经**成长为**国家的栋梁了。[結果]（当時の小学生はすでに国家の大黒柱に成長している。）
3．在果农的精心护理下，树苗**成长得很快**。[程度]（果樹栽培農家の心のこもった手入れで，苗は成長がとてもはやい。）

【吃】chī
1．粥**吃起来**十分香甜，因为确实是饿了。[方向]（お粥を食べてみるととてもおいしかった，本当にお腹がすいていたから。）
2．因为工作，连着**吃上**三天的盒饭，我的胃口就要倒了。[方向]（仕事の都合で3日連続で弁当を食べたので，食欲が失せそうになった。）
　　〈注〉「動詞+"上"+数量」という形式は極めて口語的な表現である。"吃上三天"は「"吃盒饭"という行為が"三天"に到達する」ということを表している。
3．过了一会儿我越来越不舒服，终于把**吃下去**的东西都吐出来了。[方向]（しばらくするとだんだん気分が悪くなり，しまいには食べたものをすべて吐き出してしまった。）
4．我担心他没**吃饱**。[結果]（彼がまだお腹いっぱいになっていないのではないか心配だ。）
5．中华街的中国菜馆他们都**吃遍**了。[結果]（中華街の中華料理店は彼らはすべて食べつくした。）
6．别把肚子**吃坏**了。[結果]（お腹を壊さないように。）
7．他纯粹是**吃穷**的。[結果]（彼はまさに食い倒れだ。）
8．**吃完**药还不好，请再来看看。[結果]（薬を飲んでもよくならなかったら，

またいらしてください。)

9. **吃得多了**，才能**吃出味来**。[程度/方向](たくさん食べないと味はわからない。)
　〈注〉この"出来"は「わかる；明らかになる」という意味で，"吃出来"は「"吃"という動作を通して，味が明らかになる」ということを表している。

10. 他们家每天都**吃得很好**。[程度](彼らの家では毎日いいものを食べている。)

11. 我常听说日本人**吃得很少**。[程度](私は日本人は小食だということをよく耳にする。)

12. 老年人**吃得太饱**对身体不好。[程度](お年寄りの食べすぎは体に悪い。)

13. 他平时饭量那么大，今天却什么都**吃不下**。[可能](彼はいつもたくさん食べるのに，今日は何ものどを通らない。)

14. 再这样下去，我可要**吃不消**了。[可能](このままの状態が続くと，耐えられなくなる。)

15. 在中国**吃得到**日本的纳豆吗？[可能](中国で日本の納豆を食べることができますか。)

16. 她们一边吃一边聊，从六点一直**吃到八点**。[介詞](6時から8時までずっと彼女たちは食事をしながらおしゃべりをしていた。)

17. 我**吃两口**就**吃不下**了。[時量/可能](何口か食べただけで食べられなくなった。)

18. 我在他家**吃过两次**饭。[時量](私は彼の家で2回ご馳走になったことがある。)

19. 这次晚宴**吃了两个小时**。[時量](今回の晩餐会は2時間にわたっておこなわれた。)

20. 这个药每天**吃三次**。[時量](この薬は毎日3回服用する。)

21. 咱们周末出去美美地**吃一顿**。[時量](週末出かけておいしいものを食べましょう。)

【迟到】chídào

1. 她被公司解雇了，因为上班**迟到得太多了**。[程度](彼女が会社を解雇されたのは，遅刻が多すぎたからだ。)

2. 还有一个小时，我们现在走，**迟到不了**liǎo。[可能](まだ1時間あるので，私たちは今出発すれば遅刻しません。)

3．他今天来晚了，**迟到**了二十分钟。[時量]（彼は今日来るのが遅すぎた。20分遅刻だ。）
4．按照规定每人每月最多只能**迟到两次**，超过了要受罚。[時量]（規定によると，毎月3回以上遅刻した者は皆処罰される。）

【冲】 chōng

1．他奋不顾身，**冲进**屋去，从火海中把孩子救了出来。[方向]（彼はわが身も顧みず，家に飛び込み，火の海から子供を助け出した。）
2．奔腾的江水把堤岸**冲塌**了十几米。[結果]（氾濫した川の水により十数メートルに渡って堤防が破壊された。）
3．泥石流把一切都**冲走**了。[結果]（土石流がすべてを押し流してしまった。）
4．哎，怎么肥皂总是**冲不干净**呢？[可能]（あれ，どうしてせっけんを洗い落とせないのだろう。）
5．胶卷明天**冲得出来**吗？[可能]（フィルムは明日までに現像できますか。）
6．每次干脏活累活他都**冲在前面**。[介詞]（汚い仕事や辛い仕事を彼は毎回進んでやる。）
7．用洗涤剂洗过的碗要多**冲几遍**才好。[時量]（洗剤で洗ったお茶碗は何度も水で流したほうがいい。）
8．我**冲了半天**，才把鞋子上的泥**冲掉**。[時量/結果]（私はしばらく流して，ようやく靴の泥を洗い落とせた。）

【重复】 chóngfù

1．爷爷说话，**重复起来**没完没了。[方向]（おじいさんの話は繰り返し出すときりがない。）
　　〈注〉この"起来"は「("重复"という)動作を実行する」という意味である。
2．这个领导讲话**重复得很多**，听着让人心烦。[程度]（この上司は同じことを何度も話すので，聞いているほうはうんざりする。）
3．这句英文太长，我**重复不了**liǎo。[可能]（この英語の文は長すぎて，私は繰り返して言えない。）
4．你把刚才那句话再**重复一遍**。[時量]（今の話をもう1度言ってください。）

【抽】 chōu

1. 我们明天一定**抽出**一些时间研究你这个问题。[方向]（明日必ず時間を作ってあなたのこの問題を検討します。）
2. 用抽水机把积水**抽光**了才能修理。[結果]（ポンプでたまった水を吸いあげないと修理できない。）
3. 这种棉布第一次洗时**抽一次**水，以后就不抽了。[時量]（この種の木綿は初めて洗うときは縮むが，その後は縮まない。）

【愁】 chóu

1. 孩子学习成绩就是上不去，可把妈妈**愁坏**了。[結果]（子供の成績がどうしてもあがらず，母はものすごく心配した。）
2. 她**愁得**头发都白了。[程度]（彼女は心配のあまり髪まで白くなった。）
3. 丈夫下岗了，妻子**愁得要命**。[程度]（夫が解雇されて，妻は心配でたまらない。）

【出】 chū

1. 老师已经把试题**出好**了。[結果]（先生はもう試験問題を出した。）
2. 这次考试题**出得很好**，考出水平来了。[程度]（今回の試験は出題がうまく，レベルがはっきり出た。）
3. 我们这里工作很正常，**出不了**liǎo太大的问题。[可能]（こちらでの作業は正常で，大きな問題が出たりしない。）
4. 这次失败的原因就**出在这里**，你们太骄傲了。[介詞]（今回の失敗の原因はここにある。君たちは付けあがりすぎだ。）

【出版】 chūbǎn

1. 这本教材**出版得太晚**了，这个学期赶不上了。[程度]（この教材は出版されたのが遅すぎて，今学期には間に合わなくなった。）
2. 那本书目前还**出版不了**liǎo。[可能]（その本は今のところまだ出版できない。）
3. 韩老师编的《中国文化》一书已经**出版两次**了。[時量]（韓先生の『中国文化』という本はすでに2度出版されている。）

4．那套听力教材**出版**了好几年了。[時量]（そのリスニング教材は出版されて何年にもなる。）

【出发】 chūfā
1．大家天一亮就起来了，所以**出发**得很早。[程度]（皆夜が明けるとすぐ起きたので、はやく出発した。）
2．明天下午两点钟不知**出发**得了liǎo**出发**不了liǎo？[可能/可能]（明日の午後2時に出発できるだろうか。）
3．他们已经**出发**半个小时了。[時量]（かれらは出発してもう30分になる。）

【出口】 chūkǒu
1．七十年代，红小豆**出口**得特别多。[程度]（70年代、アズキの輸出が特に多かった。）
2．这些板栗都是**出口**到日本去的。[介詞]（これらのクリは皆日本に輸出されるものだ。）
3．海尔冰箱已经向国外**出口**多年了。[時量]（ハイアール社の冷蔵庫が外国に輸出されてすでに何年にもなる。）

【出来】 chūlái
1．我们**出来**得很早，不到八点钟就到车站了。[程度]（出たのがはやかったので、私たちは8時前に駅に着いた。）
2．我们从家里**出来**很久了。[時量]（私たちが家を出てずいぶんたった。）
3．一会儿工夫他**出来**两次了。[時量]（少しの間に彼は2回出てきている。）

【出去】 chūqù
1．今天他虽然**出去**得很早，但是还是迟到了。[程度]（今日彼ははやく出かけたけれど、やはり遅刻した。）
2．我**出去**一趟，麻烦你给照应一下儿。[時量]（ちょっと出かけてきます。留守中よろしくお願いします。）
3．他**出去**一天了，还没回来。[時量]（彼が出かけて1日たつけれど、まだ戻ってこない。）

【出生】chūshēng
1. 我们**出生**得**真不是时候**。[程度]（私たちは本当に生まれた時代が悪かった。）
2. 这是一只刚**出生不久**的小猫，还不知道怕人。[時量]（これは生まれたばかりの子猫で，まだ人を怖がることを知らない。）

【出现】chūxiàn
1. 生态恶化、温室效果等，对我来说曾是生疏的词语，**出现**得**越来越频繁**。[程度]（生態変化や温室効果など，私にはかつて馴染みの薄かったことばが，だんだん頻繁に現れるようになった。）
2. 不知这种奇迹在本世纪内**出现**得**了**liǎo**出现不了**liǎo？[可能/可能]（こんな奇跡が今世紀中に起こりうるだろうか。）
3. 球星们一**出现在**运动场上，观众就热烈地鼓起掌来。[介詞]（スター選手が競技場に現れると，観客は熱烈に拍手し出した。）
4. 考试作弊的现象越来越多，这几年**出现**过**好几次**了。[時量]（カンニング事件がだんだん多くなり，ここ何年かで何度も起こっている。）

【除】chú
1. 要想办法把这些障碍**除掉**。[結果]（これらの障害を取り除く方法を考えなければならない。）
2. 偶数是**除**得**开**的数。[可能]（偶数は割り切れる数だ。）

【处】chǔ
1. 我们房间四个同屋都**处**得**还不错**。[程度]（私たちの部屋は4人のルームメートがわりとうまくやっている。）
2. 他们两个人总是**处不好**。[可能]（あのふたりはいつもうまくいかない。）
3. 他**处于**失意绝望的境地。[介詞]（彼は失意と絶望の境地にある。）

【处分】chǔfèn
1. 对干部贪污行为**处分起来**决不能手软。[方向]（幹部の汚職収賄に対しての処分は決して手を緩めてはならない。）

2．学校对考试作弊**处分得很严**。［程度］（学校のカンニングに対する処分はとても厳しい。）

3．那么多人都犯错误了，你**处分得过来**吗？［可能］（そんなに多くの人が過ちを犯しているのに，君はすべて処分できるのか。）

〈注〉"处分得过来"は「（過ちを犯したすべての人の範囲にわたって）"处分"という行為をおこなうことができる」ということを表している。

【处理】 chǔlǐ

1．那个案子太复杂，**处理起来**有点棘手。［方向］（この事件はとても複雑なので，処理するとなるとちょっとやっかいだ。）

〈注〉この"起来"は「（"处理"という）動作を実行する」という意味である。

2．为了过得舒服一些，不得不随时把家里的"废品""**处理**"掉。［結果］（快適に暮らすため，しかたなく家の中の「廃品」を徐々に「処分」した。）

3．我把手头的工作**处理完**就回家。［結果］（手元の仕事を片付けたら家に帰る。）

4．这样的事**处理得不好**，会引起误会。［程度］（このようなことは処理がまずいと，誤解を招きかねない。）

5．这件事她**处理得很公平**，所以大家都没有意见。［程度］（この事件は彼女が公平に処理したので，誰も文句を言わなかった。）

6．积压的商品，一个月**处理得完**吗？［可能］（眠っている商品を，1か月で処分できるのか。）

7．学生打架问题，你负责**处理一下**。［時量］（学生のけんかに関しては，君が責任を持って処理しなさい。）

【穿】 chuān

1．我**穿过**左边的树丛，到了一条土堤上。［方向］（左側の林を抜けると，土手にたどり着いた。）

2．从这个胡同**穿过去**就到车站了。［方向］（この路地を抜けると駅だ。）

3．夏天女孩子喜欢把茉莉花**穿起来**戴在头上或衣服上。［方向］（夏，少女は好んでジャスミンの花を花輪にして頭に載せたり服につけたりする。）

〈注〉この"起来"は「事物が統御下に置かれる」という意味で，"穿起来"は「"穿"（つ

なぐ）という動作を通して，花が一つの花輪にまとめあげられる」ということを表している。

4. 你**穿上**试试。[方向]（ちょっと着てみたら。）
 〈注〉この"上"は「付着」という意味で，"穿上"は「"穿"という動作を通して，服が身体に付着する」ということを表している。
5. 能用筷子**穿透**，就可以放盐了。[結果]（箸が通れば，塩をかけていい。）
6. 把衣服**穿整齐**了再出去。[結果]（服をきちんと着てから出かけなさい。）
7. 他今天**穿得很时髦**。[程度]（彼の今日の服装はとてもおしゃれだ。）
8. 她**穿得很素雅**。[程度]（彼女は品よく着こなしている。）
9. 这双鞋小了，**穿不进去**了。[可能]（この靴は小さくなって，はけなくなった。）
10. 把这些小铁环都**穿在一起**。[介詞]（これらの鉄の輪を全部つなぎなさい。）
11. 年老眼花，**穿一次**针要半天。[時量]（老眼で，針に糸を通すのに長い時間かかる。）

【传】 chuán

1. 这件事可不能**传进**父亲的耳朵里。[方向]（このことが父の耳に入ったらまずい。）
2. 消息很快就**传开**了。[方向]（情報はあっという間に広まった。）
3. 从旁边儿的网球场上**传来**比赛的声音。[方向]（隣のテニスコートから試合の音が聞こえてきた。）
4. 喝茶的习惯本来是从中国**传来**的。[方向]（お茶を飲む習慣はもともと中国から伝わってきたものだ。）
5. 治疗哮喘的秘方是我家祖上**传下来**的。[方向]（ぜんそく治療の秘薬の処方箋は我が家に先祖代々伝えられてきたものだ。）
6. 我们应该把好的作风**传下去**。[方向]（よいやり方は伝えていかなければならない。）
7. 他把话**传错**了。[結果]（彼は話を間違って伝えた。）
8. 我让你给小王**传**的话，你**传到**了吗？[結果]（君に頼んだ王くんへの伝言は伝えてくれましたか。）
9. 谣言怎么**传得这么快**呢？[程度]（デマはどうしてこんなにはやく伝わる

のだろう。）
10. 用这种小喇叭讲话，声音**传**不远。[可能]（こんなメガホンでは声は，遠くまで届かない。）
11. 好意并不一定每次都能顺利地**传到**对方那里去。[介詞]（好意はいつもちゃんと相手に伝わるとは限らない。）
12. 她希望把自己的知识**传给**女儿。[介詞]（彼女は自分の知識を娘に伝えたいと思っている。）
13. 这个小道消息在我们那儿已经**传了**好多天了。[時量]（この噂はもう何日も前に私たちのところに伝わっている。）
14. 那个球只**传了两次**，就射门了。[時量]（そのボールはたった2回のパスでシュートされた。）

【传播】 chuánbō
1. 科学种田的方法在农村迅速**传播开**了。[方向]（科学農業の方法は農村に急速に普及した。）
2. "五四运动"以后，新思想在全国**传播得很快**。[程度]（「五・四運動」以後，新思想が全国にあっという間に広まった。）

【传达】 chuándá
1. 领导要求十号以前把文件**传达下去**。[方向]（上司は10日以前に文書を伝えるよう要求した。）
   〈注〉この"下去"は「下りて行く」という意味で，"传达下去"は「"传达"という行為を通して，文書が組織の上から下に下りて行く」ということを表している。
2. 你把会议的内容向老师们**传达一下**。[時量]（会議の内容を先生たちに伝えてください。）

【喘】 chuǎn
1. 过了一会儿他又**喘起来**了。[方向]（しばらくすると彼はまたせき込み出した。）
2. 一发病就**喘得厉害**。[程度]（発作が起こるとひどくせき込む。）
3. 风吹得她有点儿**喘不过**气来。[可能]（風に吹かれて彼女は少し息ができなくなった。）

【闯】 chuǎng

1. 结果他没能**闯过**考试这一难关。[方向]（結局彼は試験という難関を突破できなかった。）
2. 中国足球队**闯进**了亚洲八强。[方向]（中国サッカーチームはアジア8強に飛び込んだ。）
3. 红灯亮了，可是他还是**闯了过去**。[方向]（赤信号になったのに，彼はそれでも突っ込んで行った。）
4. 门很结实，谁也**闯不进来**，可以放心。[可能]（ドアはとても丈夫で，誰も突入してこられないので，安心していいですよ。）
5. 孙悟空**闯到**哪儿去了？[介詞]（孫悟空はどこに入って行ったんだろう。）
6. 我**闯过一次**红灯，受了处罚。[時量]（私は1度赤信号を無視して，罰せられたことがある。）
7. 孩子毕业后在南方**闯了几年**，很有长进。[時量]（子供は卒業後南方で数年間経験を積み，おおいに成長した。）

【创立】 chuànglì

1. "一国两制"的构想是邓小平**创立起来**的。[方向]（「一国二制度」の構想は鄧小平が考え出したものだ。）
2. 那所女子学校**创立得比较早**。[程度]（その女学校は比較的はやくに創設された。）
3. 只凭他一个人的能力，**创立不了** liǎo 这个学会。[可能]（彼1人の能力に頼っているだけでは，この学会は設立できない。）

【创作】 chuàngzuò

1. 一天到晚在家里坐着绝对**创作不出**好作品**来**。[可能]（1日中家にいるだけでは絶対によい作品は創作できない。）
2. 他的这个作品**创作于晚年**。[介詞]（彼のこの作品は晩年に創作された。）

【吹】 chuī

1. 风轻轻地**吹过**草原。[方向]（風が軽やかに草原を吹き抜けた。）

2．一阵冷风向他**吹**来，他赶忙扣起了扣子。[方向]（ひとしきり冷たい風に吹かれて，彼は急いでボタンをかけた。）
3．他赶快**吹起**笛子来。[方向]（彼は急いで笛を吹き始めた。）
4．风把帽子**吹掉**了。[結果]（帽子は風に吹き飛ばされた。）
5．树要是根深，就是狂风也**吹不倒**。[可能]（木は根が深ければ，激しい風に吹かれても倒れない。）

【垂】 chuí
1．柳树树枝**垂得很低**。[程度]（柳の枝が低くたれている。）
2．客厅的窗帘一直**垂到地面**。[介詞]（客間のカーテンが床までたれている。）

【辞】 cí
1．我**辞去**了公司的工作。[方向]（私は会社を辞めた。）
2．**辞晚**了更糟糕！[結果]（辞めるのが遅いともっと大変だ。）
3．你这个工作**辞得太着急**一点了吧。[程度]（この仕事を辞めるのはちょっと慌てすぎでしょう。）

【刺】 cì
1．十一月的空气特别地凉，好像要**刺进**皮肤似的。[方向]（11月の空気はとりわけ冷たく，皮膚に突き刺さるようだ。）
2．他被刀**刺伤**了胳膊。[結果]（彼はナイフで腕を刺された。）
3．你知不知道，你的话把我的心**刺得多痛**。[程度]（君はわかっていますか。君の話で私の心がひどく傷付いているのを。）
4．他躲闪得很快，根本**刺不着**zháo他。[可能]（彼は身をかわすのがとてもはやくて，ぜんぜん刺せない。）

【伺候】 cihou
1．孩子从小让人**伺候惯**了，自己什么也不会干。[結果]（子供は小さい頃から人に世話をされるのに慣れていて，自分では何もできない。）
2．她伺候病人**伺候得特别周到**。[程度]（彼女は病人の世話が特に行き届いている。）

3．奶奶一瘫就是十年，妈妈也**伺候**了她十年。[時量]（おばあさんは10年寝たきりで，母は10年世話をした。）

【刺激】cìjī
1．不要再**刺激**他了，不然会**刺激**出毛病来。[方向]（これ以上彼を刺激してはいけない。さもないとショックで変になるかもしれない。）
2．别喝那么多白酒，把胃**刺激**坏了。[結果]（胃を壊してしまうから，そんなにたくさん「白酒」を飲まないでください。）
　〈注〉"刺激坏"は「"刺激"（刺激する）ということが原因で，胃が"坏"という状態になる」ということを表している。
3．浓烟**刺激**得他直流眼泪。[程度]（濃い煙に刺激されて彼は涙を流し続けた。）
4．用降低利息和征收利息税的办法来**刺激**一下人们的消费。[時量]（利息の引き下げと利息税徴収によって人々の消費を刺激する。）

【凑】còu
1．这些捐款都**凑**起来，够买飞机票了。[方向]（これらの募金を全部合わせたら，航空券が買える。）

【催】cuī
1．你快打电话，把他们厂欠我们的款**催**回来。[方向]（はやく電話で催促して，彼らの工場の借金を返済させなさい。）
2．出版社**催**得很急，你那稿子得抓紧点。[程度]（出版社が催促するので，君は原稿をはやく仕上げなければならないよ。）
3．**催**了好几次，他还是不动身。[時量]（何度もせきたてたが，彼はやはり出発しない。）
4．**催**了一个星期，他们才把货款寄来。[時量]（1週間催促して，彼らはやっと代金を送ってきた。）

【存】cún
1．吃不了的肉放在冰箱里**存**起来。[方向]（食べきれない肉は冷蔵庫に入れて保存しなさい。）

〈注〉この"起来"は「事物が統御下に置かれる」という意味で，"存起来"は「"存"という行為を通して，食べきれない肉が統御下に置かれる」，つまり「保存しておく」ということを表している。

2．那些钱你一定要**存好**。［結果］（そのお金は必ずちゃんと貯金しておきなさい。）

3．他心直口快，心里**存不住**话。［可能］（彼は思ったことをすぐ口に出してしまい，心にしまっておくことができない。）

〈注〉この"住"は「動きがしっかり止まる」という意味で，"存不住"は「"存"（留める）しようとしても，話を心の中にしっかり留めておくことができない」，つまり「すぐ話してしまう」ということを表している。

4．钱不要放在家里，最好**存到银行**去。［介詞］（お金は家に置かないほうがいい。銀行に預けるのが一番だ。）

5．我把行李**存在服务台**了。［介詞］（荷物をクロークに預けた。）

6．那一万元我**存了五年**了。［時量］（その1万元は私が5年間かけてためたものです。）

7．把你的行李先在寄存处**存一下**。［時量］（荷物を先に手荷物預かり所に預けてしまいなさい。）

【错】 cuò

1．千万注意，别**错过**出口。［方向］（出口を通り過ぎないよう，くれぐれも注意しなさい。）

2．我绝对不能**错过**这班车，**错过**了就回不了家了。［方向/方向］（この電車は絶対逃せない。逃したら家に帰れなくなる。）

3．你把它**错开**放就放得下了。［方向］（それをずらしたら入るだろう。）

4．**错得不能再错**了！［程度］（これ以上ないようなひどい間違いをした。）

5．"你走得对不对啊？""**错不了**liǎo！"［可能］（「道を間違えてないでしょうね。」「間違えようがないよ。」）

D

【搭】dā

1. 到了那里，他们立刻就**搭**起了帐篷。[方向]（そこに着くと，彼らはすぐにテントを組み立てた。）
2. 看到我很紧张，她向我**搭**起话来。[方向]（私が緊張しているのを見て，彼女は話しかけてきた。）
3. 去歇着吧，厨房的活儿反正你也**搭**不上手。[可能]（休憩してきなさいよ。台所の仕事はどうせ君は手を出せないのだから。）
   〈注〉この"上"は「（"搭手"（手伝う）という目的への）到達」という意味で，"搭不上手"は「手伝うという目的を達成できない」ということを表している。
4. 他那么有名的人，你**搭**得着zháo边吗？[可能]（彼みたいな有名人と，君はお近付きになれるの。）

【答应】dāying

1. 这次提的要求，老板**答应**得很痛快。[程度]（今回の要求に，社長は気前よく応じた。）

【答】dá

1. 问题太多，全班都没**答**完。[結果]（問題が多すぎて，全部答えられた人はクラスには誰もいない。）
2. 第一个问题他**答**得很好，其他的问题都**答**错了。[程度/結果]（彼は最初の問題はうまく答えられたが，ほかは全部間違えた。）
3. 他的问题我一个也**答**不上来。[可能]（彼の質問に私は1つも答えられなかった。）
   〈注〉この"上来"は「上がってくる」という意味で，「"答"しようとしても，答えが口に上ってこない」，つまり「答えられない」ということを表している。

【打】dǎ

1. 他决定**打**进那个团伙去摸清情况。[方向]（彼はその一味に入り込んで

状況をつかむことにした。)

2. 请你把那个窗户**打开**。[方向]（あの窓をあけてください。）
3. 这件事帮我**打开**了眼界。[方向]（私はこのことのおかげで視野が広がった。）
4. 这个消息是一个家长**打来**电话告诉记者的。[方向]（これはある保護者が記者に電話で知らせたニュースだ。）
5. 大家要**打起**精神来搞好这项工作。[方向]（皆で気合いを入れてこのプロジェクトをやりとげなければならない。）
6. 如果能把那个队**打败**，我们就可以拿到冠军。[結果]（あのチームを破ったら、私たちは優勝を手にすることができる。）
7. 他完全**打错**了算盘。[結果]（彼は完全に読み間違えた。）
8. 邓小平曾经被**打倒**dǎo过两次。[結果]（鄧小平はかつて2回失脚したことがある。）
9. 这一场雨把我们的计划都**打乱**了。[結果]（この雨で私たちの計画はすべて狂った。）
10. 我不敢**打破**常规。[結果]（私にはルールを破る勇気がない。）
11. 她把花瓶**打破**了。[結果]（彼女は花びんを割った。）
12. 我们队在全校的网球比赛上**打赢**了最强的对手，得了冠军。[結果]（私たちのチームは全校のテニス大会で一番強い相手に打ち勝ち、優勝した。）
13. 球迷们闹得很凶，**打得头破血流**。[程度]（フーリガンたちは激しく暴れ、顔中血まみれになった。）
14. 我相信邪恶**打不过**正义。[可能]（悪は正義に打ち勝てないと信じている。）
    〈注〉この"过"は「〜に勝る」という意味で、"打不过"は「"打"という行為を通して正義に勝ることができない」ということを表している。
15. 你的手机怎么老**打不进去**？[可能]（あなたの携帯はどうしていつもつながらないの。）
    〈注〉"进去"は「入って行く」という意味で、"打不进去"は「"打"（電話をかける）という行為をおこなっても、あなたの携帯に入って行けない」、つまり「電話がつながらない」ということを表している。
16. 她们几个人好像小集团一样，什么人都**打不进去**。[可能]（彼女たちは不良グループみたいで、誰も入って行けない。）
17. 这个盒子的盖子如果**打不开**，就再拿一盒来。[可能]（この箱のふた

があかなかったら，ほかの箱を持ってきて。）

18．**矛盾**解决了就**打**不起架来了。［可能］（対立が解消したらけんかは起こらない。）

19．有一个花盆掉下来，正好**打**在他头上，差点儿把他**打**晕了。［介詞/結果］（植木鉢が落ちてきて，ちょうど彼の頭に当たり，もう少しで気絶するところだった。）

20．我**打**了十几年网球，就是**打**不好。［時量/可能］（わたしは十数年テニスをしているのに，どうしてもうまくならない。）

21．我们公司跟他们只**打**过一次交道。［時量］（私たちの会社は彼らと1度だけ付き合いがあった。）

【打扮】dǎban

1．**打扮**起来还真漂亮！［方向］（おしゃれをすればけっこうきれいだ。）

2．**打扮好**了吗？还没**打扮好**啊！快点儿吧！［結果/結果］（化粧は終わった。まだなのか。はやく。）

3．她**打扮**得漂漂亮亮地出去了。［程度］（彼女はきれいにおしゃれして出かけた。）

【打发】dǎfa

1．多亏你把他们**打发**走了，要不然我们这一下午什么也干不了。［結果］（あの人たちを追っ払ってくれてよかった。でなければ今日の午後は何もできないところだった。）

【打扫】dǎsǎo

1．妈妈打扫壁橱把找了好多天的书**打扫**出来了。［方向］（お母さんが戸棚を掃除していたらずっと探していた本が出てきた。）

2．妈妈叫他把房间**打扫**干净。［結果］（お母さんは彼に部屋をきれいに掃除するように言った。）

3．他把房间**打扫**得一尘不染。［程度］（彼は部屋をちりひとつなくなるまで掃除した。）

4．每天**打扫**一下，就能保持整洁。[時量]（毎日ちょっと掃除するだけで，清潔にしておける。）

【打算】dǎsuàn
1．他们**打算**得很好，实际上做不到，有很多困难。[程度]（彼らの計画はよいが，実際はできないことで，多くの困難がある。）

【打听】dǎting
1．你**打听**来的消息不太确切。[方向]（君が聞いてきた情報はあまり確かじゃない。）
2．我**打听到**消息，马上就通知你。[結果]（尋ねて何かわかったら，すぐ君に知らせる。）
　〈注〉この"到"は「結果への到達」という意味で，"打听到"は「"打听"（尋ねる）という行為を通して，ニュースを知るという結果に到達する」ということを表している。
3．他们消息封锁得很严，我什么也**打听不到**。[可能]（彼らは情報を厳しく統制しているので，私の耳には何も入ってこない。）
4．你帮我**打听**一下，他什么时候来。[時量]（彼がいつ来るか，ちょっと聞いておいてください。）

【呆】dāi
1．再这么**呆下去**就要呆傻了。[方向/結果]（こうやってボーッとしていたらバカになってしまう。）
2．她在那个地方**呆**得很舒服，不想回家了。[程度]（彼女はそこの生活がとても気に入ったので，家に帰りたくなくなった。）
3．这个地方**呆不住**了，我们得走了。[可能]（ここにいられなくなったので，どこかへ移らなければならない。）
　〈注〉"住"は「動きがしっかり止まる」という意味で，"呆不住"は「"呆"（あるところに留まる）という動作を通して，自分たちがその場所に留まっていることができない」ということを表している。
4．你准备在北京**呆**几天？[時量]（北京に何日いるつもりですか。）

5．他呆了一会儿就走了。[時量]（彼はちょっといてすぐ帰った。）

【带】dài

1．妈妈把妹妹带出去了。[方向]（母は妹を連れて出かけた。）
2．梅雨也给人们带来好处。[方向]（梅雨も人々に恩恵をもたらすこともある。）
3．履历书带来了吗？[方向]（履歴書をお持ちですか。）
4．冷风飕飕，带来一阵阵刺骨的寒气。[方向]（冷たい風がピューピュー吹き，骨にしみるような寒気を次々と運んできた。）
5．在信号灯那儿，我被卡车带起来的泥水溅了一身。[方向]（信号のところでトラックに泥水をはねられ，全身濡れてしまったんです。）
6．别忘了把雨伞带去。[方向]（かさを持って行くのを忘れないで。）
7．爸爸把孩子也一起带回家去，给他换衣服，让他吃饭。[方向]（お父さんは子供も一緒に連れて帰り，服を着替えさせ，ご飯を食べさせた。）
8．把东西带齐了再离开这里。[結果]（荷物を全部持ってからここを出よう。）
9．钱带得很多，够我们用一个月的。[程度]（お金をたくさん持ったので，1か月はもつ。）
10．海关查得很严，违禁品是带不进去的。[可能]（税関の検査が厳しく，違法物品は持って入れない。）
11．他的兴奋好像不知不觉地被带到办公室来了。[介詞]（彼の興奮はいつの間にか事務室まで伝わったようだ。）
12．中国熊猫把友谊带给了日本人民。[介詞]（中国のパンダは日本の市民に友好をもたらした。）

【戴】dài

1．爸爸穿好衣服，戴上帽子就值班去了。[方向]（父は服を着て，帽子をかぶって当直に行った。）
2．这幅眼镜度数太深，我戴不了liǎo。[可能]（この眼鏡は度が強すぎて，私はかけられない。）
3．新郎把戒指戴在新娘的手指上。[介詞]（新郎が新婦の指に指輪をはめた。）
4．领带戴了一天了，回家该解下来了。[時量]（ネクタイを1日中締めているので，帰ったらはずさなきゃ。）

5. 那副手套只**戴**了**一次**就丢了。［時量］（その手袋は1度はめただけでなくしてしまった。）

【代表】 dàibiǎo
1. 我**代表不了**liǎo部长，要回去请示。［可能］（私は部長の代わりにはなれないので，戻って部長の意見を聞かなければなりません。）

【代替】 dàitì
1. 补品**代替不了**liǎo食物，你应该好好吃饭。［可能］（サプリメントはご飯の代わりにならないから，ちゃんと食事を摂るべきだ。）

【耽误】 dānwu
1. 她高中毕业后**耽误**了**一年**，所以十九岁才考上大学。［時量］（彼女は高校卒業後1浪し，19歳でやっと大学に合格した。）
   〈注〉"耽误了一年"は「1年を無駄にした」という意味で，この文の場合は「1年間大学浪人した」ということを言っている。

【当】 dāng
1. 她是个女强人，因为成绩突出，已经**当上**总经理了。［方向］（彼女はやり手で，業績がずば抜けていたので，もう代表取締役になった。）
   〈注〉この"上"は「("当总经理"という段階への）到達」を表している。
2. 这几年他这个经理**当得很不错**。［程度］（ここ数年，彼は社長としてよくやっている。）
3. 我看他是**当不上**明星的。［可能］（彼はスターになれないと思う。）
4. 市长这个职务他**当到**明年就该退休了。［介詞］（彼の市長の職務は来年で任期が切れる。）
5. 他**当了一年**公务员就辞职不干了。［時量］（彼は1年で公務員を辞めた。）

【挡】 dǎng
1. 大树**挡住**了阳光，所以屋子里很暗。［結果］（大木が日光をさえぎっているので，部屋はとても暗い。）

〈注〉この"住"は「動きがしっかり止まる」という意味で，"挡住"は「挡」（さえぎる）という動作を通して，日光の進入が大木の前でしっかり止められる」ということを表している。

2．她要走，谁也**挡不住**。[可能]（彼女が行くと言ったら，誰も止められない。）

【当】dàng
1．我把盐**当成**糖给他放到茶里了。[結果]（塩を砂糖と間違えて彼のお茶に入れてしまった。）
2．我从小把她**当成**姐妹。[結果]（小さい頃から彼女を姉妹だと思ってきた。）

【倒】dǎo
1．墙**倒下来**，把汽车压在下边儿了。[方向]（壁が倒れて，車が下敷きになった。）
2．他怎么突然**倒下去**了？[方向]（彼はどうして突然倒れたのだろう。）
3．这个塔看起来很危险，实际上**倒不了**liǎo。[可能]（この塔は見るからに危険だが，実際，倒れることはない。）
4．把最下面的货箱**倒到上面**。[介詞]（1番下の箱を上のと入れ替えてください。）
5．老师突然**倒在**了地上。[介詞]（先生は突然床に倒れた。）
6．房子已经**倒了一个月**了，现在还没修复。[時量]（家が倒れてもう1か月になるが，今もまだ元通りに直されていない。）
7．告示牌放得不稳，已经**倒了两次**了。[時量]（掲示板はちゃんと置かれておらず，もう2回も倒れている。）

【倒】dào
1．先用开水把壶烫一下，再把第一道茶水**倒掉**，喝第二道。[結果]（まず急須を熱湯で温め，1番茶を捨て，2番茶を飲む。）
〈注〉この"掉"は「なくなる」という意味で，"倒掉"は「急須を"倒"（傾ける）という動作の結果，中のお茶がなくなる」ということを表している。この場合「投げ捨てる」わけではないので，"扔掉"と言うことはできない。
2．把茶壶里的茶叶都**倒干净**了。[結果]（急須の中の茶葉を残らず捨てた。）

3．他的车子**倒了**几十米才**倒到**门前来。［時量/介詞］（彼の車は数十メートルバックしてやっと入口まで来た。）

4．往这里**倒一次**垃圾要罚款一百元。［時量］（ここにゴミを捨てると100元の罰金だ。）

5．要保护环境，不能把废料**倒在海里**。［介詞］（環境保護のためには，廃棄物を海に捨ててはいけない。）

【得】 dé

1．我想他一定会**得到**机会的。［結果］（彼はきっとチャンスを得られると思う。）

2．到目前为止我们还没有**得到**满意的回答。［結果］（現時点でまだ満足のいく回答を得られていない。）

3．这次**得完**了奖还要继续努力，作出更大的成绩。［結果］（今回賞を取っても努力を続け，更に大きな成果を出さなければならない。）

4．关于他的消息我们**得到得不多**。［結果＋程度］（私たちは彼の情報をたいして得られなかった。）

5．如果我们**得不到**赞助，我们就很难撑过这场危机。［可能］（スポンサーが見つからない限り，この危機を乗り越えるのは難しい。）

6．这次比赛估计他**得不了** liǎo 第一名。［可能］（今回の試合でおそらく彼は1位になれない。）

7．他连续**得了**三次冠军，可称**得上**体操王子。［時量］（彼は続けて3回優勝したので，体操のプリンスの名に値する。）

【等】 děng

1．我们终于**等到**了这个好机会。［結果］（やっといいチャンスがめぐってきた。）

2．大家等他一个人**等得有些不耐烦了**。［程度］（皆で彼1人を待っているのがわずらわしくなってきた。）

〈注〉"等得有些不耐烦了"は程度補語の形式であるが，意味的には「"等"（待つ）という行為の結果，皆が"有些不耐烦"という気持ちになる」ということを表している。

3．我们现在就要回去，所以**等不了** liǎo 他了。［可能］（私たちは今から帰

るところなので，彼を待ちきれなくなった。）
4．今天的作业不能**等到**明天再做。[介詞]（今日の宿題は今日中にやりなさい。）
5．我**等**了他一天终于把他**等来**了。[時量/方向]（私は彼を1日中待っていたが，ついに彼はやってきた。）
6．父亲说："**等一会儿**，这里有几个柿子，你们拿去吧。"[時量]（お父さんは「ちょっと待ちなさい。ここにカキがあるから，持って行きなさい。」と言った。）

【低】 dī
1．不把头**低下来**就走不过去。[方向]（頭を下げないとあっちに抜けられない。）
2．他头**低得很低**。[程度]（彼は頭を低くうなだれている。）
3．我脖子疼，头**低不下去**。[可能]（首が痛くて下を向けない。）

【抵】 dǐ
1．一匹马的价格**抵得上**一辆"奔驰"。[可能]（馬1頭の値段が「ベンツ」1台分に相当する。）
   〈注〉この"上"は「（"抵一辆'奔驰'"という段階への）到達」という意味で，"抵得上"は「そのような段階に到達できる」ということを表している。

【递】 dì
1．请你把盐**递给我**，好吗？[介詞]（お塩を取っていただけませんか。）

【点】 diǎn
1．屋里所有的灯都**点起来**了。[方向]（建物の中の灯りはすべてつけた。）
   〈注〉この"起来"は「"点"（灯りが点る）という状況が起こる」という意味である。
2．妈妈把四支蜡烛都**点好**了。[結果]（母は4本のろうそくに火をともした。）
3．**点完**了菜再商量喝什么酒。[結果]（料理を注文してから，どんな酒を飲むか決める。）
4．把炉子旁边儿的东西挪远一点儿，别**点着**zháo了。[結果]（引火しな

いように，ストーブの横のものをもう少し遠くへ動かしてください。）
5．他点钞票**点得飞快**，和机器差不多。［程度］（彼はお札を数えるのがとてもはやく，機械とかわらない。）
6．今天的货物很多，**点不完**明天再接着点。［可能］（今日の商品はとても多いので，点検しきれなかったら，明日も続ける。）
7．要把药水**点在眼角上**。［介詞］（目薬を目頭に差すのです。）
8．他**点了一下**头就算跟我们打招呼了。［時量］（彼は挨拶のつもりで，私たちに会釈した。）

【垫】 diàn
1．我有零钱，我先给你**垫上**吧。［方向］（小銭があるので，とりあえず立て替えておきます。）
　〈注〉"垫"はもともと「高さの不足を補うために何かを下に敷く」という意味である。この"上"は「付着」という意味で，"垫上"は"垫"という行為を通して，不足している金額が加えられる」ということを表している。
2．他把书**垫在头下边儿**，当枕头用。［介詞］（彼は本を頭の下に敷いて，枕にしている。）

【叼】 diāo
1．别把烟**叼在嘴上**说话，太难看了。［介詞］（くわえタバコでしゃべらないで。みっともないから。）

【吊】 diào
1．开来一辆大吊车才把那块大石头**吊起来**。［方向］（大型クレーン車を持ってきてやっとあの大きな石を吊りあげられた。）
2．她喜欢做一个小人儿**吊在窗口**祈盼晴天。［介詞］（彼女はよく照る照る坊主を作って窓につるして晴れるよう祈った。）

【钓】 diào
1．那个地方能**钓到**很多鱼。［結果］（あの場所は魚がたくさん釣れる。）
2．那么大的鱼，根本**钓不到**。［可能］（そんな大きな魚は，釣れっこない。）

【掉】 diào

1. 不小心，我的书包从平台上**掉下去**了。［方向］（うっかりして，カバンをベランダから落としてしまった。）
2. 孩子从秋千上**掉下来**，摔着了。［方向］（子供がブランコから落ちて，ころんだ。）
   〈注〉この"下来"は「下りてくる」という意味で，子供が話し手の立っているほうに落ちたことがわかる。
3. 有人**掉进**水里去了，快救人啊！［方向］（誰かが水に落ちた。はやく助けて。）
4. 请把车头**掉过去**停在门前。［方向］（Uターンして入口の前に停まってください。）
   〈注〉この"过去"は「話し手の正面と反対のほうに向きを変える」という意味で，"掉过去"は「掉」（方向転換する）という行為を通して，車の進行方向を話し手のいないほうに変える」，つまり「もと来た方向にUターンさせる」ということを表している。
5. 几年不见，他的头发快**掉光**了。［結果］（何年かぶりに会ったら，彼の髪はほとんど抜け落ちていた。）

【钉】 dīng

1. 我们**钉了**她**好多天**了，没有发现什么不正常的活动。［時量］（我々は彼女を何日もつけていたが，特に変わった行動は見つからなかった。）

【顶】 dǐng

1. 你一定要**顶住**，不能让他们胡做非为。［結果］（彼らが悪事を働かないように，あなたがくい止めなければならない。）
   〈注〉この"住"は「動きがしっかり止まる」という意味で，"顶住"は「顶」（持ちこたえる）という動作をしっかりおこなった結果，あなたの力で彼らの行為がしっかりくい止められる」ということを表している。
2. 反对的意见很多，他**顶得住**吗？［可能］（反対意見が多いですが，彼は耐えられますか。）
3. 他把柜子**顶在**门后边儿，防止坏人进来。［介詞］（彼はタンスをドアに押し付けて，悪人が入ってこないようにした。）
4. 他快不行了，你上去**顶一下**。［時量］（彼はもう持ちこたえられそうもな

いから，行って支えてあげなさい。）

【丢】 diū

1．希望大家都能**丢掉**老观念。[結果]（皆さんに古い考え方を捨てていただきたい。）
2．把钱放好了，就**丢不了**liǎo了。[可能]（お金をしっかりしまえば，なくすことはない。）
3．不要把垃圾**丢到**河里。[介詞]（ゴミを川に捨ててはいけません。）
4．他把手里的鱼**丢给**小猫吃。[介詞]（彼は手に持っている魚をネコにやった。）
　〈注〉この"给"は「与える」という意味で，"丢给"は「丢」（投げる）という行為を通して，猫に魚を与える」，つまり「投げ与える」ということを表している。
5．这支钢笔**丢了好几次**，都找回来了。[時量]（この万年筆は何度もなくしたが，そのつど見つかった。）
6．车子**丢了一年了**，现在才找回来。[時量]（自転車がなくなって1年たつが，やっと見つかった。）

【懂】 dǒng

1．这种事再过十年你也**懂不了**liǎo。[可能]（このようなことは10年たったって君にはわかりはしないさ。）

【动】 dòng

1．幸好有人早就**动起来**了。[方向]（幸いはやくに動き出した人がいる。）
2．**动完**了手术再休养一段时间。[結果]（手術を終えたらしばらく休養しなさい。）
3．这项工程我们动手**动得早**，所以现在很主动。[程度]（私たちはこのプロジェクトに着手したのがはやかったので，現在主動的な立場にある。）
4．他的腿摔得很厉害，已经**动不了**liǎo了。[可能]（彼ははげしく転んで，足がもう動かなくなった。）
5．那件事可真叫我**动了一下**心，但很快又打消了念头。[時量]（そのことは本当に私の心を突き動かしたが，あっという間にその思いは打ち消された。）

【冻】dòng

1. 昨天买来的肉吃不完，放在冰箱里**冻起来**。[方向]（昨日買ってきた肉は食べきれないので，冷凍庫に入れて冷凍しなさい。）

   〈注〉この"起来"は「事物が統御下に置かれる」という意味で，"冻起来"は「"冻"（凍らせる）という行為を通して，そのままになっている肉が統御下に置かれる」，つまり「凍らせて保存する」ということを表している。

2. 出去时穿得太少，他给**冻坏**了。[結果]（出かけるときに薄着しすぎたので，彼は冷えて具合が悪くなった。）

   〈注〉この"给"は受身のマーカーである。"冻坏"は「"冻"（凍える）という出来事を通して，"坏"（具合が悪い）という状態にされる」ということを表している。

3. 小女孩儿的手**冻得失去了知觉**。[程度]（女の子の手は凍えて感覚を失った。）

   〈注〉"冻得失去了知觉"は程度補語の形式であるが，意味的には「"冻"（凍える）という出来事が原因となって，"失去了知觉"という結果が引き起こされた」ということを表している。

4. 在院子里干活**冻了半天**了，快进屋来暖和暖和。[時量]（庭で長い間仕事していて冷えたでしょうから，はやく中に入って暖まりなさい。）

【动摇】dòngyáo

1. 听了不同的意见，他现在也开始**动摇起来**了。[方向]（異なる意見を聞いて，今になって彼も動揺し出した。）

2. 他们心神不定，拿不定主意，**动摇得很厉害**。[程度]（彼らは落ち着かず，腹も決まらず，ひどく動揺している。）

3. 任何困难也**动摇不了** liǎo 这些青年征服自然的决心。[可能]（どんな困難であっても若者たちの自然に打ち勝とうとする決心を揺るがすことはできない。）

4. 他曾**动摇过一段时间**，最后还是下决心干下去。[時量]（彼はかつて迷っていたこともあるが，最後はやっていこうと決心した。）

【动员】dòngyuán

1. 全国人民**动员起来**，打退入侵者，保卫祖国。[方向]（全国民は立ちあがり，侵入者を追い出し，祖国を守ろう。）

〈注〉この"动员"は,「～を動員する」という意味の他動詞ではなく,「立ちあがる」という意味の自動詞である。

2. 领导**动员**了他**半天**,他还是不愿做这工作。[時量]（上層部は長い時間かけて働きかけたが,彼はやはりこの仕事をしたがらない。）

3. 如果**动员一次**不见成效,还可以再**动员一次**。[時量/時量]（1度では効果が見られなかったら,もう1度働きかければいい。）

【抖】dǒu

1. 把衣服上的雪**抖掉**了再进来。[結果]（服の雪を払い落としてから入ってきなさい。）

2. 衣服沾上了草,**抖了半天也抖不干净**。[時量/可能]（服に付いた草は,なかなかきれいに払い落とせない。）

3. 他也想**抖一下**空竹玩玩儿。[時量]（彼も唐ごまを回して遊びたい。）

【斗】dòu

1. 两个公司从去年就开始**斗起来**了。[方向]（2つの会社が去年から競い始めた。）

2. 领导里的两派**斗得很凶**。[程度]（指導部の2派閥は激しく争っている。）

3. 我们太年轻了,没有经验,**斗不过**那些老家伙。[可能]（私たちは若すぎて,経験がないので,あんな老獪な輩には勝てない。）

〈注〉この"过"は「～に勝る」という意味で,"斗不过"は「"斗"という行為を通して,老獪な輩に勝ることができない」ということを表している。

4. 这两派**斗了很长时间**,但还是不分胜负。[時量]（この2派は長い間争っているが,いまだに勝負がつかない。）

5. 这两家矛盾很深,不知**斗到什么时候**才能结束。[介詞]（両家の溝は深いので,争いはいつになったら終わるのかわからない。）

【逗】dòu

1. 他把妹妹**逗哭**了。[結果]（彼は妹をからかって泣かせてしまった。）

2. 他讲话很风趣,**逗得大家都笑起来**了。[程度]（彼の話はおもしろかったので,皆笑った。）

【毒】dú

1. 这种鼠药一定可以把老鼠**毒死**。[结果]（このネズミ駆除剤ならきっとネズミを殺せる。）
2. 这种药质量太差，**毒不死**老鼠。[可能]（この薬は質が悪いので、ネズミを殺せない。）

【读】dú

1. 学习外语不能只默读，要**读出**声音来。[方向]（外国語の勉強は黙読だけではだめで、声を出して読まなければならない。）
2. 她**读完**了大学先参加工作，以后再读研究生。[结果]（彼女は大学を卒業してまず就職し、その後で大学院に行くつもりだ。）
3. 他很喜欢读书，除了本国作品以外，外国名著也**读得很多**。[程度]（彼は読書が好きで、自国の作品のほか、外国の名作もたくさん読んでいる。）
4. 大学二年级时，我因身体不好**读不下去**了，只好休学一年。[可能]（大学2年のとき、健康上の理由で勉強を続けられなくなり、やむを得ず1年間休学した。）
5. 请你把这条消息**读给**我们听听。[介词]（そのニュースを私たちに読んで聞かせてください。）
6. 我每天早上都要**读一小时**外语，已经坚持三年了。[时量]（私は毎朝1時間外国語を朗読していて、すでに3年間続けている。）

【独立】dúlì

1. 现在是你们**独立出来**的机会，**独立得太晚**了机会就没了。[方向/程度]（今こそ君たちが独立するチャンスだ。これを逃したら次はない。）
2. 这个公司的经济还**独立不了** liǎo，要依靠总公司的支援。[可能]（この会社の経営状況ではまだ独立できないので、本社の支援に頼らなければならない。）
3. 历史上这个地区**独立过两次**，后来又被吞并了。[时量]（歴史上この地区は2回独立したことがあるが、後にまた併呑された。）

【堵】dǔ

1. 为了追捕逃犯，公安人员把这里的几个出口都**堵起来**了。[方向]
（逃亡犯を捕まえるために，公安はここの出口をすべてふさいだ。）

   〈注〉この"起来"は「事物が統御下に置かれる」という意味で，"堵起来"は「堵（ふさぐ）という行為を通して，自由に通行できる出口が統御下に置かれる」，つまり「ふさいで通れなくする」ということを表している。

2. 车子太多，把前面的路口都**堵住**了。[結果]（車が多すぎて，前方の交差点まで渋滞してしまった。）

   〈注〉この"住"は「自由に行き来できないよう固められる」という意味で，"堵住"は「堵（ふさぐ）という動作を通して，車が自由に行き来できないよう交差点が固められる」ということを表している。

3. 这几天我遇上了几件不愉快的事，很别扭，心里**堵得慌**。[程度]
（ここ数日不愉快なことがいくつかあったので，すっきりせず，ひどく気がめいっている。）

4. 水流得很急，缺口又太大，实在**堵不住**了。[可能]（水の流れが急で，その上割れ目も大きく，本当にふさげない。）

5. 老板的车被**堵在**桥的东头，一直到现在还过不来。[介詞]（社長の車は橋の東で渋滞に巻き込まれていて，いまだに渡ってこられない。）

6. 这条马路路窄车多，今天上午又**堵**了二十多分钟。[時量]（この道は狭くて車が多く，今日の午前また20分あまり動けなかった。）

【端】duān

1. 这次我把对他们的意见都**端出来**了。[方向]（今回，彼らに対する意見を全部さらけ出した。）

   〈注〉この"出来"は「わかる；明らかになる」という意味で，"端出来"は「端（眼の前でものを水平に持つ）という動作を通して，心の中にしまっておいた意見が明らかになる」，つまり「意見をさらけ出す」ということを表している。

2. 妈妈**端来**了香喷喷的饭菜。[方向]（母はおいしそうなにおいのする料理を運んできた。）

3. 服务员要先练习把饭菜**端稳**。[結果]（ウェイターはまず料理を揺らさずに運ぶ練習をする。）

4. 这么重的一盆水，一个人**端不起来**。[可能]（洗面器の水は重くて，1

人では持ちあげられない。)

5. 她在饭店里当服务员，**端**了一年盘子了。[時量]（彼女はレストランのウエイトレスで，1年間料理運びをしている。）

【断】 duàn

1. 他们俩的感情很深，两人的关系怎么也**断**不了liǎo。[可能]（彼ら2人は深く愛し合っていて，2人の関係はどうやっても断ち切れない。）
2. 要小心，这根绳子不结实，**断**过一次了。[時量]（気を付けて。この縄は弱くて1度切れたことがある。）
3. 水管破裂了，这里的水已经**断**了半天了。[時量]（水道管が破裂して，このあたりはもう長い間断水している。）

【锻炼】 duànliàn

1. 要坚持每天**锻炼**完了再吃早饭。[結果]（毎日トレーニングしてから朝食を食べる習慣を守らねばならない。）
2. 他一直坚持每天都锻炼，所以身体**锻炼**得很结实。[程度]（彼はずっと毎日トレーニングを続けているので，体がとても丈夫になった。）
3. 今天开始的时间太晚了，恐怕**锻炼**不完就要吃晚饭了。[可能]（今日は始めた時間が遅すぎたので，トレーニングが終わらないうちに夕飯になるかもしれない。）
4. 运动员每天都要从早上**锻炼**到晚上。[介詞]（スポーツ選手は毎日朝から晩までトレーニングすることになっている。）
5. 在实际工作中**锻炼**几年，经验就会多起来。[時量]（実際の作業の中で何年か修業すれば，多くの経験を積めるだろう。）
6. 大学生上学期间都要到部队去**锻炼**一次。[時量]（大学生は皆前期に1度入隊して鍛えられることになっている。）

【堆】 duī

1. 杂物**堆**满了小屋，人都进不去了。[結果]（部屋中がらくただらけで，誰も入れなくなった。）

2．这么多的东西都要**堆在**这里，**堆得下堆不下**？[介词/可能/可能]（こんなに多くのものをここに積むスペースがあるの。）

3．他把刚买来的书都**堆在桌子上**了。[介词]（彼は買ってきたばかりの本をすべて机の上に積みあげた。）

4．这些旧书在这里已经**堆了一年**了，还没处理。[時量]（これらの古本はここにもう1年間積みあげられたままで，まだ処分されていない。）

【堆积】duījī
1．问题**堆积得越来越多**。[程度]（問題がだんだん山積みになってくる。）

【对】duì
1．我们俩**对完了**答案，再预习明天的课。[結果]（私たち2人は答え合わせを終えてから，明日の予習をする。）

2．把果汁**对到啤酒里**喝，是什么味儿？[介词]（ジュースをビールに混ぜて飲んだら，どんな味がするだろうか。）

3．几种不同的酒按一定标准**对在一起**就成了鸡尾酒。[介词]（数種類の異なったお酒を一定量混ぜるとカクテルになる。）

4．这个稿子只**对一次**不够，要多**对几次**。[時量/時量]（この原稿は1度見直すだけでは不十分で，何度か見直さなければならない。）

【对付】duìfu
1．应该换个办法了，不能再用老办法**对付下去**了。[方向]（方法を変えるべきだ。従来のやり方ではこれ以上対応し続けられなくなった。）

2．来的人很多，我一个人**对付不了**liǎo。[可能]（来た人が多すぎるので，私1人では対応しきれない。）

3．这个零件已经老化了，只能再**对付几天**，应该换个新的了。[時量]（この部品はもう老化して数日しかもたないので，新しいのに換えなければならない。）

4．碰到实在解决不了的问题时，拿出笔和纸来，也可以**对付一阵**。[時量]（本当に解決できない問題にぶつかったときは，ペンと紙を取り出せば，その場はしのげる。）

【对立】duìlì

1. 我们的利益是一致的，不会发生矛盾，也**对立**不起来。[可能]
（我々の利害は一致しており，問題も対立も起こり得ない。）

〈注〉この"起来"は「（"对立"という）状況が起こる」という意味で，"对立不起来"は「そういった状況が起こり得ない」ということを表している。

2. 这两派**对立**了十来年，最近才有缓和迹象。[時量]（この2派閥は10年ばかり対立していたが，最近やっと関係改善のきざしが見えた。）

【蹲】dūn

1. 哨声一响，孩子们很快就都**蹲**了下去。[方向]（笛がなると，子供たちはさっとしゃがみ込んだ。）

2. 老师叫小朋友们都**蹲**好，蒙上眼睛作游戏。[結果]（先生は子供たちをしゃがませ，目隠し遊びをした。）

3. 这点小地方**蹲**得下两个人吗？[可能]（こんな狭いところに2人もしゃがめますか。）

4. 又下雨了，今天哪里也不去了，只好**蹲**在家里了。[介詞]（また雨だ。今日はどこにも行かず，家でじっとしているしかなくなった。）

5. 他真不守信用，今天又没来，已经**蹲**了我**两次**了。[時量]（彼は本当に信用できない。今日も来なかったので，もう2回も待ちぼうけをくわされたことになる。）

〈注〉「"蹲"＋人＋～"次"」はきわめて口語的な表現で，「～に～回待ちぼうけをくわせる」という意味を表す。

6. 约定好两点见面，可是他三点才到，**蹲**了我**一个小时**。[時量]（2時に会うと約束したのに，彼は私を1時間もほったらかしにして3時にやっと来た。）

【哆嗦】duōsuo

1. 他紧张得嘴唇都**哆嗦**起来了。[方向]（彼は緊張のあまり唇が震え出した。）

2. 他一发病就哆嗦，**哆嗦**完了跟没病人一样。[結果]（彼は発作が起こると震え出すが，震えがおさまると普通の人と変わらない。）

3. 不知为什么，他心里很慌，身上也**哆嗦**得很厉害。[程度]（どうい

うわけだか，彼はうろたえていて，体もひどく震えている。）
4．他今天又犯病了，刚才又**哆嗦**了半天。［時量］（今日彼はまた症状が出て，さっきまた長い間震えていた。）
5．由于精神上受了刺激，他一直**哆嗦**到现在。［介詞］（精神的な衝撃を受けて，彼は今でもずっと震えている。）

【夺】 duó
1．要加倍努力，把失去的时间**夺**回来。［方向］（もっと努力して，失った時間を取り戻さなければならない。）
2．经过大家努力，我们组终于**夺**到了冠军。［結果］（皆の努力のおかげで，私たちのグループはとうとう優勝を勝ち取った。）
3．这种作法**夺**走了很多动物的自由和生命。［結果］（このようなやり方は多くの動物から自由と生命を奪い去った。）

【躲】 duǒ
1．快**躲**起来，他来了。［方向］（はやく隠れろ。彼が来る。）
　〈注〉この"起来"は「事物が統御下に置かれる」という意味で，"躲起来"は「"躲"という動作を通して，自分が統御下に置かれる」，つまり「身を隠す」ということを表している。
2．你们快**躲**开，别叫他看见。［方向］（君たちはやく隠れろ。彼に見つからないように。）
　〈注〉この"开"は「もともと存在する場所を離れる」という意味で，"躲开"は「"躲"（隠れる）という行為を通して，その場からいなくなる」ということを表している。
3．我本来想**躲**开，可已经来不及了。［方向］（よけようと思ってたんですけど，もう間に合わなかったんです。）
4．天气这么好，你不要再**躲**进你那小屋里去了。［方向］（天気がこんなにいいんだから，もうそんな小部屋の中にこもったりしないで。）
5．幸好我**躲**得很快，没被车撞着。［程度］（幸いよけるのがはやかったので，車にひかれなかった。）
6．汽车开得太快，我一时**躲**不及，出了车祸。［可能］（車のスピードがはやすぎて，とっさに避けられず，事故に巻き込まれた。）

〈注〉"不及"は「("躲"という) 動作が間に合わない」という意味である。

7．总躲着他也不是办法，**躲得了**liǎo这一次，**躲不了**liǎo下一次。[可能/可能]（彼から逃げているだけではどうにもならないし，今回は逃げられても次は逃げられない。）

8．无论你**躲**在哪里，我都能找到。[介詞]（君がどこに隠れようと，ぼくは見つけられる。）

【堕落】 duòluò

1．再这么**堕落下去**，真要进地狱了。[方向]（このまま堕落していったら，本当に地獄に落ちてしまう。）

2．那时候酒是一种奢侈品，喝上了瘾会倾家荡产，甚至**堕落到卖妻卖女的地步**。[介詞]（あの頃酒は一種の贅沢品だった。アル中になると家は傾き，妻や娘を売り飛ばすところまで落ちぶれることもあった。）

【发】 fā

1. 这是什么东西**发出**的声音？[方向]（これは何から出た音ですか？）
2. 冰柱非常美丽，在阳光里**发出**各种各样的光彩。[方向]（つららはとても美しく，太陽の光の中でさまざまな輝きを放っている。）
3. 开会的通知已经**发出去**了。[方向]（会議通知はもう発送した。）
4. 你给我把传真**发过来**吧。[方向]（ＦＡＸを送ってください。）
5. 他**发完**了信就去买东西了。[結果]（彼は手紙を出すとすぐ買い物に行った。）
6. 时间太短，面还**发不起来**，做不了蛋糕。[可能]（時間が短すぎて，小麦粉がまだ発酵していないので，ケーキが作れない。）

〈注〉この"起来"は「突出する；隆起する」という意味で，"发不起来"は「発酵させようと思っても，目的の程度に達し得ない」ということを表している。

【发表】 fābiǎo

1. 我们的研究成果终于在报刊上**发表出来**了。[方向]（私たちの研究成果はついに研究誌で発表された。）
2. 让他把意见都**发表完**了，你再作解释。[結果]（彼に意見を全部発表させ，君が釈明する。）
3. 声明**发表得**很及时，有力地驳斥了他们的诬蔑。[程度]（声明は適切な時期に発表され，彼らの中傷に強く反論した。）
4. 一期杂志**发表不了**liǎo这么多的文章，要分两期发表。[可能]（１号の雑誌でこんな多くの文章を発表するのは無理なので，２回に分ける必要がある。）
5. 我的科学论文已经**发表在**学报**上**了。[介詞]（私の科学論文はもう紀要に発表した。）

〈注〉"发表在～"は「"发表"という行為の結果，論文が紀要に載る」ということを表している。"发表在学报上"を"在学报上发表"とすることもできるが，後者は場

所が強調される。

6．关于这个问题，需要正式地**发表**一次看法。[時量]（この問題に関して，1度正式に見解を述べなければならない。）

【发动】fādòng

1．那里的群众终于**发动起来**了。[方向]（その地方の大衆はようやく立ちあがった。）
2．这台机器可能坏了，发动机怎么也**发动不起来**。[可能]（この機器は壊れているのかもしれない。エンジンがどうやってもかからない。）
3．机器不能放着不用，过一段时间要**发动一次**。[時量]（機械は置きっぱなしにしてはいけない。しばらくしたら1度動かしなさい。）

【发挥】fāhuī

1．那里条件很好，个人的智慧都能**发挥出来**。[方向]（あそこは環境がよいので，個人のアイデアを生かしてもらえる。）
2．如果有时间准备，我还可以**发挥得好**一些。[程度]（準備する時間があれば，更に力を発揮できた。）
3．这些规定束缚了人们的手脚，致使大家的积极性**发挥不出来**。[可能]（これらの規定は人々の手足を縛り，皆積極性を発揮できなくなっている。）
　　〈注〉この"出来"は「結果の出現」という意味で，"发挥不出来"は「"发挥"しようとしても，潜在的な積極性を表に出すことができない」ということを表している。

【发觉】fājué

1．我也**发觉出**他们的态度跟以前不一样了。[方向]（彼らの態度が以前と違うことに私も気付いた。）
2．孩子的病很厉害，幸亏**发觉得早**才及时得到治疗。[程度]（子供の病気は重かったが，幸いはやく発見されたので，すぐに治療を受けることができた。）
　　〈注〉"发觉得早"は"发觉"のタイミングに対する話し手の主観的評価を表している。この"早"は"晚"と対比されているため，"很"が付けられていない。形式的には可能補語と完全に同形である点に注意。
3．小的隐患**发觉不了**liǎo，会造成大的损失。[可能]（もし小さな欠陥を

発見できなかったら，容易に大損害につながる可能性がある。)

【发明】 fāmíng
1. 在这科学技术日新月异的时代，不断有新的东西**发明出来**。[方向]（科学技術が日進月歩の時代では，新しいものが次々に発明される。）
2. 这种计算方法虽然**发明得很早**，但没有立刻得到应用。[程度]（この計算方法が考案されたのはかなりはやいが，すぐには応用されなかった。）
3. 这种方法**发明了很长时间了**，但一直没有人运用。[時量]（この方法は考えられてずいぶんたつが，まだ誰にも運用されていない。）

【发烧】 fāshāo
1. 今天他累了一点，晚上又**发起烧来**了。[方向]（今日彼は少し疲れが出て，夜また発熱した。）
   〈注〉この"起来"は「体温が上昇する」ということを表している。"发烧"は離合詞なので，"烧"は"起"と"来"の間に置かれる。
2. 前天刚好又病了，而且这次**发烧还发得很厉害**。[程度]（一昨日よくなったかと思ったらまた発病して，しかも今回はひどい熱だ。）
   〈注〉"发烧"は離合詞なので，程度補語の形式に用いられる場合，"烧"はふつうの目的語と同じように扱われる。つまり，「動詞＋目的語（"烧"）＋動詞＋"得"＋（程度）」の形式をとることに注意しなければならない。

【发射】 fāshè
1. 火箭准时地**发射了出去**，非常成功。[方向]（ロケットは時間通りに発射され，大成功を収めた。）
2. 出故障了，火箭**发射不出去**了。[可能]（故障のため，ロケットは発射できなくなった。）
3. 洲际导弹可以**发射到哪里**？[介詞]（大陸間弾道弾はどこまで飛ばせるだろうか。）

【发生】 fāshēng
1. 没想到事情**发生得这么快**。[程度]（こんなにはやく起こるなんて思って

もみなかった。)

2．要是互相尊重，注意团结，就**发生不了**liǎo纠纷。[可能]（互いに尊重し合い，団結すれば，トラブルは起こらない。）

3．这次事故**发生在我们这里**，真不应该。[介詞]（今回の事故が私たちのところで発生したことは，本当にあってはならないことだ。）

　〈注〉"发生在我们这里"を"在我们这里发生"とすることもできるが，後者は場所が強調される。

4．考试作弊的事，今年又**发**了**一次**。[時量]（カンニングは今年また1度起こった。）

【发现】 fāxiàn

1．幸亏**发现得及时**，火才没有着起来。[程度]（幸いはやく発見されたので，火事にならなかった。）

2．如果不仔细地检查就**发现不了**liǎo存在的问题。[可能]（細かく検査しないと問題が存在するかどうか発見できない。）

3．这样的情况，我只**发现过一次**。[時量]（このような状況は，1度しか気付いたことがない。）

4．他一直有心事，我已经**发现很久**了。[時量]（彼にずっと心配事があることは，私はとっくに気付いている。）

【发行】 fāxíng

1．这份时尚杂志一**发行出来**，就有很多人购买。[方向]（このファッション雑誌が発行されると，多くの人が買う。）

2．今年的国库券只用三天就全部**发行完**了。[結果]（今年の国債はたった3日間ですべて発行し終わった。）

3．这种硬币**发行得很早**，已有五十多年了。[程度]（この硬貨は発行がはやく，もう50年以上通用している。）

4．那部小说今年**发行得了**liǎo**发行不了**liǎo还不能肯定。[可能/可能]（その小説が今年中に発行できるかどうかまだ確かなことは言えない。）

5．高息债券一年只**发行两次**。[時量]（高利息債券は年に2回だけ発行される。）

6．债券**发行了很长时间**，至今还没有售完。［時量］（債券が発行されてずいぶんたつが，まだ売れ残っている。）

【发言】fāyán

1．代表们在大会上**发完言**，就开始小组讨论。［結果］（代表たちは大会で発表を終えると，グループ討論を始めた。）
   〈注〉"发言"は離合詞なので，結果補語の"完"は"发"と"言"の間に置かれる。
2．时间太紧了，可能我**发不了**liǎo言了。［可能］（時間がないので，発言できなくなるかもしれない。）
3．每位代表只允许**发一次言**。［時量］（どの代表も1度だけ発言が許される。）
4．每一次只能**发言十五分钟**，超过了要被制止。［時量］（毎回15分間だけ発言でき，オーバーすると止められることになっている。）
   〈注〉文法的には，時量補語の"十五分钟"を"发"と"言"の間に置いて，"发十五分钟言"とすべきである。しかし口語では，時量補語が長すぎると，"发"と"言"が離れすぎて相手が理解しにくくなってしまうので，"发言十五分钟"としたほうがよい。

【发展】fāzhǎn

1．那里的旅游业慢慢**发展起来**了。［方向］（あそこの観光業はだんだん発展してきた。）
2．深圳从一个小渔村**发展成**了一个现代化的城市。［結果］（深圳は小さな漁村から近代的な都市に発展した。）
3．近几年服装工业**发展得很迅速**。［程度］（ここ数年服飾工業は発展が目ざましい。）
4．我们这个学会刚刚成立，一时还**发展不了**liǎo很多会员。［可能］（我々の学会は成立したばかりで，まだすぐには会員を大幅に増やせない。）
5．社会**发展到今天**，人类已经掌握了许多自然规律，用来为社会服务。［介詞］（社会は今日まで発展し，人類はすでに多くの自然摂理を把握し，社会のために利用するようになっている。）
6．许多学会每年只**发展一次**会员。［時量］（多くの学会は毎年1度だけ会員を受け入れる。）

【罚】 fá

1. 因为违犯交通规则，带的钱都被**罚**光了。[結果]（交通違反をしたので，所持金を全部罰金でとられてしまった。）

   〈注〉この"光"は「少しも残っていない」という意味である。"被"という受身のマーカーがついた"被罚光"は「"罚"という行為をされた結果,所持金がすべてなくなる」ということを表している。

2. 有的城市对违犯交通规则的**罚**得很厉害。[程度]（都市によっては交通違反者を厳しく罰する。）

3. 对轻度违犯交通规则的人要**罚**半小时值勤。[時量]（軽度の交通違反者に対しては30分のボランティアを科す。）

4. 这个球员被**罚**了**两次**黄牌警告。[時量]（この選手は2回イエローカードをもらった。）

【翻】 fān

1. 我的毛衣是从箱子里**翻**出来的。[方向]（セーターはスーツケースから引っ張り出してきた。）

2. 桌子上的书都叫弟弟**翻乱**了。[結果]（机の上の本は弟にぐちゃぐちゃにされた。）

3. 他把抽屉里的东西**翻**得**乱七八糟**。[程度]（彼は引き出しの中のものをごちゃ混ぜにした。）

   〈注〉"翻得乱七八糟"は程度補語の形式であるが，意味的には「主語の"他"が"翻"（ひっくり返す）という行為をおこなった結果,"抽屉里的东西"が"乱七八糟（ごちゃごちゃ）"という状況になった」ということを表している。

4. 证据确凿，他的口供怎么也**翻不了** liǎo。[可能]（確かな証拠があるので，彼の供述はどうやったってくつがえせない。）

5. 请**翻**到第八页。[介詞]（8ページをあけてください。）

6. 两辆汽车在桥上相撞，一辆**翻**到河里去了。[介詞]（2台の車が橋でぶつかって，1台は川に転落した。）

7. 今年报考研究生的人数比去年**翻**了**一番**。[時量]（今年，大学院の受験者数は去年の倍になった。）

8. 这本小说我**翻**了**一年**还没**翻完**。[時量/結果]（この小説を翻訳しはじめて1年になるが，まだ終わらない。）

【翻译】 fānyì
1. 这个译文水平不怎么样，好多意思都没**翻译出来**。[方向]（この訳文はたいしたことはない。訳出されていないところが多い。）
2. "经济小吃"的"经济"**翻译成**日语应该是「経済的な」。[結果]（"经济小吃"の"经济"を日本語に翻訳する場合，「経済的な」とするべきだ。）
3. 这篇外文资料，我已经**翻译好**了。[結果]（この外国語の資料はもう翻訳し終わった。）
4. 他的外语水平很高，**翻译得又快又准确**。[程度]（彼の語学のレベルはとても高く，通訳ははやくて正確だ。）
5. 我只能翻译日语资料，英文不太懂**翻译不了**liǎo。[可能]（私は日本語の資料なら翻訳できるが，英語はよくわからないので翻訳できない。）
6. 这份报告，我已**翻译给他**了。[介詞]（このレポートはもう彼に訳してあげた。）
7. 我只**翻译过一次**科技资料。[時量]（1度だけ科学技術の資料を翻訳したことがある。）
8. 我们**翻译了一年**才把这部小说翻完。[時量]（私たちは1年かかってようやくこの小説を翻訳し終わった。）

【繁殖】 fánzhí
1. 经过多年的研究，**繁殖出**了新种的蝴蝶。[方向]（長年の研究をへて，新種のチョウの繁殖に成功した。）
2. 这种昆虫**繁殖完**了也就死了。[結果]（この昆虫は繁殖を終えると死んでしまう。）
3. 蚊虫在潮湿的地方**繁殖得非常快**。[程度]（カは湿った場所では繁殖するのがとてもはやい。）
4. 干燥洁净的地方尘螨就**繁殖不了**liǎo。[可能]（乾燥していて清潔な場所ではダニは繁殖できない。）
5. 许多昆虫只能**繁殖一次**。[時量]（多くの昆虫は1回しか繁殖できない。）

【反】 fǎn
1. 你做错了事，应该是大家批评你，怎么**反过来**了？［方向］（自分で間違ったことをしたんだから，怒られて当然だろう。何で逆切れするんだ。）

【反对】 fǎnduì
1. 如果不改变这种错误的作法，我们就继续**反对下去**。［方向］（もしこのような誤ったやり方を改めないなら，私たちは反対し続ける。）
2. 这个领导很霸道，一点儿民主也没有，谁也**反对不得**。［可能］（このリーダーは独善的で，少しも民主的なところがなく，誰も反対できない。）
3. 我们的作法是正确的，是谁也**反对不了**liǎo的。［可能］（私たちのやり方は間違っていないので，誰も反対できないはずだ。）
4. 对于这个市政规划，市民们从一开始就反对，一直**反对到现在**。［介詞］（この市の計画に対して，市民は初めから今までずっと反対している。）
5. 我曾经**反对过他一次**，后来证明他是对的。［時量］（かつて1度彼に反対したことがあるが，後に彼が正しいと証明された。）

【反击】 fǎnjī
1. 他们的实力已大大削弱，再也**反击不了**liǎo我们了。［可能］（彼らの力はすでにかなり削られ，2度と私たちに反撃できなくなった。）
2. 虽然他们不断地攻击我们，但我们只**反击过一次**。［時量］（彼らは絶え間なく攻撃してくるが，我々は1度しか反撃していない。）

【反抗】 fǎnkàng
1. 压迫得越深，**反抗得越厉害**。［程度］（圧迫がひどくなればなるほど，反抗はますます激しくなる。）
2. 敌人屡屡败退，已经**反抗不了**liǎo了。［可能］（敵は何度も失敗し，すでに反抗できなくなった。）
3. 反抗期的孩子太难办了，他要**反抗到什么时候**才完啊？［介詞］（反抗期の子供は本当に厄介だ。いつまで反抗し続けるのだろう。）
4. 对外来的侵略，我们**反抗了十年**才取得最后的胜利。［時量］（外からの侵略に対して，10年間反抗してやっと最終的な勝利を得た。）

【反映】 fǎnyìng

1. 两种做法**反映**出来，人们的观念是不同的。[方向]（2種類の異なったやり方が反映されると，人々の考え方は違ってくるものだ。）
2. 请班长把大家的意见和要求都**反映**上去。[方向]（班長さんが皆の意見と要求を報告してください。）

   〈注〉"反映"は「上層部に報告する」という意味である。"上去"は「上がって行く」という意味で，"反映上去"は「"反映"という行為を通して，皆の意見が上層部に上がって行く」ということを表している。

3. 大家的意见、要求向上级**反映**晚了。[結果]（皆の意見と要求を上層部に伝えるのが遅れた。）
4. 报告里对一年来的成绩和缺点都**反映**得很清楚。[程度]（レポートの中でこの1年の成果と問題点がはっきり報告されている。）
5. 这次考试太容易，**反映**不出他们的真实水平。[可能]（今回のテストは簡単すぎて，彼らの実力を反映できない。）
6. 代表把选民的要求**反映**到市长那里去了。[介詞]（代表は有権者の要求を市長に伝えた。）
7. 他的急躁情绪**反映**在他的一举一动上。[介詞]（心のあせりが彼の一挙一動に現れている。）
8. 群众的意见，我们已向代表**反映**过一次。[時量]（庶民の意見は，すでに代表に1回報告してある。）
9. 这里的情况已经向有关部门**反映**一个月了。[時量]（ここの状況はすでに関係部門に伝達して1か月になる。）

【防】 fáng

1. 大小事故难免发生，有人认为**防**不住，这是不对的。[可能]（いずれにせよ事故の発生は免れないものだが，防げないと考えるのは，間違っている。）

   〈注〉この"住"は「動きがしっかり止まる」という意味で，"防不住"は「"防"という行為を通して，事故の発生を食い止めることができない」ということを表している。

2. 一直传说近期会有大地震，大家**防**了很长时间了。[時量]（近いうちに大地震が起こるという噂が絶えず，皆ずっと備えている。）

【防止】 fángzhǐ
1. 大的事故**防止得了**liǎo，小的事故可能**防止不了**liǎo。［可能/可能］（大事故は防げるかもしれないが，小さな事故は防ぎきれないかもしれない。）

【防治】 fángzhì
1. 这个村子对农作物的病虫害一直**防治得很好**，从未发生过虫灾。
   ［程度］（この村は農作物の害虫予防が万全で，害虫による被害が1度も発生したことがない。）
2. 这种疾病一定**防治得了**liǎo。［可能］（この病気は必ず予防できる。）
3. 这种流行病一直要**防治到春天**。［介詞］（このはやり病は春まで予防し続けなければならない。）

【访问】 fǎngwèn
1. 代表团**访问完**亚洲还要访问欧洲。［結果］（代表団はアジアを訪問し終えると，更にヨーロッパを訪問する。）
2. 因为时间关系，其他地方就**访问不了**liǎo了。［可能］（時間の関係で，ほかの場所を訪問できなくなった。）
3. 这位友好使者对我国**访问过三次**了，每次都受到热烈的欢迎。
   ［時量］（こちらの友好使節はわが国を3度訪れているが，毎回熱烈な歓迎を受けている。）
4. 代表团在北京**访问了一个星期**。［時量］（代表団は北京を1週間訪問した。）

【放】 fàng
1. 这条裤子的腰身还能**放出**一寸。［方向］（このズボンのウエストはまだ3センチ大きくできる。）
2. 他的眼睛没有**放过**一件摆在橱窗里的东西。［方向］（彼はショーウインドーに並んでいるものを1つも見落とさなかった。）
3. 他把杂物都**放进**小屋里了。［方向］（彼は不用品を小屋に押し込んだ。）
4. 菜炒好了再把味精**放进去**调一下。［方向］（料理をよく炒めてから味の素を加えて味を調える。）

5．我想把这张照片**放大**。[結果]（写真を拡大したいのですが。）
6．我把洗澡盆里的水都**放掉**了。[結果]（浴槽のお湯を全部抜いてしまった。）
　〈注〉この"掉"は「なくなる」という意味で，"放掉"は「"放"（放出する）という動作の結果，中の湯がなくなる」ということを表している。
7．重要的东西一定要**放好**。[結果]（大事なものはちゃんとしまいなさい。）
8．**放完**了爆竹婚礼就开始了。[結果]（爆竹を鳴らし終えると結婚式が始まった。）
9．这包点心**放得太久**了，不能吃了。[程度]（このお菓子は時間がたちすぎたので，食べられなくなった。）
10．这件衣服做得太小了，也**放不出来**了。[可能]（この服は小さく作りすぎて，これ以上大きくすることもできない。）
11．这么大的床，我屋里**放不下**。[可能]（こんな大きなベッドは，私の部屋に置けない。）
12．我们学校寒假**放到**三月一日。[介詞]（うちの学校は3月1日まで冬休みだ。）
13．他把一个苹果**放到**衣服的口袋里。[介詞]（彼は服のポケットにリンゴを1個入れた。）
14．妈妈把做好的菜**放在桌上**。[介詞]（お母さんはできあがった料理をテーブルに置いた。）
　〈注〉"放在～"は「"放"という動作の結果，料理がテーブルの上に存在する」ということを表している。
15．我在农村工作时还**放过一次**羊呢。[時量]（農村で働いていたとき，1度羊飼いまでしたことがある。）
　〈注〉この"还"は「羊飼いをするという経験が予想の範囲を超えたものであった」ということを表している。
16．春节时我们只**放了一天**爆竹。[時量]（春節のとき，1日だけ爆竹を鳴らした。）

【放假】 fàngjià

1．**放完假**正式上班以后，我们再研究。[結果]（休みが明けて正式に仕事が始まってから，私たちは考えます。）

〈注〉"放假"は離合詞なので，結果補語の"完"は"放"と"假"の間に置かれる。

2．今年**放假**比往年**放得早一些**。[程度]（今年の休みは例年より少しはやい。）
3．因为有紧急任务，秘书室的工作人员**放不了**liǎo**假**了。[可能]（緊急の仕事が入ったので，秘書室の職員は休めなくなった。）
4．从明天开始我们**放假**，一直**放到九月一日**。[介詞]（明日から9月1日までずっと休みだ。）
5．上半年一共**放了三次假**。[時量]（上半期は合計3回休みがあった。）
6．今年元旦连同周末一共**放了三天假**。[時量]（今年の元旦は週末とつながって合計3日間休みだった。）

【放弃】 fàngqì

1．我们还要保持一段使用权，不能**放弃得太早**。[程度]（まだ使用権が必要なので，はやばやと放棄してはならない。）
2．他们都认为这是对的，所以暂时还**放弃不了**liǎo这个主张。[可能]（彼らは皆これが正しいと思っているので，すぐにはこの主張を放棄できない。）
3．我只**放弃过一次**选举权。[時量]（1度だけ選挙権を放棄したことがある。）
4．所有权已经**放弃了很长时间**了。[時量]（所有権はとっくに放棄されている。）

【放松】 fàngsōng

1．水位终于降低了，紧张的心情总算**放松了下来**。[方向]（水位がついに下がり，緊張がやっと解けてきた。）
2．如果再**放松下去**，这项工程就不能按期完成了。[方向]（もし今のようにのんびりしていたら，このプロジェクトは期日に間に合わなくなる。）
3．由于防灾工作**放松了一段时间**，所以这次检查出很多问题。[時量]（防災活動が一時期おろそかにされていたので，今回の検査で多くの問題が出た。）
4．不管工作多紧张，也应该适当**放松一下**。[時量]（仕事がどんなに忙しくても，適度に息抜きをしなければならない。）

【放心】 fàngxīn
1. 只有他一人做这件事，我们都**放不下心**。[可能]（彼1人だけでその仕事をするのであれば，私たちは安心できない。）

　〈注〉"放心"は離合詞なので，補語の"不下"は"放"と"心"の間に置かれるのがふつうであるが，"放心不下"ということもある。"放不下心"は「心を安心できるところに置こうと思っても置けない」，つまり「安心できない」ということを表している。

【放学】 fàngxué
1. 今天我们**放学**放得比较早，下午四点就到家了。[程度]（今日学校が比較的はやく終わったので，午後4時にはもう家に着いた。）
2. 下课后还要练习跳舞，五点钟也**放不了**liǎo**学**。[可能]（放課後更にダンスの練習をしなければならず，5時になっても帰れない。）

　〈注〉この"不了"は「（"放学"という）望んでいる動作ができない」という意味である。"放学"は離合詞なので，"不了"は"放"と"学"の間に置かれている。

【放映】 fàngyìng
1. 电影已经**放映完**了。[結果]（映画の上映はすでに終わった。）
2. 影片很好，从上周开始一直**放映到现在**，仍有很多观众。[介詞]（映画がすばらしく，先週から今日までずっと上映しているが，いまだに観客が多い。）
3. 这场电影已经**放映一个小时**了。[時量]（この映画はすでに1時間上映されている。）

【飞】 fēi
1. 飞机几分钟后就**飞起来**了。[方向]（飛行機は数分後に離陸した。）
2. 我看到有一架飞机在天空中**飞去**。[方向]（飛行機が1機，空を飛んで行くのが見えた。）
3. 树上的小鸟都**飞走**了。[結果]（木にとまっていた小鸟は皆飛び去った。）
4. 翅膀受伤了，小鸟**飞不起来**了。[可能]（羽が傷ついて，小鸟は飛べなくなった。）
5. 一只黄莺**飞到梅树上去**了。[介詞]（1羽のウグイスが梅の木まで飛んで

行った。)
6．他们昨天已经**飞往外地去**了。［介詞］（彼らは昨日すでに飛行機で地方に向かった。)
7．从东京到北京飞机**飞三个小时**就到了。［時量］（東京から北京まで飛行機で3時間だ。)
8．每架飞机**飞一次**就要检修一下。［時量］（すべての飛行機は1回飛ぶごとに点検しなければならない。)

【废】fèi
1．今天的票多了一张没有用，只好**废掉**了。［結果］（今日のチケットは1枚あまったが，使えないので，捨てるしかない。)
　〈注〉この"掉"は「なくなる」という意味で，"废掉"は「("废"（廃棄する）という行為の結果，切符がなくなる」ということを表している。
2．这张优惠券明年还可以用，**废不了**liǎo。［可能］（このクーポン券は来年も使えるので，無駄にならない。)
　〈注〉この"不了"は「("废"という) 好ましくない状況にはなり得ない」という意味である。

【费】fèi
1．开这种汽车**费不了**liǎo汽油。［可能］（この車は燃費がよい。)
2．要调查一下这次活动的经费都**费在哪些地方**。［介詞］（今回の活動経費がどこに無駄遣いされたか調査しなければならない。)
3．我**费了一个小时**才把车子修好。［時量］（1時間かかってやっと車を修理し終わった。)

【分】fēn
1．这些商品的等级，售货员都能**分出来**。［方向］（これらの商品の等級を販売員は全部見分けられる。)
2．这个东西和那个东西要**分开**放。［方向］（これとあれは別々に置かなければならない。)
3．材料太多，无法**分清**哪个是要留下的。［結果］（資料が多すぎて，どれ

を残すべきかより分けられない。)
4．毎天要**分**一个小时才能把报**分**完。[時量/結果]（毎日1時間かけてやっと新聞を分け終えられる。)
5．气功从形式来看，可**分**为很多种。[結果]（気功は形式によって，いろいろな種類に分けられる。)
6．有人认为结婚和离婚是**分不开**的。[可能]（結婚と離婚は切り離せないと思っている人がいる。)
7．哪一种是混纺的，哪一种是纯毛的，你**分得清楚**吗？[可能]（どれが混紡で，どれが純毛か，見分けが付きますか。)
8．今年公司**分给**他一套住宅。[介詞]（今年,会社はマンションを彼に与えた。)

【分别】 fēnbié
1．毕业后，我们一直**分别**到现在才又见面。[介詞]（卒業後,今日までずっと別れていたがやっと再会した。)
2．母女俩**分别**了十年，今天又团聚了。[時量]（母と娘2人が離れ離れになって10年,今日再会した。)

【分布】 fēnbù
1．维修点**分布**得要合理，不能太集中。[程度]（サービスセンターは合理的に設置すべきで，1地域に集中しすぎてはならない。)
2．年轻的学者大都**分布**在高等院校里。[介詞]（若い学者の大部分は大学に所属している。)

【吩咐】 fēnfù
1．上面**吩咐**下来了，明天加班。[方向]（上からの指示で,明日は残業だ。)
2．科长**吩咐**得很清楚，明天一定要办完。[程度]（課長は明日までに必ず終わらせるようにと,はっきり申し付けた。)
3．我们俩明天该做什么，请您**吩咐**一下。[時量]（私たち2人は明日何をすべきか,お申し付けください。)

【分割】fēngē

1. 为了交税，把土地**分割**出一半卖了。[方向]（税金を払うために，土地を半分売った。）
2. 由于外国的侵略，这个地区被**分割**出去了。[方向]（外国の侵略により，この地区は分割された。）
3. 教学和科研是紧密相关的，二者不能**分割**开。[方向]（教育と科学研究は緊密に関係しており，両者は分割できない。）
4. 这个国家曾被**分割**成几个部分，成为强国的殖民地。[結果]（この国はかつていくつかに分割され，強国の植民地になったことがある。）
5. 母子血肉相连，是**分割**不开的。[可能]（母子は血でつながっていて，縁を切れないものだ。）
6. 虽然这个国家已经**分割**很久了，但早晚是要统一的。[時量]（この国すでに分割されてずいぶんたつが，いずれは統一される。）

【分工】fēngōng

1. 大家**分完工**就开始干活儿了。[結果]（皆分担を決めたらすぐ仕事を始めた。）
2. 这个公司的管理工作**分工分**得很细。[程度]（この会社の管理は細かく分担されている。）
3. 大家按现在的任务先**分一次工**，以后再研究。[時量]（皆今のノルマのまま1度分担してみて，それから考えましょう。）
    〈注〉"分工"は離合詞なので，時量補語の"一次"は"分"と"工"の間に置かれる。

【分解】fēnjiě

1. 夸克还能再**分解**下去吗？[方向]（クオークはこれ以上分解できますか。）
2. 老师把这道公式**分解**得很细致。[程度]（先生はこの公式をとても細かく解析した。）
3. 这一部分没有工具**分解**不了liǎo。[可能]（この部分は道具がないと分解できない。）
4. 人类遗传基因一直**分解**到现在，仍然没有**分解完**。[介詞/結果]（人間の遺伝子の解析を今日までずっとおこなっているが，依然として解析し終わらな

い。）

【分离】 fēnlí
1．母女俩从1960年开始，**分离到现在**，快四十年了。[介詞]（母と娘は1960年から今日まで離れ離れになっており，もうすぐ40年になる。）
2．这两个公司以前曾**分离**过**一次**，后来又合在一起了。[時量]（この2つの会社は以前分離したことがあるが，後にまた統合された。）
3．**分离了几十年**，现在全家又团聚在一起了。[時量]（離れ離れになって数十年，今日再び一家が勢揃いした。）

【分裂】 fēnliè
1．这个在野党是刚从执政党里**分裂出来**的。[方向]（この野党は与党から分裂したばかりだ。）
2．这个国家战后**分裂成两部分**。[結果]（この国は戦後2つに分裂した。）
3．我们团结一致，任何人也**分裂不了**liǎo。[可能]（私たちは一致団結しており，誰も私たちを引き裂くことはできない。）
4．这个组织以前曾**分裂**过**一次**。[時量]（この組織はかつて1度分裂したことがある。）
5．这个组织的两派**分裂了一年多**，现在又统一起来了。[時量]（この組織の2つの派閥が分裂して1年あまりたつが，今また合併した。）

【分配】 fēnpèi
1．今年毕业的学生都**分配出去**了。[方向]（今年卒業した学生は皆配属された。）
2．不要把今年的收益一次都**分配光**。[結果]（今年の収益を1度ですべて分配しきってはならない。）
3．企业给职工的奖金**分配得很合理**。[程度]（企業では従業員のボーナスは合理的に分配される。）
4．救灾物资能**分配到每个灾民的手中**吗？[介詞]（救援物資はすべての被災者に分配されますか。）

5．毕业以后他被**分配在国家部委**工作。[介詞]（卒業後、彼は国の省庁に配属された。）
　　〈注〉"分配在～"は「彼が"分配"された結果、国の省庁に所属する」ということを表している。この語順は、出来事が発生する順序と同じであるが、日本語は「国の省庁に配属された」となる点に注意。
6．大家听好了，现在请导演把角色**分配一下**。[時量]（よく聞いてください。今から監督がキャストを割り振ります。）

【分散】fēnsàn
1．无论有什么干扰也**分散不了**liǎo他的注意力。[可能]（どんな邪魔が入ろうと彼の注意力を削ぐことはできない。）
2．原来国家队的队员都**分散到各省市**去了。[介詞]（国の代表チームのもとメンバーは皆各都市に分散している。）

【分析】fēnxī
1．这个结论是我们根据大量的材料**分析出来**的。[方向]（この結論は大量の材料を分析して導き出したものである。）
2．这些数据我们都**分析完**了。[結果]（これらのデータはすべて分析し終わった。）
3．医生把肥胖会带来的后果**分析得非常清楚**。[程度]（医者は肥満がもたらすリスクをとてもはっきりと分析した。）
4．一直**分析到现在**还未找出原因。[介詞]（今までずっと分析し続けているがまだ原因を見つけ出せない。）
5．对这件事发生的原因，我们**分析过很多次**。[時量]（この事件が発生した原因について、何度も分析した。）
6．我们**分析一下**，就会发现日语里用汉字的词有些和汉语的词意思不完全一样。[時量]（分析してみると、日本語の漢語の一部に中国語と意味がずれるものがあることに気付くでしょう。）

【分享】fēnxiǎng
1．你也来和大家**分享一下**吧。[時量]（君も皆と一緒に喜びを分かち合おう

よ。）
2．我们找到一个桌子坐下，和大家**分享**了一**会**儿那安逸欢乐的气氛。[時量]（私たちはテーブルを見つけて腰をおろし、しばらくの間そののんびりとして楽しい雰囲気を皆と一緒に味わった。）

【奋斗】 fèndòu
1．一定要**奋斗到底**，决不动摇。[介詞]（必ずや最後まで奮闘し、決して動揺しない。）
2．虽然失败了一次，但还要**奋斗一下**，争取成功。[時量]（1度失敗したが、成功を勝ち取るには、更に頑張らなければならない。）
3．我们**奋斗**了**五年**才取得最后的成功。[時量]（5年間頑張ってやっと最終的に成功した。）

【封】 fēng
1．把信**封好**就发出去。[結果]（手紙は封をしてから出しなさい。）
2．为了保持酒的醇香，一定要把瓶子**封得严实一点**。[程度]（お酒の芳醇な香りを保つには、びんにしっかり封をしなければならない。）
3．伤口发炎了，一时**封不上口**。[可能]（傷口は炎症を起こしているので、すぐにはふさがらない。）
4．皇帝把最高的爵位及一座城市**封给了太子**。[介詞]（皇帝は最高の爵位と都市を1つ太子に与えた。）
5．查抄出来的违禁物品已经**封**了一年了。[時量]（違反物件は押収されてすでに1年になる。）

【封锁】 fēngsuǒ
1．非典时期，这个地区都被**封锁起来**了。[方向]（SARSのとき、この地域は封鎖された。）
　〈注〉この"起来"は「（"封锁"という）状況が起こる」ということを表している。
2．现在是信息时代了，真实的情况是**封锁不了**liǎo的。[可能]（現在は情報化社会であり、真実を隠すことはできない。）

【缝】féng
1. 妈妈把衣服**缝**好了，扣子也**缝**上了。[结果/方向]（母は服を縫いあげ，ボタンも付けた。）
2. 工作服**缝**得很结实。[程度]（作業服は丈夫に縫製されている。）
3. 王大夫手术做得很成功，刀口也**缝**得又快又好。[程度]（王先生の手術は成功した。傷口の縫合もはやいし上手だ。）
4. 商标都**缝**在衣领上了。[介词]（商標のマークはもう襟に縫い付けた。）
5. 伤口很大，医生**缝**了半个小时才**缝**完。[时量/结果]（傷口が大きすぎて，医者は30分かかってやっと縫い終わった。）

【奉承】fèngcheng
1. 他被大家**奉承**得很高兴。[程度]（彼は皆にお世辞を言われて喜んでいた。）

【否定】fǒudìng
1. 只要有事实根据，谁也**否定**不了liǎo你的成绩。[可能]（実際的な根拠さえあれば，誰も君の成績を否定できない。）
2. 这个提议曾被**否定**过一次，还准备再次提出讨论吗？[时量]（この提案はかつて1度否定されたことがあるのに，また討論するつもりなのか。）
3. 原来的建议被**否定**一年多了，不要再提了。[时量]（原案が否定されて1年あまりになる。提出するのはもうよせ。）

【伏】fú
1. 孩子们**伏**在地上玩耍。[介词]（子供たちは地面にうつ伏せになって遊んでいる。）
2. 我想起母亲时，眼前浮现出来的总是她**伏**在案上作画的身影。[介词]（母のことを思い出すとき，目の前に浮かぶのは決まって机に向かって絵を描いている姿である。）

【扶】fú
1. 他们把被台风刮倒的树苗一棵一棵地**扶**起来。[方向]（彼らは台風で倒された木の苗を1本1本起こした。）

〈注〉この"起来"は「動作が下から上に向かっておこなわれる」という意味で、"扶起来"は「"扶"という動作の結果、木の苗が1本1本立った」ということを表している。

2. 请你**扶住**老大爷，让他坐在这儿休息一会儿。[結果]（おじいさんを支えて、ここに座らせてしばらく休ませてください。）

3. 幸亏他**扶得快**，否则我就摔倒了。[程度]（運よく彼がさっと支えてくれたので、転ばずにすんだ。）

〈注〉"扶得快"は一種の状況描写で、「支え方がはやかった」という話し手の主観的評価を表している。"快"に"很"が付けられていないのは、"快"が反対の意味を表す"慢"と対比されているためである。

4. 我用尽了力气也**扶不住**这块木板。[可能]（力を出しつくしてもこの板を支えきれない。）

5. 我**扶在**墙上才没摔倒。[介詞]（壁に手をついたので倒れなかった。）

〈注〉"扶在～"は「"扶"（倒れないよう手で支える）という動作の結果、「手で壁面を押さえて身体を支える」ということを表している。

6. 他站起来的时候，请你**扶**他一下。[時量]（彼が立ちあがるとき、助けてあげてください。）

7. 请你**扶**我一会儿，我有点头昏。[時量]（目まいがするので、ちょっと支えてくれませんか。）

【服】fú

1. 这种药饭后用白开水**服下去**。[方向]（この薬は食後、白湯で飲む。）
2. 父亲**服完**药就睡了。[結果]（父は薬を飲み終わるとすぐ寝た。）
3. 必须以理服人，不讲道理是**服不了**liǎo人的。[可能]（必ず道理をもって人を信服させなければだめだ。道理がないと人を信服させられない。）
4. 这种药每天**服三次**，每次两片。[時量]（この薬は毎日3回、毎回2錠ずつ服用する。）

【浮现】fúxiàn

1. 眼前**浮现出**父亲的脸。[方向]（目の前に父の顔が浮かんできた。）

【辅导】 fǔdǎo

1．老师给同学们**辅导完**就回家了。[結果]（先生は生徒に補習をし終えるとすぐに帰った。）
2．老师对学习困难的学生**辅导得很认真**。[程度]（先生は勉強ができない学生に真剣に補習する。）
3．今天时间太晚了，大概**辅导不完**了。[可能]（今日は時間が遅いので，補習を終えられないだろう。）
4．下午从两点开始一直**辅导到五点钟**。[介詞]（午後2時から5時までずっと補習した。）
5．今天英语老师**辅导了一个晚上**，非常辛苦。[時量]（今日，英語の先生は1晩補習し，とても大変だった。）

【付】 fù

1．货款已经**付出去**了，货物很快就到。[方向]（代金はすでに支払っているので，荷物はすぐに着く。）
2．钱已经**付完**了，我们可以走了。[結果]（料金は支払ったので，行きましょう。）
3．钱**付得不少**，可是服务并不理想。[程度]（お金をたくさん払ったが，サービスはよくなかった。）
4．现在**付不出现款**，只能刷卡。[可能]（今は現金では支払えないが，カードなら大丈夫だ。）
5．利息已经**付给存户**了。[介詞]（利息はすでに預金者に支払った。）
6．租用写字间的费用每年**付两次**。[時量]（事務所の賃貸料は毎年2回支払う。）
7．定金已经**付了半年**了，但货物还没有运来。[時量]（手付金を支払って半年になるが，荷物はまだ届かない。）

【复述】 fùshù

1．老师要求阅读完这个故事再**复述出来**。[方向]（先生はこの物語を読み終えてから内容を自分のことばで話すよう要求した。）

2．他用三分钟就把内容**复述完**了。[结果]（彼は3分間で内容をもう1度話した。）

3．他几乎能把原文**复述得一字不差**。[程度]（彼は原文通り1字1句間違わずに話せる。）

4．结婚时的誓词你还**复述得出来**吗？[可能]（結婚式の誓いのことばをもう1度言えますか。）

5．我要**复述给他**听。[介词]（もう1度彼に話して聞かせたい。）

6．这个故事很长，我**复述了二十分钟**才完。[時量]（この物語はとても長く，私は20分かかってやっと話し終わった。）

7．老师没听清楚，我又**复述了一遍**。[時量]（先生ははっきり聞き取れなかったので，私はもう1度繰り返した。）

【复习】 fùxí

1．今天学习的内容都**复习完**了。[结果]（今日勉強した内容は復習し終わった。）

2．快要考试了，大家**复习得很认真**。[程度]（もうすぐ試験なので，皆まじめに復習している。）

3．内容很多，到十点钟也**复习不完**。[可能]（内容が多く，10時になっても復習し終わらない。）

4．我们今天先**复习到这里**，明天再接着复习。[介词]（今日まずここまで復習し，明日続けて復習する。）

5．为了准备考研究生，我已经**复习了很长时间**了。[時量]（大学院を受験するために，もうずいぶん長い間復習している。）

6．今天的课我只**复习了一遍**。[時量]（今日やった課は1度しか復習していない。）

【复印】 fùyìn

1．所有的材料都**复印出来**了。[方向]（すべての資料をコピーした。）

2．把材料**复印好**了再交给他。[结果]（資料をコピーしてから彼に渡す。）
〈注〉この文には2つの出来事が含まれている。一つは「資料をコピーする」，もう一つは「それを彼に渡す」である。前者が後者の条件になっている場合は，"复印"の

後ろには"好"のような補語が必要である。)

3．这种新型机器**复印**得很清楚。[程度]（この新型のコピー機はきれいにコピーできる。）

4．要复印的文件太多了，今天恐怕**复印**不完了。[可能]（コピーしなければならない文書が多すぎて，恐らく今日中にコピーしきれない。）

5．请把底稿**复印**给他参考。[介詞]（原稿の控えを参考のために彼にコピーしてあげてください。）

6．一本小册子**复印**一次需要一个小时。[時量]（パンフレットを1冊コピーするのに1時間かかる。）

7．我们已经**复印**半天了。[時量]（もうずっとコピーし続けている。）

【负责】 fùzé

1．我们的产品保证质量，而且**负责**到底。[介詞]（私たちの製品は品質を保証しており，最後まで責任を負います。）

2．这么重大的事情，我一个人**负**不了 liǎo 这个**责**。[可能]（こんな重要なことは，私1人では責任を取れない。）

〈注〉この"不了"は「条件が合わずできない」という意味である。"负不了这个责"は「1人という条件では"负责"できない」ということを表している。口語では，"负不了这个责"のように，"负"と"责"の間に"不了"と"这个"を挿入した表現が用いられることがある。これは，"负责"は離合詞ではないが，語の構造から見るとやはり「動目」構造であることによると考えられる。

【复制】 fùzhì

1．那个工厂**复制**出来的青铜器成了高档礼品。[方向]（あの会社が複製した青銅器は高級な贈答品になった。）

2．这些文物**复制**好了，就可以展出了。[結果]（これらの文化財は複製が済んだら展示できるようになる。）

3．这些秦俑**复制**得跟真的一样。[程度]（これらの兵馬俑は本物そっくりに複製されている。）

4．时间太短**复制**不出来。[可能]（時間が短すぎて複製できない。）

5．如果一次**复制**不好，可以再**复制**一次。[可能/時量]（もし1回の複製でうまくいかなければ，もう1回複製しなおしたらいい。）

G

【改】 gǎi

1. 经过几次修改，剧本终于**改出来**了。[方向]（何度かの修正をへて，台本はついに完成した。）

    〈注〉この"出来"は「結果の出現」という意味である。"改出来"は「"改"という行為を通して，台本が出現する」ということを表している。

2. 他忽然发现自己答题的顺序都错了，赶快从第一道题开始**改起来**。[方向]（自分の答案の順序がすべて間違っていることに気付き，彼は結局，第１問から直し始めた。）

    〈注〉この"起来"は「"改"という行為を実行する」という意味である。

3. 今天做错的练习题都**改好**了。[结果]（今日間違った問題を全部直し終えた。）

4. 他改文章**改得很快**。[程度]（彼は文章をはやく直せる。）

5. 我们早就定了去日本的日期，现在已经**改不**liǎo了。[可能]（私たちはずっと前に日本行きの日を決めたので，今ではもう変更できない。）

6. 代表大会召开的日期**改在明年六月**。[介词]（代表大会開催の期日を来年６月に変更する。）

    〈注〉"改在～"は「"改"という動作の結果，代表大会が来年６月になる」ということを表している。"在"の替わりに"到"，"为"を用いることもできる。

7. 上下班的时间已经**改了两天**了。[时量]（通勤時間を変えてもう２日になる。）

8. 这件衣服已经**改了一次**了。[时量]（この服はすでに１度直してある。）

【改编】 gǎibiān

1. 每个班的人数太多了，他们只好把两个班**改编成**三个班。[结果]（各クラスの人数が多すぎるので，２つの大隊を３つの大隊に編成しなおすしかない。）

2. 这个剧本已经**改编好**了。[结果]（この台本はすでに改編できた。）

3. 这个电视剧**改编得很成功**。[程度]（このドラマはうまく改編できた。）

4．这支队伍已经**改编**三次了。［時量］（この部隊はすでに３回再編成されている。）

【改变】 gǎibiàn
1．过去一周上六天课，现在**改变为**一周上五天课。［結果］（以前は週６日授業があったが，今は週５日に変更された。）
2．情况与以往有很大的改变，而且**改变得很明显**。［程度］（状況は以前と比べると大きく変化していて，その上それがはっきり現れている。）
3．计划已经批准了，再**改变不了**liǎo了。［可能］（計画はすでに批准されたので，もう変更できない。）
4．去年的计划已经**改变两次**了。［時量］（去年の計画はすでに２回変更されている。）
5．分配办法已经**改变一年多**了。［時量］（分配方法はすでに変更されて１年あまりになる。）

【改革】 gǎigé
1．我们的经济体制还要**改革下去**。［方向］（私たちの経済体制はまだ改革していく必要がある。）
2．一定要下决心**改革好**流通体制。［結果］（流通体制の改善を決意しなければならない。）
3．这次**改革得很彻底**。［程度］（今回は徹底的に改革された。）
4．情况复杂，矛盾很多，目前**改革不下去**了。［可能］（状況が複雑で，問題も多く，目下のところ改革を継続できなくなった。）
5．什么事都不会**改革一次**就成功的。［時量］（何事も１回の改革で成功することはあり得ない。）
6．经济体制**改革了五年**，取得了很大成绩。［時量］（経済体制を５年間かけて改革し，大きな成果を得た。）

【改进】 gǎijìn
1．他们的管理工作**改进得很快**，一下子成了先进单位。［程度］（彼らの管理業務は迅速に改善され，またたく間に優良企業になった。）

2．方法要不断地改进，每**改进一次**，收益就要好一些。[时量]（方法を絶え間なく改善すれば，そのたびに収益も少しずつよくなるだろう。）

【改善】 gǎishàn

1．近几年两国关系**改善得很快**。[程度]（ここ数年で両国の関係は急速に改善された。）
2．几年之内，条件是**改善不了** liǎo **的**。[可能]（何年かで，条件は改善できるものではない。）
3．那时生活比较艰苦，每周只能**改善一次伙食**。[时量]（あの頃生活が苦しくて，週1回しかご馳走を出せなかった。）

〈注〉"伙食"は役所や学校の食堂で出される食事のことを指す。"每周只能改善一次伙食"の直訳は「週1回しか食事を改善できなかった」で，そこから「週1回しかご馳走を出せなかった」という訳が出てくる。

【改造】 gǎizào

1．可以把废弃的集装箱**改造成**简易住房。[结果]（いらないコンテナを簡易住宅に改造するといい。）
2．这个城市**改造得很彻底**，成了一个现代化的大都市。[程度]（この都市は徹底的に改造され，近代的な大都市になった。）
3．这个罪犯**改造了五年了**。[时量]（この囚人は5年間更生教育を受けている。）

【改装】 gǎizhuāng

1．**改装出来一看**，跟设想的不一样。[方向]（改装されたのを見てみると，想像していたのと違った。）
2．他们把仓库**改装成**了一个餐厅。[结果]（彼らは倉庫をレストランに改装した。）
3．你**改装得太对了**，你看现在生意多好。[程度]（君の改装はぴったり当たった。今の商売はこんなにうまくいっているよ。）
4．**才改装了一半**，资金就不够了。[时量]（やっと半分ばかり改装したところで，資金が足りなくなった。）

【盖】gài

1. 用防水布把食品都**盖起来**。[方向]（防水シートを食料にかぶせなさい。）
   〈注〉この"起来"は「事物が統御下に置かれる」という意味で，"盖起来"は「"盖"という行為を通して，そのままになっている食品が統御下に置かれる」，つまり「覆って保護する」ということを表している。

2. 把电饭锅的锅盖**盖上**再接通电源。[方向]（炊飯器のふたを閉めてからスイッチを入れる。）
   〈注〉この"上"は「付着」という意味で，"盖上"は「"盖"という行為の結果，炊飯器のふたが本体に付着する」ということを表している。

3. 在申请书上**盖好**印章就呈报上去了。[結果]（申込書に捺印してから文書を提出した。）

4. 用被子把病人**盖得严实一点**，免得受风。[程度]（冷気で身体が冷えないように，病人に毛布をしっかりかぶせなさい。）

5. 这幢大楼，到明年年底也**盖不好**。[可能]（このビルは，来年末になっても竣工できない。）

6. 把毛巾被给她**盖在身上**。[介詞]（タオルケットを彼女にかけてあげなさい。）

7. 他们家的房子**盖了一年**也**没盖成**。[時量/結果]（彼らの家は1年たってもまだ完成しない。）

【概括】gàikuò

1. 总经理的讲话把大家的意见都**概括进去**了。[方向]（社長の話は皆の意見を総括して盛り込んである。）

2. 说了这么多，**概括成**一句话，就是改革必须继续。[結果]（こんなに話したが，一言で言うと，改革は続行すべきだということだ。）

3. 他的讲话把大家的意见**概括得很全面**。[程度]（彼の話は皆の意見をよくまとめてある。）

4. 一个文件还**概括不了**liǎo所有的问题。[可能]（1つの文書ではすべての問題を総括できない。）

5. 他把大家的意见**概括了一下**，写成三条。[時量]（彼は皆の意見を概括し，3つの条文にまとめた。）

【干扰】gānrǎo
1. 他精神很集中，什么事也干扰不了liǎo他的工作。[可能]（非常に集中しているので，何事であろうとも彼の仕事の邪魔はできない。）

【干涉】gānshè
1. 人家的事你干涉得太多了。[程度]（人のことに君は口を出しすぎだ。）
2. 谁也干涉不了liǎo我们的婚姻。[可能]（誰も私たちの結婚を邪魔できない。）

【赶】gǎn
1. 一定要把侵略者从我们的国土上赶出去。[方向]（必ずや侵略者を我々の国土から追い出さねばならない。）
2. 我们赶上了！[方向]（ああ，間に合った。）
3. 我没赶上末班车。[方向]（私は終電に乗り遅れた。）
4. 两年前我正好赶上这个季节。[方向]（2年前に私が行ったときはちょうどこの季節だった。）
5. 那只大猫把那只小猫赶跑了。[結果]（あの大きなネコがその子ネコを追い払った。）
6. 今天赶得巧，他们都在家里。[程度]（今日はいいときに来た。彼らは皆家にいる。）
7. 末班车要赶不上了吧？[可能]（終電に間に合わなくなるでしょう。）
   〈注〉この"上"は「("赶末班车"という目的への) 到達」という意味で，"赶不上"は，「そのような目的を達成できない」，つまり「間に合わない」ということを表している。
8. 今天的任务怎么也赶不完了。[可能]（今日のノルマはどうしても時間までにやり終えられない。）
9. 现在走还赶得上末班车。[可能]（今出ればまだ終電に間に合う。）
10. 很多人赶到那儿去看望她。[介詞]（多くの人がそこに駆けつけ，彼女を見舞った。）
11. 赶了半天好容易才把苍蝇赶开。[時量/方向]（長いこと追い回して，やっとのことでハエを追い払った。）
12. 我们俩整整赶了十天才把这项任务完成。[時量]（私たち2人はまる

まる10日間急いでやって，やっとこのプロジェクトを完成させた。)

【感动】 gǎndòng
1．这件事使大家**感动**得说不出话**来**。[程度]（この件で皆口もきけないほど感動した。）
2．怎么做也**感动不了**liǎo他。[可能]（どうやっても彼を感動させられない。）

【感激】 gǎnjī
1．在困难的时候我帮助了他，所以他**感激**得**不得了**liǎo。[程度]（大変なときに助けてあげたので，彼はとても感謝してくれている。）
2．对于你的帮助，我们会**感激一辈子**的。[時量]（お助けいただいたご恩は一生忘れません。）

【感觉】 gǎnjué
1．她可以**感觉出**大家态度的变化。[方向]（彼女は皆の態度の変化を感じ取った。）
2．从表情中，我已经**感觉出来**你是不同意的。[方向]（君の表情から，賛成ではないことはすでにわかっている。）
3．大家都**感觉到**要加强口语练习。[結果]（皆会話練習を強化しなければならないと感じた。）
4．我一时还**感觉不到**这种方法怎么好。[可能]（この方法がどれほどいいのかすぐにはわからない。）
5．我已经**感觉很久**了，这样做不合适。[時量]（こうすることが不適当だということは，とっくにわかっていた。）

【感冒】 gǎnmào
1．他**感冒**得**很厉害**，需要打针吃药。[程度]（彼は風邪をこじらせたので，注射と薬が必要だ。）
2．注意天气变化，及时增减衣服，这样就**感冒不了**liǎo了。[可能]（天気の変化に注意して，そのつど着る服を調節すれば，風邪はひかない。）

3．我从上周开始一直**感冒到现在**也没完全好。[介詞]（先週からずっと風邪をひいていて今でも完全に治っていない。）
4．今年春天，我也**感冒了一次**。[時量]（今年の春，私も1度風邪をひいた。）
5．他**感冒了一个星期**才好。[時量]（彼の風邪は1週間たってやっと治った。）

【感受】 gǎnshòu
1．在养父母的关爱下他**感受到了**家庭的温暖。[結果]（養父母の愛情のもと，彼は家庭の温かさを身にしみて感じた。）
2．别人都说这里的条件好，我**可感受不到**这里有什么好。[可能]（ほかの人はここの条件はいいというが，私にはここのよさが感じられない。）
3．让他也**感受一下**这里的艰苦生活。[時量]（彼にもここの苦しい生活を味わわせてやりなさい。）

【感谢】 gǎnxiè
1．对他们的无私帮助，我们**感谢不尽**，永远不忘。[可能]（彼らの私心のない援助に，私たちは感謝にたえない。このことは一生忘れられない。）

【干】 gàn
1．他一喝酒就会失去理智，**干出蠢事来**。[方向]（彼はお酒を飲むと理性を失い，バカなことをしでかす。）
2．先**干起来**，出现问题再解决。[方向]（まずやってみて，問題が出たら解決する。）
　〈注〉この"起来"は「("干"という) 動作を実行する」という意味である。
3．一定要把这活儿**干好**。[結果]（必ずこの仕事をやりとげなければならない。）
4．他刚来的时候**干得很好**。[程度]（彼は来たばかりの頃はまじめにやっていた。）
5．今天的活儿，他们**干得很漂亮**，完成得也快。[程度]（彼らは今日の仕事を手際よく，すばやくおこなった。）
6．工作**干不好**，领导要批评的。[可能]（仕事がうまくできないと，ボスに叱られる。）

7．昨天加班干**到**十点半。[介詞]（昨日は10時半まで残業した。）
8．我在这个公司已经干了**四十年**了。[時量]（この会社に勤めて40年になる。）
9．今天我又干了**一次**错事。[時量]（私は今日また失敗をやらかした。）

【搞】gǎo

1．工作**搞起来**了，还会出现问题的。[方向]（仕事を始めたら，きっとまだ問題が出てくる。）
　　〈注〉この"起来"は「("搞"という)動作を実行する」という意味である。
2．这些词很容易**搞错**。[結果]（これらの単語は紛らわしい。）
　　〈注〉"搞"は代動詞で，ここでは「学ぶ」「覚える」「用いる」といった意味で用いられている。この文が言いたいのは，「語の用法を学ぶとき，これらの語は間違いやすい」ということである。
3．不要把我书桌上的东西**搞乱**。[結果]（私の机の上のものをめちゃくちゃにしないで。）
4．把语法规律**搞清楚**了，造句就不会错了。[結果]（文法ルールをはっきり理解すれば，文を作るときに間違えることはない。）
5．我真**搞不懂**他说的到底是什么意思。[可能]（彼の言っていることがどういう意味なのか，私にはまったくわからない。）
　　〈注〉"搞不懂"は「"搞"したが，やはり理解できない」ということを表している。この"搞"は「理解しようと努力する」と解釈することができる。
6．我们的工作如果**搞不好**，会给各方面带来影响。[可能]（我々の仕事がうまくいかなかったら，各方面に影響をもたらすだろう。）
7．这项工程**搞到明年**就能完成。[介詞]（このプロジェクトは来年まで続ければ完成できる。）
8．以前他**搞过三年**研究工作，现在又搞教学了。[時量]（以前彼は3年間研究職についていたことがあるが，今また教壇に立つことになった。）

【告】gào

1．没想到他真把这件事**告到法院**去了。[介詞]（彼が本当にこの事件を裁判所に告訴するとは思いもよらなかった。）

2．我曾向上级告过他一次，但他仍不改正错误。[時量]（かつて上に彼のことを報告したが，依然として過ちを正そうとしない。）

3．这个案子告了一年才告下来，总算出了这口气。[時量/方向]（この事件は告訴から1年たってようやく勝訴し，やっとせいせいした。）

〈注〉この"告"は「訴える」，"下来"は「安定した状況に落ち着く」という意味で，"告下来"は「訴訟という手間と時間のかかる動作が成功して安定した状態に落ち着く」，つまり「勝訴する」ということを表している。

【割】gē

1．阑尾割掉了，病也就好了。[結果]（盲腸を切ったら，病気は治った。）
2．青年农民割麦子割得很快。[程度]（若い農夫は麦を刈るのがはやい。）
3．这片水稻两天也割不完。[可能]（ここの稲は2日かかっても刈り終わらない。）
4．我的阑尾已经割了一年了。[時量]（盲腸を切って1年になる。）

【隔】gé

1．用木板把这间屋子隔开。[方向]（板でこの部屋をしきる。）
2．当中修了一道墙，把两个学校隔起来了。[方向]（間に壁を作って，2つの学校をしきった。）

〈注〉この"起来"は「（"隔"という）行為を実行する」ということを表している。

3．我们去年分别后，隔了两个月他才来了一封信。[時量]（去年別れた後，2か月たってやっと彼から手紙が来た。）

【给】gěi

1．原有的东西都给光了。[結果]（もともとあったものは全部あげた。）
2．这个月的奖金给得很多。[程度]（今月は特別手当をたくさん貰った。）
3．今年工厂的经营有些困难，所以年终奖金给不了liǎo太多。[可能]（今年は工場の経営が順調ではないので，年末のボーナスは多くないだろう。）

【跟】gēn

1．只有不断提高认识，才能跟上世界的发展。[方向]（絶えず意識を高

めなければ，世界の発展に追いつくことはできない。）

2．干这种工作一般的人体力都**跟不上**，你能**跟上**吗？　[可能/方向]（このような仕事は普通の人だと体力が追いつきませんが，あなたはできますか。）

3．这位日本朋友一看，以为是节日祭神的游行，就**跟**在后面看热闹。[介詞]（この日本人は一目見るなり，お祭りのパレードだと思って，後ろに付いて見物しようとした。）

【供】gōng

1．他们需要的商品都**供齐**了。[結果]（彼らが必要とする商品はすべて揃えてあげた。）

2．电线被台风刮断，电**供不过去**了。[可能]（電線が台風で切れて，電気を供給できなくなった。）

3．家庭生活困难，**供不起**五个孩子上学。[可能]（生活が苦しくて，5人の子供の学費を出せない。）

　〈注〉この"不起"は「（"供五个孩子上学"ということを）経済能力がなくて実現できない」という意味である。

4．孩子上大学，父母**供**了他四年。[時量]（子供が大学に上がると，両親は4年間仕送りした。）

【公布】gōngbù

1．如果这个秘密被**公布出去**的话，一定会引起很大反响。[方向]（もしこの秘密が公表されたら，きっと大きな反響を呼ぶだろう。）

2．决议**公布完**了再作宣传。[結果]（決議を公布し終えてから宣伝する。）

3．政府的法令**公布得很及时**。[程度]（政府の法令はちょうどいいタイミングで公布された。）

4．情况有了变化，这项法令**公布不了**liǎo了。[可能]（状況が変わったので，この法令は公布できなくなった。）

5．新的比赛规则已经**公布半年**了。[時量]（試合の新ルールが発表されてすでに半年になる。）

6．公司每月**公布一次**财务收支情况。[時量]（会社は毎月1度，財務収支状況を発表する。）

【供给】 gōngjǐ

1. 赈灾物资**供给**得很充足，很齐全。[程度]（救援物資は十分に，種類豊かに提供されている。）
2. 这个数字的费用我们还是**供给得了**liǎo的。[可能]（このくらいの費用なら私たちはまだ出せる。）

【公开】 gōngkāi

1. 事情已经**公开**出去了，不再保密了。[方向]（事件はすでに公開されたので，もう秘密にすることはない。）
2. 这件事已经**公开**得不能再**公开**啦！[程度]（このことはもう皆に知れ渡っているよ。）
3. 他们的恋爱关系已经**公开**半年了。[時量]（彼らの恋愛関係はすでにおおやけになって半年になる。）

【供应】 gōngyìng

1. 日常需要的食品**供应**得很充分。[程度]（日常的に必要な食品は十分に供給されている。）
2. 电子词典一时**供应**不上了。[可能]（電子辞書は一時的に供給できなくなった。）
   〈注〉この"上"は「（"供应电子词典"という目的への）到達」を表している。"供应不上"は「そのような目的を達成できない」ということを表している。
3. 咖啡都**供应**给参加会议的代表了。[介詞]（コーヒーはもう会議に参加している代表にお出しした。）
4. 虽然困难很多，但每天都能**供应**一次新鲜水果。[時量]（困難は多いが，毎日1回新鮮な果物を供給できる。）

【工作】 gōngzuò

1. 老李来这个单位十多年了，**工作**起来很有经验。[方向]（李さんがこの職場に来て10年あまりがたっており，仕事をするのにたいへん経験が豊富である。）
2. **工作**完了，有的去吃饭，有的去打篮球。[結果]（仕事が終わると，

食事をしに行く人もいれば，バスケをしに行く人もいる。)
3．这一年他**工作得很出色**，获得了政府的奖励。[程度]（この1年間彼は目ざましい働きをして，政府から表彰された。)
4．这里的条件很坏，实在**工作不下去**。[可能]（ここの条件はとても悪く，本当にやっていけない。)
5．每天七点上班一直**工作到十二点**。[介詞]（毎日7時から12時までずっと働いている。)
6．他在这个公司**工作十五年**了。[時量]（彼はこの会社で15年間働いている。)
7．我也想在这个导演手下**工作一次**。[時量]（私もあの監督の下で1度働いてみたい。)

【巩固】 gǒnggù
1．把学到的知识**巩固下来**。[方向]（学んだ知識をしっかり身に付ける。)
2．如果不经常复习，学过的知识就**巩固不了** liǎo。[可能]（常に復習しないと，学んだ知識を身に付けられない。)

【贡献】 gòngxiàn
1．把自己的智慧和力量全部**贡献出来**。[方向]（自分の知恵と力をすべて捧げましょう。)
2．要把学习的知识全部**贡献给祖国**。[介詞]（学んだ知識をすべて祖国に捧げる。)

【勾】 gōu
1．小李用脚**勾出**放在桌下的凳子。[方向]（李さんは足で机の下のいすを引き出した。)
2．熟悉的音乐**勾起**了她童年的回忆。[方向]（よく知っている音楽が彼女の子供時代の記憶を呼び起こした。)
　　〈注〉この"起"は「眠っていた記憶が呼び起こされる」という意味で，"勾起"は「"勾"（引っかける）ということを通して，子供時代の記憶が呼び起こされる」という意味を表している。

【勾结】gōujié

1. 如果他们**勾结起来**，对社会危害就太大了。[方向]（彼らが結託すれば，社会への危害は甚大だ。）

   〈注〉この"起来"は「（"勾结"という）動作を実行する」という意味である。

2. 他们里应外合**勾结得很紧**，干了很多坏事。[程度]（彼らは内と外でしっかり結託し，悪事を重ねた。）

3. 要分化瓦解他们，让他们**勾结不起来**，才能阻止他们。[可能]（彼らを分裂瓦解させて，結託できないようにしないと，悪事を阻止できない。）

4. 他们互相**勾结在一起**，干尽了坏事。[介詞]（彼らはぐるになり，悪の限りをつくした。）

【够】gòu

1. 他个子还小，脚还**够不着**zháo踏板。[可能]（彼はまだ小さいので，足がまだペダルに届かない。）

2. 东西放在柜子上面，你**够得着**zháo**够不着**zháo？[可能/可能]（ものは戸棚の上に置いたけれど，手が届きますか。）

【估计】gūjì

1. 他一定能得冠军，我很早就**估计出来**了。[方向]（きっと彼が1位になるに違いないと，とっくに見通していた。）

2. 我对那里的情况**估计错**了。[結果]（あそこの状況を読み間違えた。）

3. 我已经**估计到**了会发生这样的事。[結果]（こういうことになるだろうとすでに予想していた。）

4. 他对这里的情况**估计得非常准确**。[程度]（彼はここの状況を非常に正確に見通している。）

5. 能不能达成协议，谁也**估计不好**。[可能]（合意に達することができるかどうか，誰も予想が付かない。）

6. 你再**估计一次**，能不能**估计对**？[時量/結果]（もう1度考えて，当てられるかい。）

【孤立】gūlì

1. 分析问题要全面，不能把事情**孤立**起来去分析。[方向]（問題の分析は全面的におこなうべきで，そのことだけを取りあげて分析してはならない。）

　　〈注〉この"起来"は「事物が統御下に置かれる」という意味で，"孤立起来"は「「孤立」という行為を通して，そのことが統御下に置かれる」，つまり「そのことだけを取りあげて考える」ということを表している。

2. 他是一位深受民众喜爱的人，所以谁也**孤立**不了liǎo他。[可能]（彼は人民から深く愛されており，誰も彼を孤立させることはできない。）

3. 在**孤立**了一段时间之后他渐渐又得到了大家的信任。[時量]（彼はいっとき孤立していたが，徐々に皆からの信頼を回復した。）

【鼓】gǔ

1. 要有信心，把劲儿**鼓**得足足的，工作才能做好。[程度]（自信を持って，気力を十分に奮い立たせないと，仕事はやりとげられない。）

2. 我心情不好，怎么也**鼓**不起劲来。[可能]（気分が悪く，どうしても元気が出ない。）

3. 表演结束后，台下**鼓**掌鼓了十分钟。[時量]（公演が終わった後，観客席から10分間拍手された。）

【鼓动】gǔdòng

1. 我们用了许多办法也没**鼓动**起大家的激情来。[方向]（私たちはいろいろやってみたが，皆の気持ちを奮い立たせることはできなかった。）

2. 最好让他们都参加，你再去**鼓动**一下。[時量]（彼ら全員を参加させるのが望ましいので，もう1度呼びかけてください。）

【鼓掌】gǔzhǎng

1. 他的演讲一结束，群众立刻**鼓**起掌来。[方向]（彼の講演が終わるやいなや，聴衆から拍手が起こった。）

2. 观众**鼓**完掌又走到台前，请演员签名留念。[結果]（観衆は拍手を終えるとまた舞台のところに来て，俳優さんに記念サインを求めた。）

3. 大家**鼓**了三次掌。[時量]（皆で3回拍手した。）

〈注〉"鼓了三次掌"は「その場の人が一斉に拍手するという状況が3回起こった」ということを表している。「パチ，パチ，パチと3回だけ手を叩いた」場合は"拍了三下／次手"と言う。

【雇】gù
1. 如果他们干得好，以后还要接着**雇下去**。[方向]（彼らがうまくやれたら，今後も雇い続ける。）
2. 已经**雇好**了十几个临时工，明天就可以开工了。[結果]（すでにアルバイトを十数人雇ってあるので，明日にも着工できる。）
3. 资金不多，**雇不了**liǎo太多的工人。[可能]（資金不足で，たくさんの労働者を雇えない。）
4. 这个保姆干活很勤快，我们已经**雇**了**两年多**了。[時量]（このお手伝いさんはまじめに働くので，すでに2年以上雇っている。）
5. 马车**雇一次**需要一百元。[時量]（馬車を1回雇うのに100元かかる。）

【固定】gùdìng
1. 把每周学习的时间**固定下来**就不要再变了。[方向]（毎週の勉強時間をはっきり決めたらもう変えてはいけない。）
2. 把模型放在木板上**固定住**就可以了。[結果]（模型を木の板の上に置いてしっかり固定すればそれでいい。）
3. 我们辅导的地点**固定在第九教室**。[介詞]（補習場所は9番教室に固定する。）

【刮】guā
1. 表面上的白漆已经**刮下去**了。[方向]（表面の白いペンキはすでにすり落としてある。）
2. 村里许多房屋叫大风**刮倒**了。[結果]（村の多くの家屋が強風で倒された。）
3. **刮完**了胡子再洗脸。[結果]（ひげを剃り終えてから顔を洗う。）
4. 他今天刮脸**刮得很快**，一会儿就完了。[程度]（彼は今日ひげを剃るのがはやく，あっという間にすんだ。）
5. 每天他都要**刮一次**脸。[時量]（彼は毎日1回ひげを剃る。）

【刮】guā

1. 一不小心，手被**刮下来**一块皮。[方向]（うっかりしていて，手の皮をちょっとすりむいた。）

2. 其实，我只是让汽车**刮了一下**，衬衫**刮破**了。[時量/結果]（実のところ，車にちょっと引っかけられ，シャツが破れただけだ。）

【挂】guà

1. 人们把柿子削了皮**挂了起来**。[方向]（人々は皮をむいてカキをつるした。）

   〈注〉この"起来"は「事物が統御下に置かれる」という意味で，"挂起来"は「"挂"という行為を通して，カキが統御下に置かれる」，つまり「つるしておく」ということを表している。

2. 请**挂上**电话稍等。[方向]（受話器を置いて少々お待ちください。）

3. 新年时，人们习惯在门外**挂上**新年装饰。[方向]（お正月，人々は玄関先に正月飾りをかける習慣がある。）

   〈注〉この"上"は「付着」という意味で，"挂上"は「"挂"という動作を通して，正月飾りがドア脇の壁面に付着する」ということを表している。

4. 我刚说了一句话，他就把电话**挂断**了。[結果]（一言言っただけで彼に電話を切られちゃったよ。）

5. 这么重的东西这里**挂不住**。[可能]（そんなに重いものはここにかけられない。）

6. 他把外衣脱了，**挂到**衣架**上**。[介詞]（彼はコートを脱ぎ，ハンガーにかけた。）

7. 他把挎包**挂在**腰**上**。[介詞]（彼はウエストポーチを腰に巻いた。）

【拐】guǎi

1. 我将车**拐进**高速公路边的一个停车场。[方向]（私は車を高速道路脇の駐車場に入れた。）

   〈注〉"拐"（曲がる）という動詞は目的語をとることができないが，"拐进"とすると空間を表す目的語をとれるようになる。

2. 那辆车早**拐进**胡同里去了。[方向]（あの車はとっくに横丁に入って行った。）

3．年轻的司机拐弯**拐得太急**，一下子没完全**拐过来**，把车给蹭了。
   [程度/方向]（若い運転手は曲がるのを急ぎすぎて，一気に曲がりきれず，車をすってしまった。）

【怪】 guài

1．是你自己不好，你怎么**怪起我来了**？ [方向]（自分が悪いくせに，どうしてぼくのせいにするんだ。）
   〈注〉"怪"は「～のせいにする」という意味である。この"起来"は「（"怪"という）行為を実行する」ということを表している。

2．我看你是**怪错人了**。[結果]（君は責める人を間違っていると思うよ。）
   〈注〉"怪错"は「君は"怪"（責める）という行為をある人に対しておこなったが，それは"错"（間違っている）である」ということを表している。

3．**怪不得**你不吃惊呢，原来你早知道啊。[可能]（どうりで驚かないと思ったら，君はとっくに知ってたんだ。）
   〈注〉この"怪不得"は「どうりで」という意味の慣用句で，"怪"以外は軽声で"guàibude"と発音する。

4．这件事大家都有责任，**怪不得他**。[可能]（このことは皆に責任があるので，彼をとがめてはならない。）

【关】 guān

1．把开关**关上**吧。[方向]（スイッチを切ってください。）
   〈注〉この"上"は「付着」という意味で，"关上"は「"关"という行為を通して，電気の流れている回路の扉が閉まる」，つまり「スイッチが切れる」ということを表している。

2．要**关掉**时，往相反的方向一拧就行了。[結果]（スイッチを切るときは，反対方向にひねるだけでいい。）

3．他们可能出去旅游了，门**关得紧紧的**。[程度]（彼らは旅行にでも行っているのでしょう。ドアはしっかり閉まっているし。）

4．木头变形了，门**关不紧**了。[可能]（木が変形してしまって，ドアがしっかり閉まらなくなった。）

【灌】guàn
1. 雨水不断地从窗缝**灌**进来。［方向］（雨水が窓の隙間から絶え間なく流れ込んでくる。）
2. 今天要把新郎**灌**醉。［結果］（今日は新郎を酔わせよう。）
3. 几个热水瓶都**灌**得满满的。［程度］（すべてのポットに熱湯をめいっぱい注いだ。）
4. 这么小的壶怎么**灌**得下呢。［可能］（こんな小さな急須にどうして注ぎきれるというの。）
   〈注〉この"得下"は「場所に余裕があり収納できる」という意味で、"灌得下"は「"灌"という行為を通して、急須にすべてのお湯を収納できる」ということを表しているが、文としては反語文なので、「どうやって注ぎきれるというの（できないでしょう）」という訳になっている。

【归咎】guījiù
1. 得到了自由，就不能再把自己的不幸**归咎**于社会了。［介詞］（自由になったら、自分の不幸を社会のせいにすることはもうできなくなる。）
   〈注〉"归咎于～"は書面語で、「～のせいにする」という意味であるが、口語では"怪～不好"または"赖～"と言うのがふつうである。

【滚】gǔn
1. 小心！有一块大石头**滚**下来了！［方向］（気をつけて。大きな石が転がり落ちてくるよ。）
2. 他扔得不好，球**滚**到旁边儿去了。［介詞］（彼は投げるのが下手で、ボールは脇に転がっていった。）

【裹】guǒ
1. 他把花瓶用软软的纸**裹**起来，收进盒子里。［方向］（彼は花びんを柔らかい紙で包んで、箱にしまった。）
   〈注〉この"起来"は「事物が統御下に置かれる」という意味で、"裹起来"は「"裹"という行為を通して、そのままにしてあった花びんが統御下に置かれる」、つまり「包んで保護する」ということを表している。
2. 把豆腐**裹**上面一炸就行了。［方向］（お豆腐に小麦粉を付けて揚げるだけ

3．她小时候裹过几年脚，后来不裹了。[時量]（彼女は子供の頃何年か纏足していたが，その後やめた。）

【过】guò
1．**过完**生日以后再说吧。[結果]（誕生日のお祝いをしてからにしましょう。）
2．这一个月我**过得**非常愉快。[程度]（非常に楽しい1か月を過ごさせてもらった。）
　　〈注〉"过得非常愉快"は一種の状況描写で，「過ごし方が非常に楽しいものだった」という話し手の主観的評価を表している。日本語的な発想では"我过了非常愉快的一个月。"としたくなるところである。
3．在那里我们**过得**很舒服。[程度]（そこで私たちは心地よく過ごした。）
4．在网球俱乐部我**过得**很有意义。[程度]（テニスクラブで有意義な時間を過ごしている。）
5．**过得**快乐就是生活得好。[程度]（生活が楽しいということは生活がいいということだ。）
6．时间**过得**真快。[程度]（時間がたつのは本当にはやい。）
7．你如果**过不了** liǎo 这一关，就前功尽弃了。[可能]（君がもしこの関門をパスできないなら，今までの功績はチャラだ。）
8．车都乱开，想过马路都**过不去**。[可能]（車は皆走り方がめちゃくちゃで，道路を渡りたくても渡れない。）
9．你要是**过得来**的话，来帮我一下。[可能]（もしこっちに来られるなら，ちょっと手伝ってください。）

【过去】guòqù
1．我祖母**过去**得很早。[程度]（私の祖母ははやくに亡くなった。）
2．这件事情已经**过去**好几年了。[時量]（その件はすでに何年も前のことだ。）

H

【害】hài

1. 你给我的地址是错的，可把我**害**苦了。[結果]（あなたが私にくれた住所が間違っていたので、おかげで私は大変な目にあった。）

   〈注〉"害苦"は「"害"（害する）という出来事が原因で、私が"苦"（つらい）という状態になる」ということを表している。そのような状態を引き起こした具体的な原因は、前半の"你给我的地址是错的"という部分が表している。

2. **害得我不得不往这样的地方跑**。[程度]（おかげで私はどうしてもこんな所まで来なくてはいけないはめになった。）

   〈注〉この文は文全体が動詞と程度補語で構成されている。"我"で始まるフレーズは動詞"害"の「結果」を表している。

【号召】hàozhào

1. 领导**号召**了半天，大家还是不够重视。[時量]（指導者は長いこと呼びかけたが、皆はやはりあまり注意を払わなかった。）

2. 仅仅**号召**一下还不行，还要进一步组织才能做好工作。[時量]（ただ呼びかけただけではだめだ。一歩踏み込んで組織しないと仕事はうまくいかない。）

【喝】hē

1. 菜还没端来，他们就**喝**起来了。[方向]（料理がまだ運ばれてこないうちに、彼らはもうお酒を飲み始めた。）

2. 先**喝**上一杯碧螺春或明前绿，会顿时精神倍增，思路开阔。[方向]（一杯碧螺春か明前緑を飲むと、たちまちやる気は倍増し、発想も広がる。）

3. 在贫困的旧中国，酒成了一种奢侈品。**喝**上了瘾会倾家荡产。[結果]（貧しい昔の中国では酒は一種の贅沢品になり、依存症になると家が破産することもあった。）

   〈注〉"上瘾"は慣用的な表現で、「（"喝酒"という行為の）"瘾"という段階への到達」、つまり「中毒状態になってやめられない」ということを表している。

4．一瓶白酒他们俩一次就喝完了。[结果]（1本のパイチュウを彼らは2人で1度に全部飲んでしまった。）

5．王先生昨天**喝得大醉，不省人事**。[程度]（王さんは昨日ひどく酔っ払って，人事不省に陥った。）

6．年轻人已经认为借酒消愁，**喝得烂醉**是过时的喝法。[程度]（酒で憂さを晴らして泥酔するのは，若い人にとってすでに時代遅れの飲み方である。）

7．他们白天要处好人际关系，下班后就要去**喝个痛快**。[程度]（彼らは昼間は人間関係に腐心するので，仕事が終わった後は思いっきり飲みに行く。）

〈注〉"喝个痛快"には"得"ではなく"个"が用いられているが，程度補語の一形式である。この形式は口語で用いられることが多く，"得"を用いた場合よりも生き生きとした表現になる。"痛快"は「動作主が前もって望んでいる結果」を表している。

8．酒这么多，三个人也**喝不完**。[可能]（お酒がこんなに多いと，3人でも飲みきれない。）

9．**喝到第二家酒店**，父亲对儿子说："做什么事情都要适可而止，喝酒也一样。"[介词]（2軒目の飲み屋に入ると，父親は息子に「何事もほどほどにすべきで，酒も同じだ。」と言った。）

10．每天早晚各**喝一次**咖啡。[时量]（毎日朝晩コーヒーを1杯ずつ飲む。）

【合】hé

1．请大家把书**合起来**。[方向]（皆さん本を閉じてください。）

〈注〉この"起来"は「（"合"という）動作を実行する」という意味である。

2．孩子**合上眼**，一会儿就睡着了。[方向]（子供は目を閉じると，すぐに眠ってしまった。）

〈注〉この"上"は「付着」という意味で，"合上"は「"合"という動作を通して，上下のまぶたが合わさる」ということを表している。

3．天黑了下来，远处的海面和天空**合为**一体，什么都看不清楚了。[结果]（暗くなってきたので，遠くのほうでは海面と空が1つになり，何もはっきり見えなくなった。）

4．他笑得连嘴都**合不上**了。[可能]（彼はうれしくて口元が緩んでしまった。）

5．两股势力**合在一起**力量会很大的。[介词]（2つの勢力が1つになれば大きな力となるだろう。）

【合作】 hézuò

1. 一旦真正**合作起来**，会出现很多问题。[方向]（実際協力することになったら，問題はたくさん出てくるだろう。）
2. 第一次我们没有**合作好**，以后还要合作的。[結果]（1回目はうまく協力できなかったが，今後また協力することがある。）
3. 我们**合作得很愉快很顺利**。[程度]（私たちは楽しく問題なく協力することができた。）
4. 这么多单位**合作得好合作不好**呢？[可能/可能]（こんなに多くの団体がうまく提携できるだろうか。）
5. 我们从前年开始一直**合作到现在**。[介詞]（私たちは一昨年から現在までずっと協力し合っている。）
6. 大家**合作了很长时间**了，应该相互谅解。[時量]（皆長い間一緒にやっているのだから，お互いに理解し合うべきだ。）

【恨】 hèn

1. 人们对抢劫犯都**恨死了**。[結果]（人々は強盗犯を本当に憎んでいる。）
2. 听了这起案件，大家对杀人犯**恨得咬牙切齿**。[程度]（この事件のことを聞き，皆歯ぎしりするほど殺人犯を憎んだ。）
3. 她被骗了，所以对他**恨了一辈子**。[時量]（彼女は自分をだました彼を一生憎んだ。）

【哼】 hēng

1. 这首诗是作者坐在马背上**哼出来的**。[方向]（この詩は作者が馬上で口ずさんでできたものだ。）
2. 把他疼得**哼了几声**。[時量]（痛さのあまり，彼は何度かうなり声をあげた。）

【吼】 hǒu

1. 老虎受了刺激，又**吼了起来**。[方向]（刺激されて，トラはまたほえ始めた。）
2. 狮子**吼了几声**就进山洞了。[時量]（ライオンは2声3声ほえると洞穴の中に入って行った。）

【后悔】 hòuhuǐ
1．他现在才知道做错了，所以**后悔起来**了。［方向］（今やっと間違えたことに気付いて，彼は後悔し始めた。）
2．**后悔**了半天也没有办法挽救。［時量］（長いこと後悔したが，助ける手立てはなかった。）

【忽视】 hūshì
1．这个问题**忽视**了很长时间，不能再**忽视下去**了。［時量/方向］（この問題は長い間ないがしろにされてきたが，これ以上無視し続けられない。）

【呼吸】 hūxī
1．头浸在水里就**呼吸不了**liǎo了。［可能］（頭を水の中につけると，呼吸できなくなった。）

【胡说】 húshuō
1．不能再让他**胡说下去**了。［方向］（もうこれ以上彼にでたらめを言わせておくわけにはいかない。）
2．你**胡说完**了，出了问题你得负责。［結果］（でたらめはそれで終わりか。何か問題が起きたら君が責任を取らなければいけないぞ。）
3．限制发言时间，他就**胡说不了**liǎo了。［可能］（発言時間を制限すれば，彼もでたらめは言えなくなる。）
4．他又**胡说**了半天，幸亏大家谁也不相信他的话。［時量］（彼はまた長々とでたらめを言ったが，幸い誰も彼の話を信用しなかった。）

【花】 huā
1．把带来的钱都**花光**了。［結果］（持ってきたお金を遣い切った。）
2．为了办成这件事，他花钱**花得像流水一样**。［程度］（これをやりとげるため，彼は湯水のごとくお金を遣った。）
3．他的钱很多，一辈子也**花不完**。［可能］（彼にはお金がたくさんあり，一生かかっても遣い切れない。）

4．钱要**花**在最需要的地方。[介詞]（お金は最も必要なところに遣うべきである。）

5．妈妈给我的生活费可以**花**一个月。[時量]（お母さんがくれた生活費で1か月暮らせる。）

【划】huá

1．他们坐着船从芦苇荡里**划出来**了。[方向]（彼らは船で葦原からこぎ出てきた。）

2．这个地方被瓶子片儿**划破**了。[結果]（ここはびんの破片で切っちゃったんです。）

3．我们**划完**船就去餐厅吃饭。[結果]（私たちはボート遊びをしてから、レストランにご飯を食べに行った。）

4．这次划船比赛，红队**划得最快**。[程度]（今回のボート競技は、赤チームが1番はやかった。）

5．这次旅游去了五个城市，很**划得来**。[可能]（今回の旅行は5都市に行ったので、十分もとが取れた。）

〈注〉この"划"は「割に合うか（頭の中で）そろばんをはじく」という意味である。"划得来"は慣用的に「そろばんに合う；引き合う」ということを表しており、そこから「もとが取れる」という訳が出てくる。

6．小船**划**了半天才**划过来**。[時量/方向]（小船は長いことこいで、やっと近付いてきた。）

7．火柴**划**了一次就着了。[時量]（マッチは1度すっただけでついた。）

【滑】huá

1．小狗小心地**滑进**水里，悄悄地开始游泳。[方向]（子イヌは慎重に水の中に滑り込み、そっと泳ぎ始めた。）

2．雪还未停，人们就**滑起**雪来了。[方向]（まだ雪がやまないのに、人々はスキーを始めた。）

3．妹妹灵巧地爬上滑梯，一口气**滑下去**，一直**滑到**地上。[方向/介詞]（妹は器用に滑り台に登り、そのまま一気に地面まで滑りおりた。）

4．他滑冰**滑得很漂亮**。[程度]（彼はスケートがとてもうまい。）

5．天已暖和了，现在**滑不了** liǎo 冰了。［可能］（暖かくなったので，もうスケートができなくなった。）

6．每年冬天我都要去**滑儿次**雪。［時量］（毎年冬になると何度かスキーに行く。）

7．妹妹滑冰已经**滑了一个多小时**了。［時量］（妹はもう1時間以上スケートをしている。）

【化】huà

1．天气暖和起来，雪一会儿就**化完**了。［結果］（天気が暖かくなったので，雪はすぐにとけてしまった。）

2．铁锭子经过高温就能**化成**铁水。［結果］（鉄の塊は高温によって液状になる。）

3．这些食品只要化一会儿就**化开**了。［時量/方向］（これくらいの食品ならすぐにとける。）

　　〈注〉この"开"は「（"化"という状態の）範囲が広がる」という意味である。

【划】huà

1．这个小城市从我省**划出去**了。［方向］（この小都市は私の省から分離された。）

　　〈注〉この"出去"は「（空間から）出て行く」という意味で，「划」という行為を通して，小都市が自分の省から出て行った」，つまり「分離された」ということを表している。

2．要**划清楚**正确和错误的界限。［結果］（正しいことと間違いの境界をきっちり分ける必要がある。）

3．这十座楼**划给**我们公司了。［介詞］（この10棟のビルは私たちの会社に分与された。）

【画】huà

1．平面图他一会儿就**画出来**了。［方向］（設計図を彼はあっという間に描きあげた。）

2．在表上**画上**一个圆圈表示同意。［方向］（表に丸を1つ描くことで同意を

表す。)
3. 母亲答应**画好**以后送给他。[結果]（母は絵を描き終えたら彼にプレゼントすると約束した。）
4. 一天就**画完**了一幅画儿。[結果]（1日で絵を1枚描き終えた。）
5. 他画人物画儿，**画得很像**。[程度]（彼の描く人物画は本人とそっくりだ。）
6. 这幅画儿今天**画不完**了。[可能]（この絵は今日中には描き終えられなくなった。）
7. 把画儿**画在墙上**。[介詞]（絵を壁に描く。）
8. 老画家**画**了**一辈子**山水画儿。[時量]（老画家は生涯山水画を描き続けた。）

【化验】 huàyàn

1. 这种病毒的成分已经**化验出来**了。[方向]（このウィルスの正体はすでに化学検査によって解明されている。）

　　〈注〉この"出来"は「わかる；明らかになる」という意味で，"化验出来"は「"化验"という行為を通して，正体が明らかになる」ということを表している。

2. 有的病毒成分一时还**化验不出来**。[可能]（ウィルスの中にはすぐには化学検査で解明できないものもある。）

【怀疑】 huáiyí

1. 大家都这么说，我也不由得**怀疑起来**了。[方向]（皆がそう言うので，私も思わず疑い出した。）
2. 对他们的好意，我从来也没有**怀疑过一次**。[時量]（彼らの好意について，私はこれまで1度も疑いを抱いたことがない。）
3. 是否真心合作，我也**怀疑**了**很久**。[時量]（本心から協力し合っているかどうか，私も長い間疑問だった。）

【欢呼】 huānhū

1. 表演一结束，台下便**欢呼起来**。[方向]（上演が終わると，客席から歓声があがった。）

　　〈注〉この"起来"は「("欢呼"という) 出来事が起こる」ということを表している。

2. 观众一直**欢呼到演员们退了场**。[介詞]（観衆は役者が退場するまでずっ

と歓呼し続けた。)
3．球迷们**欢呼**了很久才安静下来。[時量]（サポーターたちは長い間歓呼してやっと静かになった。)

【欢迎】 huānyíng
1．对这种新的炊具家庭主妇**欢迎**得不得了liǎo。[程度]（この種の新しい炊事道具は主婦にものすごく人気がある。)
2．大家都太知道这个人了，所以**欢迎**不起来。[可能]（皆彼のことをよく知りすぎているので，歓迎する気にはならない。)
　〈注〉この"起来"は「"欢迎"という状況が起こる」という意味で，"欢迎不起来"は「そういった状況が起こり得ない」ということを表している。

【还】 huán
1．图书馆的书早就**还**回去了。[方向]（図書館の本はもうとっくに返した。)
2．我们欠别人的钱都**还**完了。[結果]（私たちが人に借りていたお金は全額返済した。)
3．他每次借东西都**还**得很快。[程度]（彼は毎回借りたものはすぐに返す。)
4．他收入很多，肯定**还**得起这些钱。[可能]（彼は収入が多いので，この借金を返すことができるはずだ。)
　〈注〉この"得起"は「("还这些钱"という行為を）経済能力があって実現できる」ということを表している。
5．借的东西要按时**还**给人家。[介詞]（借りたものは期日までに相手に返すべきである。)
6．他送了我一些礼品，我也**还**了他一次礼。[時量]（彼は私にプレゼントをくれたので，私もお返しをした。)

【缓和】 huǎnhé
1．紧张的心情慢慢地**缓和**下来了。[方向]（緊張していた気持ちがゆっくりと和らいできた。)
2．气氛仍然很紧张，一点也**缓和**不下来。[可能]（雰囲気はいまだに緊張していて，少しも和らがない。)

3．局势已经缓和了一段时间了。［時量］（情勢が穏やかになってからすでにしばらくたっている。）

4．两个单位的矛盾已经缓和一些了。［時量］（2つの団体の衝突はすでにいくらか緩和された。）

【换】 huàn

1．三个啤酒瓶可以换回一瓶啤酒。［方向］（ビールびん3本でビール1本と交換できる。）

2．用两件旧衣服换回来一件新的。［方向］（古着2着で新しいもの1着と交換してきた。）

3．快换上这件衣服吧。［方向］（はやくこの服に着替えなさい。）
　〈注〉この"上"は「付着」という意味で、"换上"は「"换"という動作を通して、服が身体に付着する」ということを表している。

4．我把衣服换好了。［結果］（私は服を着替えた。）

5．两辆旧车也换不了liǎo一辆新的。［可能］（中古車2台でも新車1台とは交換できない。）

6．把这辆新车换给妹妹了。［介詞］（この新車を妹の車と取り替えてあげた。）

7．我们要换好几次车。［時量］（私たちは何度も乗り換えなければならない。）

【患】 huàn

1．不幸他年纪轻轻就患上了重病。［方向］（不幸にも彼は若くして重病を患ってしまった。）
　〈注〉この"上"は「（"患重病"という状況の）開始」を表している。

2．去年他曾经患过一次痢疾。［時量］（去年彼は1度赤痢を患った。）

【挥】 huī

1．他在楼上挥了半天手，我们也没看见。［時量］（彼は上の階から長い間手を振っていたが、私たちには見えなかった。）

2．王经理把手挥了一下继续说下去。［時量］（王社長はちょっと手を振り、また話を続けた。）

【恢复】huīfù

1. 破坏很容易，**恢复起来**很难。［方向］（破壊するのは容易だが，もとに戻すのは難しい。）
    〈注〉この"起来"は「("恢复"という）動作を実行する」という意味で，特にこの場合は「その動作に着目すれば」という意味が強調されている。
2. 身体**恢复好**了就可以工作了。［結果］（体調が回復すれば仕事ができるようになる。）
3. 战后，这个城市**恢复得很快**。［程度］（戦後，この都市は立ち直るのがはやかった。）
4. 用两年时间经济也**恢复不起来**。［可能］（2年という時間をかけても経済は回復できない。）
5. 用三年时间把生产**恢复到**战前水平。［介詞］（3年の時間をかけて，生産を戦前の水準にまで回復させる。）
6. 比赛以后，让运动员**恢复一下**体力再训练。［時量］（試合の後，選手の体力が回復してからトレーニングさせてください。）

【回】huí

1. 请你**回过身来**站好了。［方向］（ちゃんとこちらを向いて立ってください。）
2. 我偷偷地**回过头去**看他。［方向］（私はこっそりと振り向いて彼を見た。）
3. 我已经给读者**回完信**了。［結果］（私はすでに読者に返信した。）
4. 对消费者的来信，我们都**回得很及时**。［程度］（消費者からの投書に対して，私たちはすぐに返信をします。）
5. 今天有事，**回不了**liǎo家了。［可能］（今日は用事ができて，家に帰れなくなった。）
6. 有的夫妇从新婚旅行**回到**成田机场就离婚。［介詞］（新婚旅行から成田空港に戻ってすぐに離婚する夫婦がいる。）
7. 大家约好过一个小时再**回到**这个地方来。［介詞］（1時間後またこの場所に戻ってくると皆で約束した。）
8. 我要**回**公司**一趟**，取一点东西。［時量］（私はちょっと会社に戻って，ものを取ってくる。）

【回答】 huídá

1. 有一个问题，我没**回答**出来。[方向]（答えられない問題が1つあった。）
2. 一个小时我就**回答**完了。[結果]（1時間で解答し終わった。）
3. 大家的问题，经理**回答**得很圆满。[程度]（皆から出された問題に対する社長の回答は満足のいくものであった。）
4. 他问的问题，我几乎都**回答**不上来。[可能]（彼の質問にはほとんど答えられなかった。）
   〈注〉この"上来"は「上がってくる」という意味で、「"回答"しようとしても、答えが口に上ってこない」、つまり「答えられない」ということを表している。
5. 所有的问题，他都**回答**得出来。[可能]（すべての問題に、彼は答えることができる。）
   〈注〉この"出来"は「わかる；明らかになる」という意味で、"回答得出来"は「"回答"という行為を通して、答えを明らかにすることができる」ということを表している。
6. 对记者的提问，就**回答**到这里。[介詞]（記者の質問に対する回答はここまでにします。）
7. 这个问题我已**回答**两次了。[時量]（この問題について私はすでに2回答えている。）
8. 内容很多，我**回答**了两个小时。[時量]（内容が多くて、私は答えるのに2時間かかった。）

【回来】 huílái

1. 今天他下班儿**回来**得很早。[程度]（今日彼は仕事から戻るのがはやかった。）
2. 大家都**回来**了，只有张先生**回来**不了liǎo。[可能]（皆帰ってきたのに、張さんだけ帰ってこられない。）
3. 今年他**回来**过一次。[時量]（今年彼は1度帰ってきた。）
4. 我从日本**回来**一个多月了。[時量]（私は日本から戻って1か月あまりになる。）

【回去】 huíqù

1. 大家**回去**得很早。[程度]（皆早々に帰って行った。）

2．现在我**回去不了**liǎo，你先走吧。［可能］（私は今まだ帰れないので，先に帰ってください。）

3．姐姐已经**回去两个月**了。［時量］（お姉さんが帰ってすでに2か月になる。）

4．我每周**回去一次**。［時量］（私は毎週1回帰っている。）

【回想】 huíxiǎng

1．**回想起来**，这件事真不该这样作。［方向］（思い返してみると，その件はそうするべきではなかった。）

〈注〉この"起来"は「（"回想"という）動作を実行する」という意味である。

2．去年发生的事，我怎么也**回想不起来**了。［可能］（去年起こったことなのに，私はどうしても思い出せない。）

3．一**回想到这儿**，我心里就不平静。［介詞］（ここまで思い出すと，私は平静ではいられなくなる。）

4．我们**回想了很久**，还是想不起来。［時量］（私たちは長いこと思い出そうとしたが，やっぱり思い出せない。）

5．请你**回想一下**当时的情况。［時量］（どうか当時の状況を思い出してください。）

【回忆】 huíyì

1．于是我又**回忆起**我离开江西的往事。［方向］（そして，江西を離れたときの思い出がよみがえった。）

2．**回忆起来**，大学的生活很值得留恋。［方向］（思い返してみると，大学生活は本当に懐かしい。）

3．三十年前的事，现在怎么也**回忆不起来**了。［可能］（30年前のことなので，今はどうしても思い出せない。）

4．我**回忆了很久才回忆起来**。［時量/方向］（長いことかかってやっと思い出すことができた。）

【毁】 huǐ

1．新椅子叫弟弟**毁掉**了。［結果］（新しいいすは弟に壊された。）

2．新房子被他们**毁得不成样子**了。[程度]（新しい家は彼らにめちゃくちゃにされた。）

3．这房子结实，就是遇上地震也**毁不了**liǎo。[可能]（この家は丈夫なので、たとえ地震があっても壊れたりしない。）

【汇】huì
1．百川**汇成**巨大的洪流。[结果]（たくさんの川が集まって巨大な流れになる。）

【汇报】huìbào
1．这件事已向政府**汇报上去**了。[方向]（このことはすでに政府に報告した。）
2．我们把工作情况**汇报完**了。[结果]（私たちは仕事の状況を報告した。）
3．他把事情的经过**汇报得很详细**。[程度]（彼はことの経過を詳細に報告した。）
4．一个小时，你们**汇报得完汇报不完**？[可能/可能]（1時間あったら、報告し終えることができますか。）
5．你去把刚发生的事**汇报给领导**。[介词]（さっき起こったことを上司に報告しに行きなさい。）
6．已经**汇报了半个小时还没汇报完**。[时量/结果]（すでに30分たったがまだ報告し終わらない。）
7．每月向上级**汇报一次**工作。[时量]（毎月1度上司に仕事の報告をする。）

【汇集】huìjí
1．把这些现象**汇集起来**，看看能不能找出规律性的东西。[方向]（これらの現象を集めて、何か規則性のあるものを見つけ出せないか見てみてください。）

〈注〉この"起来"は「事物が統御下に置かれる」という意味で、"汇集起来"は「"汇集"という行為を通して、いくつかの現象が1つにまとめあげられる」ということを表している。

2．他将过去几年的教学笔记和发表过的论文**汇集成册**，寄给一家古籍出版社。[结果]（彼は過去何年かの授業メモと発表した論文を1冊にまとめ、ある古籍出版社に送った。）

【会见】 huìjiàn
1. **会见完**了来宾，她又去开会了。[结果]（来賓の方と会見し終えると，彼女はまた会議に行った。）
2. 总经理很忙，今天**会见不了**liǎo代表团了。[可能]（社長は忙しく，今日は代表団と会見できなくなった。）
3. 市长**会见了一次**代表团。[時量]（市長は1度代表団と会見した。）
4. 他们已经**会见一个小时**了。[時量]（彼らはすでに1時間会見している。）

【会客】 huìkè
1. 校长已经**会完客**了。[结果]（校長はすでに客と面会し終わった。）
2. 董事长正在开会，现在**会不了**liǎo**客**。[可能]（理事長は今会議中ですので，お客様とお会いできません。）
3. 今天他只**会了一次客**。[時量]（今日彼は1度しか接客しなかった。）

【会谈】 huìtán
1. 关于贸易问题我们还要**会谈下去**。[方向]（貿易問題について私たちは更に話し合いを続ける必要がある。）
2. 两国政府这次**会谈得很顺利**。[程度]（両国政府の今回の会談は順調に進んだ。）
3. 我们**会谈了两次**，进展很快。[時量]（私たちは2度話し合ったので，進展がはやい。）
4. 双方已经**会谈一年**了，仍未结束。[時量]（双方は1年間話し合っているが，いまだに終了しない。）

【昏】 hūn
1. 他病得很重，刚才又**昏过去**了。[方向]（彼は病状が重く，さっきまた意識がなくなった。）
   〈注〉この"过去"は「本来あるべき状態を離れる」という意味で，"昏过去"は「意識のある状態から"昏"の状態になる」ということを表している。
2. 他在浴室**昏倒**了。[结果]（彼は浴室で気を失って倒れた。）

【昏迷】hūnmí
1. 刚才他**昏迷过去**了。[方向]（先ほど彼は意識不明に陥った。）
2. 他已经**昏迷得不省人事**了。[程度]（彼はすでに人事不省に陥っている。）
3. 爷爷已经**昏迷两天**了。[時量]（おじいちゃんは意識不明に陥ってすでに2日になる。）

【混】hùn
1. 趁大家不注意，他也**混进**会场**里去**了。[方向]（皆が注意していないすきに，彼も会場に紛れ込んだ。）
2. 他离家时说，在外面**混好**了再回来。[結果]（彼は家を離れるとき，世間で何とかやっていけるようになったら帰ってくると言った。）
3. 这几年，他在国外**混得还不错**。[程度]（ここ数年，彼は国外でまあまあいい暮らしをしている。）
4. 看门的人很多，谁也**混不进去**。[可能]（門番が多くて，誰も紛れ込むことができない。）
5. 好的坏的要分开，不能**混在一起**。[介詞]（よいものと悪いものは分けるべきで，ないまぜにしてはならない。）
6. 在外面**混了十几年**，他一点儿进步也没有。[時量]（彼は外で十数年いい加減に過ごしていただけで，まったく進歩していない。）

【活】huó
1. 虽然遭到不幸，也要鼓起勇气**活下去**。[方向]（不幸に遭遇しても，勇気を奮い起こして生きていかなければならない。）
2. 很紧张，但**活得很愉快**。[程度]（仕事は忙しいが，楽しく生きている。）
3. 这样痛苦的生活，简直让人**活不下去**。[可能]（こんなに苦しい生活では，本当に生きていけない。）
4. 我们要**活到老**学到老。[介詞]（私たちは生きている限り学び続けなければならない。）
5. 这样高尚的品德永远**活在我们心中**。[介詞]（このように高尚な人徳は永遠に私たちの心の中で生き続ける。）

6．白白**活**了四十多年，都没学会生活。[時量]（無駄に四十数年生きてきて，暮らし方さえわかっちゃいない。）

7．买来的鱼只**活**了一天就死了。[時量]（買ってきた魚はたった1日で死んでしまった。）

【活动】 huódòng

1．只要内容好，人少也可以**活动起来**。[方向]（内容さえよければ，人が少なくても何かできる。）
　　〈注〉この"起来"は「("活动"という）行為を実行する」ということを表している。

2．下课后**活动完**了就去做练习。[結果]（放課後，サークル活動が終わったらすぐに練習に行く。）

3．人多内容不好也**活动不起来**。[可能]（人が多くても内容がよくなければ何もできない。）

4．我们这个小组每周**活动一次**。[時量]（私たちのグループは週1回活動している。）

5．每天下午五点我们都到操场去**活动一个小时**。[時量]（毎日午後5時に私たちはグラウンドに行って1時間運動する。）

【活跃】 huóyuè

1．场内的气氛又开始**活跃起来**。[方向]（場内の雰囲気は再び活気付いてきた。）

2．无论怎么启发会场也**活跃不起来**。[可能]（どんなに会場を盛りあげようとしても効果がない。）

3．优秀技术能手仍**活跃在生产第一线**。[介詞]（優秀な技術者は今なお生産の第一線で活躍している。）

J

【激动】jīdòng
1. 他一**激动**起来就语无伦次。［方向］（彼は気持ちが高ぶると話が支離滅裂になる。）
2. 我**激动**得流下了热泪。［程度］（私は感動のあまり熱い涙が流れた。）
3. 内容很平淡，**激动不了**liǎo人心。［可能］（内容がありきたりで、人の心を動かすことはできない。）
4. 他的感人事迹**激动了**我**很长时间**。［時量］（彼の感動的な事績に、私は長いこと気持ちが高ぶっていた。）

【积累】jīlěi
1. 这些材料都是过去**积累下来**的。［方向］（これらの資料は皆昔から集めてきたものだ。）
2. 资金**积累**得越多越好。［程度］（資本金の蓄積は多ければ多いほどよい。）
3. 现在**积累不了**liǎo很多资金。［可能］（現在多くの資金を蓄積することは難しい。）
4. **积累了十年**，经验越来越丰富。［時量］（10年の蓄積があるから、経験はますます豊富だ。）

【集合】jíhé
1. 先把人都**集合起来**，说一下要求再分头去干。［方向］（まず人を集め、条件を説明してから分担してやってもらう。）
2. 我们小队已经**集合好了**。［結果］（私たちのチームはすでに集合している。）
3. 那支队伍**集合**得很快。［程度］（あの部隊は集合するのがはやい。）
4. 人员住得很分散，短时间**集合不起来**。［可能］（人員が分散して住んでいるので、短時間で集合できない。）
5. 下午两点把人**集合在**校门口儿，一同出发。［介詞］（午後2時に校門前に集合させ、一緒に出発する。）

6．我们已经**集合**半小时了，首长还没来。[時量]（私たちは集合しても う30分もたつのに，トップがまだ来ない。）

7．每天早上**集合**一次，由队长带领做操。[時量]（毎朝1度集合し，隊長 の指揮で体操をする。）

【积压】 jīyā

1．道路不通，货都在仓库里**积压**了起来。[方向]（道路が不通で，商品は 皆倉庫に押し込められた。）

2．**积压**了很久的矛盾一下子爆发了。[時量]（長年放置されていた問題が 一気に表面化した。）

【集中】 jízhōng

1．大家都**集中**过来，看一下这张说明图。[方向]（皆さん，こちらに集まっ て，この説明図を見てください。）

2．昨天一晚没睡，今天上课注意力怎么也**集中**不起来。[可能]（昨晩 は一睡もできず，今日は授業中どうしても集中できなかった。）

3．政府机关部门都**集中**在东京霞关。[介詞]（政府の省庁は皆東京霞ヶ関 に集中している。）

4．请**集中**一下，听老师说话。[時量]（ちょっと集中して，先生の話を聞い てください。）

【挤】 jǐ

1．我被人群**挤**来**挤**去好容易才**挤**上车。[方向/方向]（押し合いへし合いし てやっとのことで乗車できた。）

2．屋里**挤**满了客人。[結果]（部屋の中は多くの客で混み合っている。）

3．汽车里人很多，**挤**得我很难受。[程度]（バスの中は人で混み合っていて， 耐えられない。）

4．车站前的大街**挤**得走都走不动。[程度]（駅前大通りは身動きが取れない くらい混み合っている。）

〈注〉"挤得走都走不动"は程度補語の形式であるが，その中に"走不动"という可能 補語の形式が含まれている。"走不动"は「"走"という動作を思うようにおこなうこ

とができない」という意味で、"都"の前に"走"を置くことにより、「それすらできない」という一種の取り立ての意味を表している。

5．走廊里涌着很多人，我怎么也**挤不过去**。[可能]（廊下を行き来する人が多くて、どうしても向こうに渡れない。）

6．工人们把牛奶**挤在桶里**。[介詞]（労働者は牛乳をおけの中にしぼり出した。）

7．没有房子，大家只好**挤在一间小屋里**。[介詞]（家がないので、皆小部屋ですし詰めになるしかない。）

8．我们五人住一间小屋，已经**挤了一年了**。[時量]（私たちは5人で1つの小部屋に住んでいて、もう1年間ぎゅうぎゅう詰めの状態だ。）

9．这种药膏只要**挤一下**就能**挤出来**。[時量/方向]（この軟膏はちょっと押せばすぐにしぼり出せる。）

【记】 jì

1．我**记下了**很多字。[方向]（私はたくさんの字を覚えた。）

2．请把他说的话都**记下来**。[方向]（彼の言ったことをすべて書き留めておいてください。）

3．一定要**记住**这事，千万别忘了。[結果]（このことを覚えていてください。絶対忘れないように。）

4．这个话我现在还**记得很清楚**。[程度]（このことばは今でもはっきり覚えている。）

5．是不是把水都放掉了，我**记不清**了。[可能]（お湯をすべて抜いたかどうか、はっきり覚えていない。）

6．他说得很快，我**记不下来**。[可能]（彼は話すのがはやくて、書き留められない。）

7．去年的事我还**记得起来**。[可能]（去年のことはまだ思い出すことができる。）

8．这些事我都**记得住**。[可能]（これらは全部覚えられる。）

9．老师讲的内容，我都**记在笔记本上**了。[介詞]（先生の話した内容は、すべてノートに書き留めた。）

10．我只**记了一年日记**就不记了。[時量]（私は日記を1年間付けただけでやめてしまった。）

【寄】jì

1. 这封信请用航空信**寄出**。[方向]（この手紙は航空便でお願いします。）
2. 你需要的书，我已经**寄出去**了。[方向]（あなたが必要な本はすでに郵送しました。）
3. 一位热情的观众亲手做了具有地方风味的小吃**寄来**。[方向]（ある熱心な視聴者が地元の名物のお菓子を自分で作って送ってくれた。）
4. 你的礼品昨天就**寄到**了。[結果]（あなたからのプレゼントは昨日もう届いた。）
5. 你这次寄钱**寄得很及时**。[程度]（あなたは今回ちょうどいいときに送金してくれた。）
6. 大件物品邮局**寄不了**liǎo。[可能]（大きいものは郵便局では送れない。）
7. 把信**寄到北京去**。[介詞]（手紙を北京に送る。）
8. 他去年就把稿子**寄给一家出版社**了。[介詞]（彼はもう去年に原稿をある出版社に送った。）
9. 这个包裹是**寄往什么地方**的？[介詞]（この小包はどこに送るものなの。）
10. 信已经**寄**了五天了，大概他收到了。[時量]（手紙は5日前に送ったので、彼はもう受け取っただろう。）
11. 妈妈每学期给我**寄两次**钱。[時量]（母は毎学期2回送金してくれる。）

【计划】jìhuà

1. 明年的工作已经**计划出来**了。[方向]（来年の仕事はすでに計画がしてある。）
2. 这次集体活动都**计划好**了。[結果]（今回の団体活動はきちんと計画してある。）
3. 他们把这项工作**计划得很周密**。[程度]（彼らはこの仕事を綿密に計画した。）
4. 目的还不明确，所以还**计划不了**liǎo。[可能]（目的がまだはっきりしないので、計画の立てようがない。）
5. 已经**计划很久**了，应该开始进行了。[時量]（計画が立てられてもう長いことたつのだから、そろそろ始めなければならない。）

6．我们先**计划**一下，然后再动手干。[時量]（まず計画を立ててみて、それから着手する。）

【纪念】 jìniàn
1．取得民族独立的日子每年都要**纪念一次**。[時量]（民族独立記念日は毎年1回祝う。）
2．今年是百年大庆，要**纪念一周**。[時量]（今年は百周年なので、1週間祝賀行事をおこなう。）

【继续】 jìxù
1．阴雨天看样子还会**继续下去**。[方向]（この雨はしばらく続くでしょう。）

【记载】 jìzǎi
1．要把真实的情况**记载下来**。[方向]（真実を書き記しておくべきだ。）
2．那家报纸对每件事都**记载得很详细**。[程度]（あの新聞はどの記事もとても詳しい。）

【加】 jiā
1．这些东西**加起来**共需一千元。[方向]（これらは合わせると1000元かかる。）
2．几门课的得分再**加上**外语分共420分。[方向]（数科目の点数に外国語の得点を足すと420点だ。）
3．把作者的简历再**加上去**。[方向]（作者の略歴を付け加える。）
4．看来必须**加大**资金投入才行了。[結果]（資金投資を増加しなければならなくなったようだ。）
5．这层意思文章**加不上去**。[可能]（そういうことは文章に付け加えられない。）
6．这些奖品**加在一起**就不少了。[介詞]（これらの賞品は合わせれば十分な数になる。）

【夹】jiā

1. 今天刮风，衣服用夹子**夹起来**吧。［方向］（今日は風があるので，服を洗濯バサミで挟んでください。）

   〈注〉この"起来"は「事物が統御下に置かれる」という意味で，"夹起来"は「"夹"という行為を通して，洗濯した服が統御下に置かれる」，つまり「洗濯バサミで挟んで固定しておく」ということを表している。

2. 车门把衣服**夹住**了。［結果］（車のドアに服を挟まれた。）
3. 这种夹子夹**得很紧**。［程度］（このクリップはしっかりとものを挟める。）
4. 夹子坏了，什么东西也**夹不紧**。［可能］（クリップが壊れて，何もしっかり挟めない。）
5. 他把文件包**夹在**胳膊底下走了出去。［介詞］（彼は書類入れを脇に挟んで出ていった。）
6. 不小心，手叫门**夹了一下**。［時量］（うっかりして，ドアに手を挟まれた。）
7. 这片叶子在书里**夹了很久**了。［時量］（この葉っぱは長い間本に挟んであった。）

【加工】jiāgōng

1. 中国菜是用各种调味料把食品**加工成**一种新的味道。［結果］（中華料理はいろいろな調味料を使って素材を新しい味に加工する。）
2. **加工完**了做成了成品就可以用了。［結果］（加工し終わって完成品になったら使えるようになる。）
3. **加工一次**需要十天。［時量］（1回の加工に10日間かかる。）

【架】jià

1. 把病人**架起来**。［方向］（患者さんを支えてあげて。）
2. 把照相机**架好**了再拍照。［結果］（カメラをきちんと据え付けてから撮ろう。）
3. 这台机器怎么也**架不稳**。［可能］（この機械はどうしてもしっかり固定できない。）
4. 把梯子**架在**哪儿？［介詞］（はしごをどこにかけますか。）

【嫁】jià
1. 他的两个女儿都**嫁**出去了。[方向]（彼の娘は２人とも嫁に行った。）
2. 小妹妹已经**嫁**出去半年多了。[方向＋時量]（下の妹が嫁に行ってからもう半年あまりたった。）
3. 大姐**嫁**到南方一个人家。[介詞]（お姉さんは南方のある家に嫁いだ。）

【煎】jiān
1. **煎**完饺子，咱们一起吃。[結果]（ギョーザを焼き終わったら，一緒に食べよう。）
2. 把鱼**煎**得透一些再红烧才好吃。[程度]（魚をよく焼いた後醤油で煮るとおいしい。）
3. 生煎馒头还有很多，现在**煎**不完了，一会儿再煎吧。[可能]（肉まんはまだたくさんある。今回焼き終われないので，後でまた焼こう。）
4. 药已经**煎**了二十分钟了，好了。[時量]（薬はもう20分煎じたので，もういいだろう。）
5. 中药可以**煎**两次，第二次时间要长一些。[時量]（漢方薬は２度煎じられるが，２度目は少し時間を長めに煎じる必要がある。）

【坚持】jiānchí
1. 最后一堂课他是弓着身子，不住地咳着**坚持**下来的。[方向]（最後の授業を，彼は身体を丸めて絶えずせきをしながらもやり通した。）
2. **坚持**下去一定能取得胜利。[方向]（頑張り続ければきっと勝利を手にすることができる。）
3. 力气已经用尽了，快**坚持**不了liǎo了。[可能]（もう力がなくなって，もうすぐ限界だ。）
4. 正确的意见要**坚持**到底。[介詞]（正しい意見は守り通さなければならない。）
5. 在困难的条件下**坚持**一年了。[時量]（困難な条件の下で１年間やり通した。）

【监督】jiāndū
1. 委员会对市场**监督得很严格**。[程度]（委員会の市場に対する監督はとても厳しい。）
2. 机构不健全，**监督不了**liǎo他们的工作。[可能]（機構が健全でないので彼らの仕事を監督しきれない。）
3. 即使要对他们进行监督，也只能**监督一段时间**。[時量]（彼らを監督しようとしても，一定期間しか監督できない。）

【监视】jiānshì
1. 对可疑分子要**监视得紧一点儿**。[程度]（容疑者はもう少ししっかり監視しなければならない。）
2. 他们已远离这个地方了，所以**监视不了**liǎo了。[可能]（彼らはもうこの場所から遠く離れたので，監視できなくなった。）
3. 已经被**监视半年了**，他还没发现。[時量]（彼は監視されてもう半年になるが，まだ気が付いていない。）

【拣/捡】jiǎn
1. **捡来**的东西不能要。[方向]（拾ったものは自分のものにできないよ。）
2. 那是什么？你**拣起来**看看。[方向]（あれは何ですか。拾って見てみてください。）
3. 掉在地上的东西太多了，我一个人**拣不完**。[可能]（地面に落ちているものが多くて，1人では拾いきれない。）

【减】jiǎn
1. 五**减去**一还有四。[方向]（5から1を引いても4残る。）

【剪】jiǎn
1. 先把横生的树枝**剪下来**。[方向]（まず横に伸びている枝を切り落としなさい。）
2. 服装样子**剪好了**。[結果]（洋服の型紙を切り終えた。）

3. 她剪纸花剪得很快。[程度]（彼女は切り絵を切るのがはやい。）
4. 你知道吗，她为什么把头发剪得那么短？[程度]（ねえ，知ってる。彼女はどうして髪をあんなに短く切ったの。）
5. 绳子很结实，用小剪子剪不断。[可能]（縄は丈夫で，小さなハサミでは切れない。）

【检查】 jiǎnchá
1. 我们的工作昨天已经检查完了。[结果]（私たちの仕事に対する検査は昨日すでに終了した。）
2. 他们对这段线路检查得很仔细。[程度]（彼らはこの区間の線路を細かく点検した。）
3. 这个公司的账目很乱，一天绝对检查不完。[可能]（この会社の帳簿はめちゃくちゃで，1日では絶対に調べきれない。）
4. 已经检查两天了，还没有发现什么问题。[时量]（すでに2日間検査しているが，まだ何も問題は見つかっていない。）
5. 校长每学期都要检查一次教学情况。[时量]（校長は毎学期1回授業の様子を見て回る。）

【减肥】 jiǎnféi
1. 减完肥还要注意饮食。[结果]（ダイエットし終わっても食事に注意しなくてはならない。）
2. 去年他减了一次肥，但没有成功。[时量]（彼は去年1度ダイエットしたが，成功しなかった。）

【减轻】 jiǎnqīng
1. 减轻完学习负担还要再研究教学方法。[结果]（勉強の負担を軽減してあげてから教授方法についても研究する必要がある。）
2. 他的症状减轻得很明显。[程度]（彼の症状は目に見えて軽くなった。）
3. 这样做还是减轻不了liǎo压力。[可能]（こうしてもプレッシャーは軽減できない。）

4．我的负担**减轻**了一些。［時量］（私の負担は多少軽減された。）

【减少】 jiǎnshǎo
1．矛盾仍然很多，比过去**减少**不了liǎo多少。［可能］（矛盾は依然として多く，過去と比べてもたいして減っていない。）
2．把损失**减少**到最小程度。［介詞］（損失を最小限まで減らす。）

【检讨】 jiǎntǎo
1．他**检讨**完了又请大家批评。［結果］（彼は自己批判し終わると，皆に批判を求めた。）
2．他这次对自己的错误**检讨**得很深刻。［程度］（彼は今回，自分の過ちを深く反省した。）
3．他**检讨**了半天，大家也不知他说的是什么。［時量］（彼の長い自己批判を聞いても，皆は彼が何を言っているのかわからなかった。）
4．他已经**检讨**了一次了，算了吧。［時量］（彼はすでに1度反省しているので，もういいことにしましょう。）

【检验】 jiǎnyàn
1．产品**检验**完了才能出厂。［結果］（製品は検査し終わってからでないと出荷できない。）
2．出厂前工人们对产品**检验**得很仔细。［程度］（出荷前に工員たちは製品を細かく検査する。）
3．产品很多，今天**检验**不完了。［可能］（製品が多くて，今日中に検査しきれなくなった。）
4．对这次进口的货物，海关已经**检验**两天了。［時量］（今回輸入した貨物は，税関ですでに2日間検査している。）
5．对商品**检验**一次需要一天。［時量］（商品を1度検査するのに1日かかる。）

【见】 jiàn
1．他**见**到一位导演。［結果］（彼はある監督に会った。）

2．你去也见不着zháo什么明星了，电影已经拍完了。[可能]（君が行ってもスターなんかには会えないよ。映画の撮影はもう終わったんだから。）
3．我见过王先生一次。[時量]（私は王さんに1度会ったことがある。）
　〈注〉人称代名詞が目的語の場合，時量補語の前に置かれるのがふつうであるが，"王先生"のような人名が目的語の場合は，時量補語の前と後ろのどちらの場合もありうる。

【建】jiàn
1．这里建起了一个超级市场。[方向]（ここにスーパーマーケットが1軒できた。）
2．图书馆大楼已经建好了。[結果]（図書館の建物はもう完成した。）
3．资金不足，厂房建不成了。[可能]（資金不足で，工場を建てられなくなった。）
4．颐和园建于清代。[介詞]（頤和園は清代に建てられた。）
5．剧场就建在最繁华的地方。[介詞]（劇場は最も賑やかな場所に建てられた。）

【溅】jiàn
1．石头掉在水缸里，水都溅出来了。[方向]（かめの中に石が落ちて，水が飛び出ちゃった。）
2．泥水溅得满身都是。[程度]（泥水がはねて全身泥だらけになった。）
3．盖上盖儿，锅里的汤就溅不出来了。[可能]（ふたをしたら，鍋の汁はこぼれなくなる。）
4．不小心，脏水溅在衣服上了。[介詞]（うっかりして，汚水が服にはねてしまった。）
　〈注〉"溅在〜"は「"溅"（はねる）という出来事の結果，泥が服に付く」ということを表している。

【鉴定】jiàndìng
1．因为资料不全，所以鉴定不了liǎo。[可能]（資料が揃っていないので，鑑定できない。）

【建立】jiànlì
1. 我们的友谊是**建立**在共同利益的基础上的。［介詞］（私たちの友情は共同利益の基礎の上に打ち立てられたものである。）
2. 这个医院已经**建立**一年了。［時量］（この病院はできて1年になる。）

【见面】jiànmiàn
1. 昨天我们**见**完了**面**就去开会了。［結果］（昨日私たちは打ち合わせしてから会議に行った。）
   〈注〉"见面"は「会う」という意味であるが，この文の場合，ただ顔をあわせるだけではなく，「会議の前に会って打ち合わせをし終わってから」という意味になる。
2. 他去国外了，今年恐怕**见**不了liǎo**面**了。［可能］（彼は海外に行ったので，今年は恐らくもう会えないだろう。）
3. 你和这个人**见**过**几次面**？还认得出来吗？［時量］（君はこの人と何度会ったことがあるの。会えばまだわかりますか。）

【建设】jiànshè
1. **建设**起高架公路以后，交通堵塞就可以缓解一些了。［方向］（高架道路を建設したら，交通渋滞を少し緩和させることができる。）

【建议】jiànyì
1. 我们向领导**建议**一下，改变一下方法。［時量］（上司に方法を変えるよう提案してみよう。）

【建造】jiànzào
1. 新的博物馆已经**建造**起来了。［方向］（新しい博物館はすでにできあがった。）
   〈注〉この"起来"は「動作が下から上に向かってなされる」という意味で，"建造起来"は「"建造"という行為を通して，建物が下から上に少しずつ出現した」ということを表している。
2. 新的皇宫大厦已经**建造**好了。［結果］（皇居の新棟はすでに建設が完了した。）

3．这座纪念塔**建造**得十分雄伟壮观。[程度]（この記念塔は非常に勇壮な造りだ。）

4．这样大的工程，一年是**建造**不起来的。[可能]（こんなに大きなプロジェクトは1年では完成できない。）

5．雄伟的纪念碑**建造**在广场中央。[介词]（勇壮な記念碑が広場中央に建てられた。）

【建筑】jiànzhù

1．听说他们那里**建筑**起一片豪华公寓。[方向]（彼らのところに豪華マンション群が建てられたそうだ。）

2．不能把幸福**建筑**在别人的痛苦上。[介词]（幸福を人の苦痛の上に築いてはならない。）

【讲】jiǎng

1．把意见都**讲**出来，不要有顾虑。[方向]（あれこれ考えないで，意見を全部話してください。）

2．村长也向我们**讲**明了那里的情况。[结果]（村長も私たちにそこの情況をはっきり説明した。）

3．让他要把理由**讲**清楚。[结果]（彼に理由をはっきり言ってもらいましょう。）

4．故事**讲**完了，孩子们还要爷爷再讲。[结果]（物語を話し終えると，子供たちはおじいさんにもっと話してほしいとせがんだ。）

5．他英语**讲**得很流利。[程度]（彼は英語をとても流暢に話す。）

6．他高兴得话也**讲**不出来了。[可能]（彼はうれしくてことばも出なくなった。）

7．这个道理是**讲**给青年们听的。[介词]（この道理は若者に話して聞かせるものである。）

8．三年级同学给我们**讲**了一次学习方法问题。[时量]（3年生が私たちに学習方法について1度話してくれた。）

9．教授给我们**讲**了一下午。[时量]（教授はまるまる午後いっぱい，私たちに話をしてくださった。）

【讲究】 jiǎngjiu

1. 以前他穿衣服很随便，现在也**讲究**起来了。[方向]（以前彼は服装にあまり気を遣っていなかったが，今では凝るようになってきた。）

　〈注〉この"起来"は「（"讲究"という）状況が起こる」ということを表している。"也"の指示対象は主語の"他"で，「昔は服装に無頓着であった彼も今では他の人と同じように服装に凝るようになった」という意味を表している。

2. 她穿衣服**讲究**得不得了liǎo。[程度]（彼女は服装にかなりこだわりがある。）
3. 今年我过生日也**讲究**一下，多邀一些朋友，摆一摆酒席。[時量]
（今年の誕生日もちょっと凝って，友達をたくさん呼び，酒席を設けよう。）

【奖励】 jiǎnglì

1. 去年作出成绩的人员都**奖励**完了。[結果]（昨年成果をあげた人はすべて表彰し終わった。）
2. 凡取得突出成绩的还要**奖励**一次。[時量]（目ざましい成果をあげた人は全員もう1度表彰する。）

【降】 jiàng

1. 他的血压**降**下来了吗？ [方向]（彼の血圧は下がりましたか。）
2. 为了庆祝元旦，商品价格都**降**得很低。[程度]（元旦を祝うために，商品の価格はすべて下げてある。）
3. 飞机出毛病了，没有**降**在跑道上。[介詞]（飛行機が故障して，滑走路に着陸できなかった。）

【降低】 jiàngdī

1. 水位**降低**到警戒线以下了。[介詞]（水位が警戒線以下まで下がった。）
2. 银行存款的利率今年**降低**了**两次**。[時量]（銀行預金の利率は今年2回下がった。）
3. 这几天气温**降低**了一些。[時量]（ここ数日気温が少し下がっている。）

【交】 jiāo

1. 他把过去存的稿件都**交**出来了。[方向]（彼は昔書き溜めておいた原稿を

すべて出した。)
2. 刚到那儿，他就**交上**了一个好朋友。［方向］（彼はそこに着いてすぐ，親友が1人できた。)
   〈注〉この"上"は「("交一个好朋友"という目的への) 到達」を表している。
3. **交上**申请书以后，补助费就拿到了。［方向］（申込書を出したら，すぐに補助金をもらえた。)
4. 我**交完**了试卷就离开了考场。［結果］（答案用紙を提出するとすぐ試験場を後にした。)
5. 他们做的活儿**交得很快**，但质量不高。［程度］（彼らのやる仕事ははやいが，質は高くない。)
6. 你不真诚当然**交不了**liǎo好朋友。［可能］（君は不誠実だから当然いい友達もできない。)
7. 请**交到**三号窗口。［介詞］（3番の窓口にお出しください。)
8. 这个任务**交给**我们班吧！［介詞］（この任務は私たちのチームに任せてください。)
9. 我的学费已经**交了**一个月了。［時量］（私は授業料を納めてすでに1か月になる。)
10. 每个月都要**交**一次服务费。［時量］（毎月1回サービス料を支払う。)

【浇】 jiāo
1. 这些花都**浇完**水了。［結果］（ここの花には水をやり終えた。)
2. 今年麦地**浇得很及时**。［程度］（今年はちょうどよい時期に麦畑に水をやった。)
3. 这么多地一天**浇不完**。［可能］（こんな広い土地に1日では水をやり終えられない。)
4. 一碗水都**浇在**他**身上**了。［介詞］（お碗の水が彼の身体にかかった。)
5. 这些花已经**浇了一遍**了。［時量］（ここの花にはもう一通り水をやった。)
6. 门口的地面每天都要**浇**一次水。［時量］（玄関先に毎日1回水をまく。)

【教】jiāo

1. 今天可以把第十课**教完**。[结果]（今日は第10課を教え終えられる。）
2. 这位老师**教得很好**。[程度]（この先生は教えるのがうまい。）
3. 这本书内容很丰富，这学期**教不完**了。[可能]（この本は内容が豊富で，今学期中にはもう教え終えられない。）
4. 张老师每周**教**我们**两次**英语。[时量]（張先生は毎週2回私たちに英語を教えてくださる。）
5. 王老师教汉语已经**教**了二十多年了。[时量]（王先生は中国語をすでに二十数年教えている。）

【交代】jiāodài

1. 审判官要求罪犯把罪行都**交代出来**。[方向]（裁判官は犯人に犯罪事実を隠さずに述べるよう求めた。）
2. 注意把时间和地点**交代明白**。[结果]（時間と場所をはっきり伝えるように注意しなさい。）
3. 故事一开头就把人物、事件的经过和结果都**交代清楚**了。[结果]（物語の冒頭ですぐに人物と事件の経過と結果をはっきり説明してある。）
4. 我们的工作已经**交代完**了。[结果]（私たちの仕事はすでに引き継ぎが完了している。）
5. 领导把这次任务**交代得很清楚**。[程度]（上司は今回の任務についてはっきりと説明した。）
6. 作者运用插叙把时间、地点各不相同的几件事**交代得有条不紊**。[程度]（作者は挿入法によって時間と場所の異なるいくつかの事件を整然と描写している。）
7. 我的工作已经**交代给他**了。[介词]（私の仕事はすでに彼に引き継いでもらった。）
8. 任务很重要，领导又向我们**交代**了**一次**。[时量]（任務の重要性について，上司はもう1度私たちに説明した。）

【交流】jiāoliú

1. 经验**交流**完了就散会了。[結果]（お互いの経験について話し終えるとすぐに解散した。）
2. 召开一个会议让大家把经验**交流**一下。[時量]（1度会議を開いて皆さんにお互いの経験について語り合ってもらいましょう。）

【交涉】jiāoshè

1. 你放心吧，我会耐心地**交涉**下去的。[方向]（安心してください。私は辛抱強く交渉していきますから。）
2. **交涉**好了吗？[結果]（交渉はまとまりましたか。）
3. 不行就算了吧，我已经**交涉**得口干舌燥了。[程度]（だめならもう交渉はやめましょう。のどがカラカラです。）
4. 跟他们**交涉**了半天，才让我们把车停在他们墙外边。[時量]（彼らと長い間かけ合って，やっと車を塀の外側に停めさせてもらえた。）

【搅】jiǎo

1. 把两种粉末**搅**匀了，再加水。[結果]（2種類の粉末をむらなくかき混ぜてから，水を入れる。）

   〈注〉「匀」は「均等である」という意味で，「搅匀」は「「搅」という動作を通して，むらがなくなる」ということを表している。この語順は，出来事が発生する順序と同じであるが，日本語では「むらなくかき混ぜ」となる点に注意。

2. 这里让孩子们**搅**得乱七八糟。[程度]（ここは子供たちにめちゃくちゃにされた。）
3. 把这两个问题**搅**在一起就不好解决了。[介詞]（この2つの問題を一緒にしてしまうと解決しにくくなる。）
4. 咖啡和伴侣放在一起**搅**一下儿就可以了。[時量]（コーヒーとクリープを一緒に入れてちょっと混ぜればそれでいい。）

【叫】jiào

1. 像欧阳、司马这样的复姓，**叫**起来很顺口。[方向]（欧陽とか司馬のような複姓は，口に出してみるとリズムがいい。）

2．停了一会儿汽笛声又**叫起来**了。［方向］（停まるとすぐにまた汽笛が鳴った。）

　　〈注〉この"起来"は「（"叫"という）出来事が起こる」ということを表している。

3．年轻人被幼儿园的孩子**叫上**一声叔叔或是阿姨会很高兴。［方向］
（若者は幼稚園の子供から一言「おじさん」または「おばさん」と呼ばれるときっと喜ぶだろう。）

4．这两只鸟**叫得**真好听。［程度］（この2羽の鳥の鳴き声はすばらしい。）

5．我**叫了**半天你才听见。［時量］（やっと聞こえたのか。ぼくはずっと君のことを呼んでたんだよ。）

6．他在门外又**叫了**我一声。［時量］（彼は外でまた私を呼んだ。）

【教育】jiàoyù

1．他们把这些失足青年都**教育好**了。［結果］（彼らはこの不良少年たちをすべて更生させた。）

2．这些人**教育不过来**了。［可能］（この人たちはもう更生させられない。）

3．对新学员已经**教育了**两次。［時量］（新入生に対してすでに2回教育をおこなっている。）

【结】jiē

1．味道像刚**结出**的李子。［方向］（味はなったばかりのスモモに似ている。）

【接】jiē

1．弟弟高兴地**接过**衣服穿上了。［方向］（弟は喜んで服を受け取って身に着けた。）

2．出了机场，家长就把孩子**接过去**了。［方向］（空港を出るとすぐ，親は子供を引き取った。）

　　〈注〉この"过去"は「動作の対象が話し手から離れる」という意味である。"接过去"は「親が"接"（引き取る）という行為を通して，子供が話し手の視点から離れて行く」ということを表している。

3．这两条电线已经**接上**了。［方向］（この2本の電線はすでにつながっている。）

4．回家以后，她**接到**一个电话。［結果］（帰宅後，彼女は1本の電話を受けた。）

5．球来得太猛，他没接住。［结果］（ボールの勢いがよすぎて，彼はキャッチできなかった。）
6．他接球接得很准。［程度］（彼はボールを正確にキャッチする。）
7．他的电话怎么也接不上。［可能］（彼の電話はどうしてもつながらない。）
8．请把电话接到办公室。［介詞］（電話を事務室につないでください。）
9．我已经把客人接到家里了。［介詞］（私はお客さんを出迎えて家に連れて帰った。）
10．他又去机场接了一次外宾。［時量］（彼はまた空港に外国からのお客さんを迎えに行った。）

【揭】jiē
1．请把布幕揭开。［方向］（この幕を取ってください。）
〈注〉この"开"は「もともと存在する場所を離れる」という意味で，"揭开"は「"揭"（めくる）という動作を通して，幕が銅像などから離れる」ということを表している。
2．该把手上的膏药揭下来了。［方向］（手の絆創膏をもうはがさないと。）
3．这个水井的盖子怎么揭不开呢？［可能］（この井戸のふたはどうしてあかないんだろう。）

【接触】jiēchù
1．我和他接触过两次。［時量］（私は彼と2度ほど一緒になったことがある。）
2．我与他接触很久了，对他很了解。［時量］（私は彼と知り合ってからもう長いので，彼のことはよく理解している。）

【接待】jiēdài
1．校长接待完客人又去开会了。［结果］（校長はお客さんを接待し終わるとまた会議に戻った。）
2．对客人接待得很好。［程度］（お客さんへの対応がとてもいい。）
3．这个代表团人很多，我们两个人接待不了 liǎo。［可能］（この代表団は人が多くて，私たち2人では接待しきれない。）
4．这个月部长共接待了五次来宾。［時量］（今月部長は計5回来賓を接待した。）

【接见】jiējiàn
1．会议的代表首长已经**接见完**了。[結果]（指導者は会議の代表との接見を終えた。）
2．这个代表团国家主席**接见了**二十分钟。[時量]（国家主席はこの代表団と20分間接見した。）
3．总经理**接见了**我们**两次**。[時量]（社長は2度私たちと会ってくださった。）

【揭露】jiēlù
1．他们的阴谋在会上被**揭露出来**了。[方向]（彼らの陰謀は会議で暴露された。）
2．这篇文章把他的罪行**揭露得很彻底**。[程度]（この文章によって彼の犯罪は徹底的に暴露された。）
3．证据不足，他的罪行还**揭露不了**liǎo。[可能]（証拠不足のため，彼の犯罪をまだ暴くことができない。）

【接受】jiēshòu
1．他们非要送给我不可，我只好不好意思地**接受下来**。[方向]（彼らはどうしても私に贈ると言ってきかなかったので，きまりが悪かったが受け取るしかなかった。）
2．青年人对新事物**接受得很快**。[程度]（若者は新しい事物を受け入れるのがはやい。）
3．这样的批评她**接受不了**liǎo。[可能]（こういう批判を彼女は受け入れられない。）

【结】jié
1．盆里的水已经**结成冰**了。[結果]（ボールの水はもう凍っている。）
2．他**结完了**账就回去了。[結果]（彼は勘定を済ませると出て行った。）
3．他以前**结过一次**婚。[時量]（彼は以前1度結婚したことがある。）

【截】jié

1. 从这篇文章中**截**下一段来，抄在黑板上吧。[方向]（この文章から段落を1つ切り取って，黒板に写しなさい。）
2. 他把木头**截成**一小段一小段的，要干什么？[结果]（彼は木材を細かく切って，何をするつもりなのだろう。）
3. 快把马**截住**，别让它跑了。[结果]（はやく馬を止めろ。逃がすな。）
4. 这块木板**截得**太短了。[程度]（この板は短く切りすぎた。）
5. 这块铁板怎么也**截不断**。[可能]（この鉄板はどうやっても切断できない。）

【结合】jiéhé

1. 理论要和实践**结合起来**才有意义。[方向]（理論は実践と結び付けないと意味がない。）
2. 李老师把两种教学方法**结合得**很好。[程度]（李先生は2つの教授方法を上手に結び付けた。）
3. 要把这两个问题**结合在一起**来分析。[介词]（この2つの問題を結び付けて分析するべきだ。）

【节省】jiéshěng

1. 把生活中**节省下来**的钱都买书了。[方向]（生活で節約したお金を全部本につぎ込んだ。）
2. 他们**节省得**什么也舍不得买。[程度]（彼らは何を買うのも惜しむほど節約している。）
3. 坐火车比坐飞机也**节省不了**liǎo多少钱。[可能]（汽車は飛行機と比べてもたいした節約にならない。）

【结束】jiéshù

1. 这次研讨会**结束得**很早。[程度]（今回の研究討論会ははやく終わった。）
2. 那位钢琴大师的演奏会已经**结束**十天了，人们还在议论。[时量]（あのピアノの巨匠の演奏会が終わってすでに10日たつが，人々はまだ話題にしている。）

【解】 jiě

1. 这个结他很快就**解开**了。[方向]（この結び目を彼はすぐにほどいた。）
   〈注〉この"开"は「もともと一体であったものが分かれる」という意味で、"解开"は「"解"（ほどく）という動作を通して、結び目がほどける」ということを表している。
2. 他把栓在圣诞树上的玩具都**解下来**分给了大家。[方向]（彼はクリスマスツリーにぶら下げてあったおもちゃを全部はずして皆に分けてやった。）
3. 让两个孩子比赛，看谁扣子**解得快**。[程度]（どちらがはやくボタンをはずせるか、2人の子供に競争させてみよう。）
4. **解**了半天才把扣儿**解开**。[時量/方向]（長いことかかってやっと結び目がほどけた。）

【解答】 jiědá

1. 看来，他还要**解答下去**。[方向]（どうやら、彼はまだ解答し続けるみたいだ。）
2. 你的问题我已经**解答完**了。[結果]（あなたの質問に私はすでに答えた。）
3. 对学生的问题老师**解答得很耐心**。[程度]（学生の質問に先生は辛抱強く答えた。）
4. 这道题很难，我**解答不了**liǎo。[可能]（この問題は難しくて、私には答えられない。）
5. 大家的问题他已经**解答一次**了。[時量]（皆の質問に彼はすでに1通り答えた。）

【解放】 jiěfàng

1. 大家都希望快把人质**解放出来**。[方向]（皆人質がはやく解放されることを願っている。）
2. 这个地区**解放得很早**。[程度]（この地区ははやくに解放された。）
3. 你们只能依靠自己，谁也**解放不了**liǎo你们。[可能]（君たちは自分だけが頼りだ。誰も君たちを解放できない。）
4. 这个城市已经**解放二十年**了。[時量]（この都市は解放されてすでに20年になる。）

【解决】jiějué

1. 这场纠纷已经**解决完**了。[結果]（今回の紛争はすでに解決されている。）
2. 他把这件事**解决**得天衣无缝。[程度]（彼はこの件を完璧に解決した。）
3. **解决不了** liǎo 多少问题，但是做总比不做好。[可能]（問題のたいした解決にはならないが、やらないよりはましだ。）

【解释】jiěshì

1. 这些问题都**解释完**了。[結果]（これらの問題はすべて説明した。）
   〈注〉"解释"という動詞は結果を表さないので、「説明した」とする場合は結果補語の"完"が必要である。
2. 我已经**解释**得很清楚了。[程度]（私はすでにはっきりと説明した。）
3. 有些问题我还不太清楚，所以**解释不好**。[可能]（まだあまりはっきりしない問題がいくつかあって、うまく説明できない。）
4. 算了，别费时间了，跟他**解释不通**的。[可能]（もういい。時間の無駄だ。彼に言っても通じないよ。）
5. 他已经**解释**了一次，但大家还是不懂。[時量]（彼はすでに1度説明したが、皆まだわからないようだ。）

【借】jiè

1. 这本书**借**出去就还不回来了。[方向]（この本は貸し出されたら戻ってこなくなる。）
2. 他把那本书**借**走了。[結果]（彼はあの本を借りて行った。）
3. 我第一个去的，**借**得最早。[程度]（私が1番に行ったので、借りるのが1番はやかった。）
4. 我没有带借书证，今天**借不了** liǎo 书。[可能]（私は図書貸し出しカードを持っていなかったので、今日は本を借りられない。）
5. 他把车**借**给我了。[介詞]（彼は私に車を貸してくれた。）
6. 他从我这儿也**借**过一次钱。[時量]（彼は私からも1度お金を借りたことがある。）
7. 请你把笔记**借**我一天，明天还你。[時量]（明日お返ししますから、ノートを1日貸してください。）

【介绍】 jièshào

1. 请不要打断，让他**介绍**下去。［方向］（どうか中断しないで，彼に紹介を続けさせてください。）
2. 我已经把情况**介绍完**了。［結果］（私はすでに状況について紹介した。）
3. 他介绍经验**介绍**得很详细。［程度］（彼は心得を詳細に紹介した。）
4. 时间太少了，一小时**介绍不完**。［可能］（1時間では時間が少なすぎて，紹介しきれない。）
5. 把京剧**介绍到外国去**。［介詞］（京劇を外国に紹介する。）
6. 他把这位新朋友**介绍给我**了。［介詞］（彼はこちらの新しい友人を私に紹介してくれた。）
7. 我已经**介绍**半天了。［時量］（私はすでに長いこと紹介している。）
8. 队长将情况**介绍**了一下。［時量］（隊長は状況についてちょっと説明した。）

【尽】 jìn

1. 我们已经**尽到**责任了。［結果］（我々はもう責任を果たした。）

【进】 jìn

1. 大家都快**进来**吧！［方向］（皆さんはやく入ってきてください。）
2. 我们**进去**以后，他只说了几句话。［方向］（私たちが入ってから，彼は二言三言話しただけだ。）
3. 你到底**进得去进不去**？［可能/可能］（あなたは結局入ることができるの。）
4. 这种服装又**进**了一次货。［時量］（この種類の服が再入荷した。）

【浸】 jìn

1. 我的衣服都被**浸湿**了。［結果］（私の服はすっかり濡れてしまった。）
2. 这是什么料子啊，**浸也浸不透**。［可能］（この生地は何ですか。濡らそうとしても濡れません。）
3. 不能**浸在热水里**。［介詞］（お湯に浸してはならない。）
4. 换下来的床单都**浸**了两天了，你洗出来吧。［時量］（換えたシーツはもう2日間つけっぱなしだよ。洗ってしまいなさい。）

【进口】jìnkǒu
1. 食品今年**进口**得很多。[程度]（今年は食料品の輸入が多い。）
2. 钢铁今年仅**进口**了**一次**。[時量]（鉄鋼の輸入は今年は１度だけだった。）

【进行】jìnxíng
1. 我们的讨论还要继续**进行下去**。[方向]（私たちの討論は更に継続していくべきだ。）
2. 颁奖仪式已经**进行完**了。[結果]（授賞式はすでに終了した。）
3. 会议**进行**得很顺利。[程度]（会議は順調に進んだ。）
4. 会谈已经**进行两个小时**了。[時量]（会談はすでに２時間に及んでいる。）

【进修】jìnxiū
1. 我们两个人都**进修完**了。[結果]（我々２人はすでに研修を終えている。）
2. 去年他**进修过一次**。[時量]（去年彼は１度研修を受けた。）
3. 我已经**进修两年**了。[時量]（私はすでに２年間研修を受けている。）

【禁止】jìnzhǐ
1. 这里很复杂，许多事都**禁止不了**liǎo。[可能]（ここの状況はとても複雑で，その多くのことは禁止できない。）
2. 这个运动员因犯规曾被**禁止过一次**比赛。[時量]（この選手はルール違反により１度出場禁止になったことがある。）
3. 这个城市对燃放鞭炮已经**禁止三年**了。[時量]（この街では爆竹が禁止されてすでに３年になる。）

【经营】jīngyíng
1. 虽然存在一些问题，但公司还要继续**经营下去**。[方向]（確かに若干問題があるが，会社は今後も経営を続けなければならない。）
2. 他经验丰富，这两个公司都**经营得了**liǎo。[可能]（彼は経験が豊富だから，この２つの会社を経営することができる。）
3. 这个公司小王已经**经营两年**了。[時量]（この会社は王さんが経営してすでに２年になる。）

【警告】jǐnggào
1. 政府对这个工厂的污染已经**警告半年**了。[時量]（政府はこの工場の汚染に対してすでに半年間警告を続けている。）
2. 他被**警告过无数次**了。[時量]（彼は何度も警告を受けている。）

【竞争】jìngzhēng
1. 国际市场**竞争得很激烈**。[程度]（国際市場は競争が非常に激しい。）
2. 小的工厂**竞争不过**大的公司。[可能]（小さな工場は大きな会社にはかなわない。）

【揪】jiū
1. 他从箱子里**揪出来**一件很长时间没有穿过的衣服。[方向]（彼はずっと着ていなかった服を衣装ケースから引っ張り出した。）
2. 就照这个样儿一点儿一点儿**揪下来**，再把它弄圆。[方向]（こういうふうに少しずつちぎってから丸めます。）
3. 他刚要走，却被旁边儿的人**揪住**了。[結果]（彼が帰ろうとすると、横の人に引き止められた。）
4. 两个乘客把流氓**揪到了派出所**。[介詞]（2人の乗客が痴漢を交番まで引っ張って行った。）

【纠正】jiūzhèng
1. 老师把我语法上的错误都**纠正过来**了。[方向]（先生は私の文法上の間違いを全部正してくださった。）
   〈注〉この"过来"は「本来あるべき状態になる」という意味で、"纠正过来"は「"纠正"という行為を通して、文法が正しい文になる」ということを表している。
2. 他对工作中的错误**纠正得很及时**。[程度]（彼は仕事上の間違いをそのつど修正している。）
3. 我的水平不高，**纠正不了**liǎo他的错误。[可能]（私のレベルが低いため、彼の間違いを正せない。）
4. 过去出现过的偏差已经**纠正过一次**了。[時量]（過去のミスはすでに1度正してある。）

【救】jiù

1. 我们一定要把他从坏人手中**救出来**。[方向]（私たちは絶対に彼を悪人の手から救い出す。）
2. 他跳进水里把那个孩子**救**了**上来**。[方向]（彼は水の中に飛び込んでその子供を助けあげた。）
3. 医生把孩子从病危中**救活**了。[結果]（医者は子供を危険な状態から救った。）
4. 由于**救得很及时**，他已经**救过来**了。[程度/方向]（はやく助けられたお陰で，彼はすでに生命の危機を脱した。）

〈注〉この"过来"は「本来あるべき状態になる」という意味で，"救过来"は「"救"という行為を通して，正常な状態に戻る」ということを表している。

5. 不听劝阻，犯了大错误，谁也**救不了** liǎo 你。[可能]（制止を無視して大きな過ちを犯したのだから，誰も君を助けられない。）
6. 在过去的年月中，他曾**救**过我**三次**。[時量]（これまでに，彼は私を3回助けてくれたことがある。）

【举】jǔ

1. 同意的已经**举完**手了。[結果]（同意する人はすでに手を上げた。）
2. 他把衣服**举得高高的**，一步一步蹚过河面。[程度]（彼は服をたかだかと持ちあげ，一歩一歩川を渡った。）
3. 这么大的石头，你**举得起来举不起来**？[可能/可能]（こんなに大きな石，持ちあげられるの。）
4. 她神气地把身份证**举到眼前**给卫兵看。[介詞]（彼女は得意げに身分証を掲げて，衛兵に見せた。）
5. 那个孩子**举**了**半天**手了，你看见了吗？[時量]（手をずっと上げているあの子供が見えましたか。）
6. 他只**举**了**一次**就把杠铃**举起来**了。[時量/方向]（彼はたった1度でバーベルを持ちあげた。）

【举行】jǔxíng

1. 这次运动会已经**举行一个星期**了。[時量]（今回の体育大会は始まって

すでに１週間になる。）

【聚】jù
1．人**聚齐**了没有？**聚齐**了就出发。[结果/结果]（全員揃いましたか。揃ったらすぐ出発しましょう。）
2．很多人都有事，这个星期四我们**聚不成**了。[可能]（用事がある人が多くて，今週の木曜日私たちは集まれなくなった。）
3．我们终于又**聚在**一起了。[介词]（私たちはついに再会することができた。）
4．今年他们**聚**了好几次。[时量]（今年彼らは何度も集まった。）

【聚集】jùjí
1．听到号声，大家很快就在广场上**聚集起来**了。[方向]（号令を聞くと，皆はすぐに広場に集まった。）
2．早晨六点钟人们就**聚集在**一起了。[介词]（朝6時にはもう人々は一所に集まった。）

【拒绝】jùjué
1．对这个要求他**拒绝**得很坚决。[程度]（この要求を彼はかたくなに拒絶している。）
2．你去求他，他准**拒绝不了**liǎo。[可能]（君が頼みに行ったら，きっと彼は断れないだろう。）
3．他送的礼物领导已经**拒绝**了**两次**了。[时量]（上司は彼からの贈り物をすでに2回断っている。）

【卷】juǎn
1．请把竹帘子**卷起来**。[方向]（竹すだれを巻きあげてもらえませんか。）
2．他把这幅字画**卷好**了。[结果]（彼はこの掛け軸を巻き終わった。）
3．大风会不会把我们的房顶**卷走**啊？[结果]（強風で，うちの屋根が吹き飛ばされないかな。）
4．为了干活方便，她把袖子**卷**得很高。[程度]（仕事がしやすいように，彼女は袖を高くたくしあげた。）

【觉】 jué
1．大家忽然静了下来，他这才**觉出**自己说错话了。[方向]（皆が急にシーンとしたので，彼はようやく自分の失言に気付いた。）

【觉察】 juéchá
1．你没**觉察出**什么问题吗？[方向]（何か問題に気付きませんでしたか？）

【决定】 juédìng
1．这件事**决定得很快**。[程度]（この件は決まるのがはやかった。）
2．重大问题一个人**决定不了**liǎo。[可能]（重大な問題は1人では決められない。）
3．这个问题已经**决定很久**了。[時量]（この問題はとっくに決定している。）

K

【开】 kāi
1. 河上往来的拖船响着马达慢慢地**开过**。[方向]（川を往来するタグボートはモーター音を響かせながらゆっくりと通り過ぎて行った。）
2. 大会已经**开完**了。[結果]（大会はすでに終わった。）
3. 糟糕，末班车已经**开走**了。[結果]（しまった。終バスはもう行ってしまった。）
4. 汽车**开**得很快。[程度]（車ははやく走っている。）
5. 他的车**开**得很小心。[程度]（彼の運転は慎重だ。）
6. 钥匙不对，门**开不开**。[可能]（かぎが間違っているので，ドアがあかない。）
   〈注〉1つ目の"开"は「あける」という動作だけを表し，結果は表さない。2つ目の"开"は「もともと一体であったものが分かれる」という意味で，"开不开"は「あけようとしても，ドアをあけられない」ということを表している。
7. 十分钟水**开不了**liǎo。[可能]（10分ではお湯は沸かない。）
8. 汽车已经**开到**了门前。[介詞]（車はすでに玄関先に到着している。）
9. 哪辆车是**开往**天津的？[介詞]（天津行きのバスはどれですか。）
10. 学校的后门每天**开**八小时。[時量]（学校の裏門は毎日8時間あいている。）
11. 去年**开**了一次刀。[時量]（去年1度手術をおこなった。）

【开办】 kāibàn
1. 这里的商店**开办**得很成功。[程度]（ここの店の運営はうまくいっている。）
2. 我们的工厂已经**开办**一年多了。[時量]（私たちの工場は開業してもう1年あまりになる。）

【开动】 kāidòng
1. 引擎坏了，汽车**开动不起来**了。[可能]（エンジンが壊れて，車が動かなくなった。）
2. 机器已经**开动**半小时了。[時量]（機械はすでに30分動いている。）

【开发】 kāifā
1. 这片土地已经**开发完**了。[结果]（この土地はすでに開発が終わった。）
2. 这个地区**开发得很快**。[程度]（この地区は開発のスピードがはやい。）
3. 别人**开发不了**liǎo的资源，我们要想尽办法**开发出来**。[可能/方向]（ほかの人が開発できない資源は，私たちが何とかして開発しなければならない。）
4. 这里的矿产资源已经**开发三年**了。[时量]（ここの鉱物資源は開発が始まってすでに3年たつ。）

【开放】 kāifàng
1. 这个地区对外**开放得不够**。[程度]（この地区は対外開放が不十分だ。）
   〈注〉"对外开放得不够"は「外国企業に対する投資制限がまだ多く，開放の程度が不十分なこと」を表している。
2. 图书馆还没有修好，现在还**开放不了**liǎo。[可能]（図書館はまだ改築が完了していないので，今のところ開館できない。）
3. 展览馆每周**开放一次**。[时量]（展示場は週に1度オープンする。）

【开演】 kāiyǎn
1. 今天比平时**开演得早一点**。[程度]（今日はいつもより少しはやく開演した。）
2. 电影已经**开演半小时**了。[时量]（映画は始まってもう30分たつ。）

【开展】 kāizhǎn
1. 从那以后植树造林活动就在全国**开展起来**了。[方向]（あれ以来，植林活動は全国的に展開され始めた。）
2. 科学技术支援农村的活动**开展得很广泛**。[程度]（科学技術で農村を支援する活動は広い地域に展開されている。）
3. 这里的科研活动不知为什么**开展不起来**。[可能]（ここでは，なぜか科学研究を進めることができない。）

【砍】 kǎn
1. 他把**砍下来**的树枝捆在一起。[方向]（彼は切った木の枝を1つに束ねた。）

2．枯树枝全**砍**掉了。[結果]（枯れ枝はすべて刈った。）
3．大的树枝怎么也**砍**不断。[可能]（大きい枝はどうしても切り落とせない。）
4．他一斧子**砍**在粗粗的树干上震得手都疼了。[介詞]（彼は太い木の幹に斧を振るって，手が痛くなった。）
5．今天他**砍**柴**砍**了一天。[時量]（今日彼は1日中柴を刈っていた。）
6．老爷爷每天上山**砍**一次柴禾。[時量]（おじいさんは，毎日1回山へ柴刈りに行く。）

【看】kàn

1．朋友拿过去看了看，没**看**出什么名堂。[方向]（友人は手にとって見てみたが，特に何もすごいものは見えなかった。）
2．他的背已经驼了，**看**上去就像一只大虾米。[方向]（彼の背中はすでに曲がってしまっていて，見た目はまるでエビみたいだ。）
3．你怎么把红灯**看**成绿灯了？[結果]（なんで赤信号が青に見えたの。）
4．**看**到这个情况，他惊慌了起来。[結果]（この状況を見て彼はあわてた。）
5．我第一次**看**懂的日文是一个新年劝人不要饮酒过量的笑话。[結果]（私が初めて理解できた日本語は，お正月に酒を飲みすぎないよう注意する笑い話だった。）
6．请大家**看**好，现在我手里的这张牌是黑桃3。[結果]（皆さまご確認ください。今私が手にしているカードはスペードの3です。）
7．行家十分**看**好这个新上市的股票。[結果]（専門家はこの新しく上場した株に将来性があると見込んでいる。）
8．他是什么人，我早**看**透了。[結果]（彼が何者か私はとっくに見抜いていた。）
9．他们能**看**透这个间谍的伪装吗？[結果]（彼らはこのスパイの変装を見破ることができるだろうか。）
10．**看**完后我觉得有点儿累了。[結果]（見終わった後私は少し疲れを感じた。）
11．这个节目大家**看**得很开心。[程度]（この出し物を見て，皆は十分楽しんだ。）
12．坐在后面也**看**得很清楚。[程度]（後ろに座っていてもはっきりと見える。）
13．他看书**看**得太多了，把眼睛都**看**坏了。[程度/結果]（彼は本を読みすぎて目を悪くした。）

14. 外来语用得多了，日本人也**看不懂**。［可能］（外来語を使いすぎると，日本人が読んでもわからない。）
15. 我刚得到这幅画，看还**看不够**呢，怎么能送给人呢？［可能］（この絵は手に入れたばっかりで，まだまだ見ていたいのに，人になんかあげられないよ。）
16. 对喝醉的人不少人是**看不惯**的。［可能］（多くの人にとって酔っ払いは目障りだ。）
17. 从外面**看不见**里面。［可能］（外からは中が見えない。）
18. 心里烦，捧着本书也**看不进去**。［可能］（イライラしていると，本を手にしても頭に入らない。）
19. 别**看不起**这本破字典，我还最喜欢用它。［可能］（この辞書をぼろいとバカにするな。私にはこれが一番だ。）
20. 瘦西湖配上周围的园林和亭桥楼阁，真有**看不完**的名景。［可能］（瘦西湖に周囲の庭園，あずまや，橋，楼閣が加わると，本当に見終えることができない絶景である。）
21. 我一眼就**看得出来**，他今天不高兴。［可能］（彼が今日不機嫌であると一目でわかった。）
22. 中国话我只**看得懂**一点儿。［可能］（私は中国語が少し読めるだけだ。）
23. 这样的现象不少日本朋友也不一定**看得惯**。［可能］（このような現象は，多くの日本人も気にするかもしれない。）
24. 地球的资源已经**看得见**底了。［可能］（地球の資源はすでに底が見えてきた。）
25. 窗外**看得见**蔚蓝的天。［可能］（窓の外は紺碧の空だ。）
　〈注〉この"见"は「知覚される」という意味で，"看得见"は「"看"という動作を通して，紺碧の空を知覚することができる」，つまり「見える」ということを表している。
26. 儿子往父亲指的方向**看了**半天，说："我怎么看也**看不见**啊。"［時量/可能］（息子は父の指差した方向をしばらく見て言った。「どうしても見えません。」）
27. 这本小说我**看了**两天就**看完了**。［時量/結果］（この小説を私は2日で読み終わってしまった。）

28. 我先把里边的展览品粗粗地**看**了一遍。[时量]（まず中の展示品をざっと一通り見た。）
29. 我只**看**了一次就明白了。[时量]（私は1度見ただけですぐにわかった。）
30. 她向周围**看**了一眼，忽然觉得有一张脸有点眼熟。[时量]（彼女は周りをちらっと見ると，ふと見覚えのある顔があるのに気付いた。）

【扛】káng

1. 他一下子就把这袋东西**扛**起来了。[方向]（彼はさっとこの荷物を担ぎあげた。）
2. 货物太多了，一个人**扛**不完。[可能]（貨物が多くて，1人では運びきれない。）
3. 把行李**扛**在肩上好拿一点儿。[介词]（荷物を肩に担げば運びやすい。）

【考】kǎo

1. 两天一小考，三天一大考，这几年他就是这么**考**过来的。[方向]（2日に1度小テスト，3日に1度試験というふうに，ここ何年か彼はテストを受けてきたのだ。）
2. 他**考**进去的那个大学是个名牌大学。[方向]（彼が合格した大学は名門大学だ。）
3. 遗憾的是他去年没**考**上大学。[方向]（残念なことに彼は去年大学に受からなかった。）
4. 这次他**考**得不太理想。[程度]（今回の試験は彼にとってあまり満足できるものではなかった。）
5. 这学期汉语考试**考**得最好。[程度]（今学期の中国語のテストが1番よくできた。）
6. 明年**考**得上考不上也没把握。[可能/可能]（来年合格できるかどうかも自信がない。）
7. 他病了，明天**考**不了liǎo了。[可能]（彼は病気のため，明日のテストを受けられなくなった。）
8. 她**考**到北京上大学去了。[介词]（彼女は合格して北京の大学に行った。）

9．这次日语考试考了**两个小时**。［時量］（今回の日本語のテストは2時間かかった。）
10．我们学校每学期只**考一次**。［時量］（私たちの学校は毎学期に1度だけテストがある。）

【烤】kǎo
1．面包**烤得又香又脆**。［程度］（パンは香ばしくパリッと焼けている。）
2．时间太短，肉**烤不熟**。［可能］（時間が短すぎると，肉は中まで焼けない。）
3．这些湿衣服**烤了一个小时还没烤干**。［時量/結果］（この濡れた洋服は1時間乾かしたけれどもまだ乾かない。）
4．到屋里**烤了一会儿火**就暖和了。［時量］（部屋の中で火に当たったら，すぐに暖まった。）

【考察】kǎochá
1．这个地区已经**考察完**了。［結果］（この地区はすでに視察を終えた。）
2．代表团**考察得很深入**。［程度］（代表団は深く突っ込んだ視察をおこなった。）
3．他在中国**考察了半年**。［時量］（彼は中国で半年間調査をした。）

【考虑】kǎolǜ
1．这个办法我**考虑好**了，可以开始了。［結果］（この方法は私が十分練ったので，始めても大丈夫だ。）
2．**考虑到**队员们的健康状况，我们决定推迟登山。［結果］（隊員の健康状態を考え，登山を延期することにした。）
3．这个计划，他**考虑得很周密**。［程度］（この計画は彼が綿密に練ったものだ。）
4．老师**考虑了一会儿**就回答我了。［時量］（先生は少し考えてから答えてくださった。）

【靠】kào
1．船已经**靠近了**海岸。［結果］（船はすでに岸に近付いた。）
2．这个秘书**靠得住**，一定能办成。［可能］（この秘書は信頼できるので，きっとやりとげられるだろう。）

3．把梯子靠在墙上。［介詞］（はしごを壁に立てかける。）

【咳嗽】késou
1．昨天刚好一些，今天又**咳嗽起来**了。［方向］（昨日少しよくなったと思ったら，今日またせきが出てきた。）
2．小王**咳嗽得很厉害**。［程度］（王さんはせきがひどい。）
3．他**咳嗽了好几天**了。［時量］（彼は何日間もせきをしている。）

【可怜】kělián
1．对杀人凶手**可怜不得**。［可能］（殺人犯に同情してはいけない。）
2．只**可怜**你**这一次**，以后不准再偷东西了。［時量］（今回だけは大目に見るが，これからは2度とものを盗んではいけない。）

【刻】kè
1．这个图章**刻坏**了。［結果］（この印鑑は彫るのに失敗してしまった。）
2．这些雕刻**刻得很精致**。［程度］（これらの彫刻は精緻に彫られている。）
3．这么小的图章上**刻不了**liǎo这么多字。［可能］（こんな小さな印鑑にこんなに多くの字は彫りきれない。）
4．这块石头上的字，他**刻了一个月才刻完**。［時量／結果］（この石に彫られた字は，彼が1か月かけてやっと彫り終えたものだ。）

【克服】kèfú
1．要把坏习惯**克服掉**。［結果］（悪い習慣は克服しないといけない。）
2．任何困难都是能**克服得了**liǎo的。［可能］（どんな困難も克服することができる。）
3．这里的条件不好，请大家**克服一下**。［時量］（ここの条件はよくないですが，皆さん我慢してください。）

【客气】kèqi
1．几年不见，他现在**客气起来**了。［方向］（何年も会ってないので，彼は遠慮し出した。）

2．他很热情，**客气得不得了**liǎo。［程度］（彼はとても親切で，礼儀正しいことこの上ない。）

3．该批评的就批评，对他们**客气不得**。［可能］（批判すべきは批判し，彼らに遠慮することはない。）

4．他**客气了一下**就把礼物收下了。［時量］（彼は少し遠慮したあと贈り物を受け取った。）

【啃】 kěn

1．他终于把那个老大难的问题**啃下来了**。［方向］（彼は努力の結果ついにその難しい問題を解決した。）

2．你看，我们的狗**啃得多来劲**。［程度］（ほら，うちのイヌが夢中でかじっている。）

3．这个排骨味道不错，可惜我**啃不动**。［可能］（このスペアリブはおいしいが，残念なことにかみ切れない。）

【控制】 kòngzhì

1．政府对出口物品**控制得很严**。［程度］（政府は輸出品を厳しく制限している。）

2．这个国家对通货膨胀**控制不了**liǎo了。［可能］（この国はインフレを制御できなくなった。）

3．下半场的比赛中，球主要**控制在他们队手里**。［介詞］（後半戦では，ボールはほとんど相手チームに支配されていた。）

4．这一年我们对进口东西要**控制一下**。［時量］（この1年私たちは輸入品を制限しなければならない。）

【扣】 kòu

1．扣子**扣错了**。［結果］（ボタンをかけ違えた。）

2．她扣球**扣得很有力**。［程度］（彼女のスマッシュはとても力強い。）

3．球给得很低，主攻手**扣不了**liǎo。［可能］（トスが低すぎて，スパイカーはスパイクできなかった。）

4．把那个嫌疑犯**扣了两天**。［時量］（あの容疑者を2日間留置した。）

【哭】 kū

1. 她终于忍不住，放声哭了出来。[方向]（彼女はとうとうこらえきれずに声をあげて泣き出した。）
   〈注〉この"出来"は「結果の出現」という意味で、"哭出来"は「"哭"という行為を通して、声が出てくる」，つまり「声をあげて泣き出す」ということを表している。
2. 说着说着他又哭起来了。[方向]（話しているうちに彼はまた泣き出した。）
   〈注〉この"起来"は「（"哭"という）出来事が起こる」ということを表している。
3. 别哭坏了眼睛。[結果]（泣いてばかりいると目がはれちゃうよ。）
   〈注〉"哭坏"は「"哭"ということが原因で，目が"坏"（悪い）という状態になる」ということを表している。このような場合，日本語では「泣いて目がはれる」と言う点に注意。
4. 他哭得非常伤心。[程度]（彼はとても辛そうに泣いている。）
5. 这个孩子哭了半天了。[時量]（この子はずっと泣いている。）

【夸】 kuā

1. 妈妈夸起妹妹来就没完。[方向]（お母さんは妹をほめ出したらきりがない。）
2. 他被大家夸得脸都红了。[程度]（彼は皆にほめられて顔が真っ赤になった。）

【跨】 kuà

1. 他一步就跨进了大门。[方向]（彼はさっと正門の中に入った。）
2. 他一转身就跨在马背上了。[介詞]（彼はさっと馬にまたがった。）

【捆】 kǔn

1. 把割下来的麦子都捆起来吧。[方向]（刈った麦を束にくくってください。）
2. 请把行李捆好。[結果]（荷物をしっかりくくってください。）
3. 他用粗绳子把箱子捆得结结实实的。[程度]（彼は荒縄で箱をしっかりと縛った。）
4. 把箱子捆在车上了。[介詞]（箱を自転車の荷台にくくりつけた。）
5. 他捆了一个小时才捆完。[時量/結果]（彼は1時間かけてやっと縛り終えた。）

L

【拉】lā

1. 这里的货物都**拉**出去了。[方向]（ここの荷物はすべて運び出した。）
2. 那两个孩子打起来了，快把他们**拉**开！[方向]（けんかを始めたので、あの2人の子供をはやく引き離しなさい。）
3. 他站在外面都淋湿了，是我把他**拉**进来的。[方向]（彼は外でびしょぬれになっていたので、私が連れて入りました。）
4. 我把他**拉**来了。[方向]（彼を引っ張ってきた。）
5. 落水的孩子**拉**上来了没有？[方向]（おぼれた子供は助けあげられましたか。）
6. 又**拉**到两家广告。[結果]（また広告を2件取ってきた。）
7. 请大家**拉**好扶手！[結果]（吊革におつかまりください。）
   〈注〉この"好"は動作が「満足した状態になる」という意味で、"拉好"は"拉"（吊革を持つ）という動作をきちんとおこなう」、つまり「しっかりつかまる」ということを表している。
8. 他觉得这次谈话**拉**近了他们之间的距离。[結果]（彼は今回の話し合いで自分たちの距離が縮まったように感じた。）
9. **拉**住妈妈的衣服！[結果]（お母さんの服をつかんでいなさい。）
10. 第二车货物**拉**得很快。[程度]（2回目の貨物は迅速に運搬された。）
11. 他的手破了，**拉**不了liǎo手风琴了。[可能]（彼は手をけがして、アコーディオンを弾けなくなった。）
12. 孩子一天要**拉**两次大便。[時量]（赤ちゃんは1日2回排便する。）
13. 她每天要**拉**一个小时的小提琴。[時量]（彼女は毎日1時間バイオリンを弾いている。）

【落】là

1. 防止**落**下东西的宣传相当别出心裁，使人印象深刻。[方向]（忘れ物防止の宣伝はかなり工夫が凝らされていて印象深い。）
2. 心中只有一个念头：不能被他们**落**下。[方向]（とにかく彼らのペース

に遅れないことだけを考えた。)
　　〈注〉この"下"は「分離」という意味で、"落下"は「"落"（遅れる）という動作を通して、彼らから分離する」、つまり「彼らから遅れる」ということを表している。

【来】lái

1. 你可**来**巧了！ [結果]（ちょうどいいときに来てくれた。）
   〈注〉"巧"は「ちょうど折がいい」という意味で、「話し手にとってタイミングがよい場合」と「動作主にとってよい場合」の両方に用いられる。この文は前者の場合である。
2. 对不起，我**来**晚了。 [結果]（すみません。遅れました。）
3. 今天他**来**得很晚。 [程度]（今日彼は来るのが遅かった。）
4. 陈老师**来**得正好，太及时了。 [程度]（陳先生は本当にいいときに来た。グッドタイミングだ。）
5. 他有事今天**来**不了liǎo了。 [可能]（彼は今日用事で来られなくなった。）
6. 她特地从上海**来**到北京。 [介詞]（彼女はわざわざ上海から北京までやってきた。）
7. 学校里现在有**来**自中国的四十几个学生。 [介詞]（学校には今中国から来た学生が四十数人いる。）
8. 他到我这儿**来**过一次。 [時量]（彼は私のところに１度来たことがある。）
9. 我已经**来**了十分钟了。 [時量]（私が来てからもう10分たった。）

【拦】lán

1. 她刚要说话就叫妈妈**拦**回去了。 [方向]（彼女が話そうとしたら母に止められた。）
   〈注〉この"叫"は受身のマーカーである。"拦回去"は「母の"拦"（さえぎる）という行為の結果、伝えようと思った話が彼女のところに戻された、つまり彼女の口から出なかった」ということを表している。
2. 警察**拦**住了他。 [結果]（警官は彼を止めた。）
3. 幸亏大家**拦**得快，小偷儿才没跑掉。 [程度]（幸い、皆ですばやく行く手をさえぎったので、泥棒は逃げられなかった。）
4. 他要走，谁也**拦**不住他。 [可能]（彼が行くと言うなら、誰も彼を止めることはできない。）

【朗读】 lǎngdú

1. 今天学的课文已经**朗读完**了。[结果]（今日勉強した本文はもう朗読し終わった。）
2. 他**朗读得很标准**。[程度]（彼の朗読は正確である。）
3. 这篇文章怎么也**朗读不好**。[可能]（この文章はどうしてもうまく朗読できない。）
4. 每天我们都要**朗读半小时**。[时量]（毎日私たちは30分は朗読しなければならない。）
5. 老师给我们**朗读了一次**。[时量]（先生は私たちに1回朗読してくれた。）

【朗诵】 lǎngsòng

1. 这首诗他**朗诵完**了。[结果]（この詩を彼は朗読し終わった。）
2. 这篇文章她**朗诵得很好听**。[程度]（この文章を彼女はとても美しく朗読した。）
3. 我第一次参加朗诵会，所以**朗诵不好**。[可能]（私は朗読会に参加したのは初めてなので、うまくできない。）
4. 她以前在联欢会上**朗诵过一次**诗歌。[时量]（彼女は以前、懇親会で詩歌を朗読したことがある。）

【浪费】 làngfèi

1. 时间宝贵，千万**浪费不得**。[可能]（時間は貴重なので、断じて無駄にしてはならない。）
2. 这个月用钱**浪费了一些**。[时量]（今月はちょっと遣いすぎた。）

【捞】 lāo

1. 把水缸里的鱼**捞出来**。[方向]（水がめの中の魚をすくいあげなさい。）
2. 把锅里的面条都**捞干净**了。[结果]（鍋の中のめんをすべてすくった。）
3. 他在水里**捞了半天**，什么也没**捞到**。[时量/结果]（彼はずいぶん長い間水の中をさらったが、何も見つからなかった。）

【劳动】 láodòng
1. 我们刚**劳动完**。[结果]（ちょうど一仕事終えたばかりだ。）
2. 他腿有点儿疼，今天**劳动不了**liǎo。[可能]（彼は足が少し痛くて、今日は働けない。）
3. 我们每月要**劳动一次**。[时量]（私たちは毎月1度は力仕事をします。）

【离】 lí
1. 车已经**离开**了这里。[方向]（車はもうここを離れた。）
2. 早晨**离开**东京的时候还有太阳。[方向]（朝、東京を出たときは、まだ晴れていた。）
3. 大家朝着**离去**的汽车留恋地挥着手。[方向]（離れて行く車に、皆名残惜しそうに手を振っていた。）
4. **离近点儿**看得清楚。[结果]（近付けばはっきり見える。）
5. **离远点儿**别过来！[结果]（あっちに行って！こっちに来ないで！）
6. 对不认识的人第一次说话时，不应该**离得太近**。[程度]（初対面の人と話すときは、近付きすぎてはならない。）
7. 我一分钟也**离不开**她了。[可能]（私は1分でも彼女から離れられなくなった。）
8. 梅雨季节我们**离不开**雨伞。[可能]（梅雨の季節にはかさを手放せない。）
9. 她已经**离过两次**婚了。[时量]（彼女はすでに2度離婚している。）

【理】 lǐ
1. 要演好戏，先要**理清**人物关系，还要**理顺**人物的行动。[结果/结果]（うまく演じるには、まず登場人物の関係を正しく把握し、そしてその人物らしく振る舞わなければならない。）
2. 我的头发一会儿就**理完**。[结果]（私の髪はすぐに切り終わります。）
3. 这个师傅理发**理得很好**。[程度]（この理容師は散髪がとても上手だ。）
4. 东西给妈妈一理就**理得找不到了**。[程度+可能]（どんなものもお母さんに整理されたら見つからなくなる。）

〈注〉"理得找不到"は程度補語の形式であるが、その中に"找不到"という可能補語の形式が含まれている。しかし、意味的には「理」（整理する）という行為の結果、

逆に"找不到"という状況になる」ということを表している。）

5．妈！我桌子上的实验报告给您**理**到哪儿去啦？［介詞］（お母さん。私の机の上の実験報告をどこへやったの。）
6．刚才他**理**了一会儿账目。［時量］（さっき彼は少しだけ帳簿の整理をした。）

【理解】lǐjiě

1．他的话我们听了半天也没**理解**透彻。［結果］（彼の話はいくら聞いてもきちんと理解できない。）
2．你对这首唐诗的意思**理解**得很正确。［程度］（あなたはこの唐詩の意味を正確に理解している。）
3．这篇文章写得太深奥，我还**理解**不了liǎo。［可能］（この文章はとても奥深くて、私は理解しきれない。）
4．我对日本人的习惯开始**理解**一点了。［時量］（日本人の習慣を少しは理解できるようになってきた。）
5．请父母亲们**理解**一下年轻人的想法。［時量］（父母の皆様はどうか若者の考え方を理解してみてください。）

【立】lì

1．牌子**也立起来**了。［方向］（看板も立てられた。）
2．石碑已经**立好**了。［結果］（石碑はもう立てられた。）
3．**立正**！［結果］（気を付け。）
4．我把雨伞**立在门口**了。［介詞］（かさを玄関先に立てかけた。）

【利用】lìyòng

1．只好把能利用的物资都**利用起来**。［方向］（利用できる物資は利用するしかない。）
2．应该把资金**利用好**。［結果］（資金をうまく運用すべきだ。）
3．救济款要**利用得恰当**。［程度］（救済金は適切に利用しなければならない。）
4．我们今年还**利用**不了liǎo这些材料。［可能］（私たちは今年まだこれらの材料を生かしきれていない。）

5．这个地方我们**利用**了**很久**了。[時量]（この場所を私たちはずっと前から利用している。）

6．这些废物也可以**利用一下**。[時量]（これらのがらくたも再利用できる。）

【连】lián

1．远远看去，水和天都**连起来**了。[方向]（はるか遠くに目をやると，水面と空がつながっている。）

2．把这两根线**连好**了就完了。[結果]（この２本の線をつなげばそれで終わりだ。）

3．这两句话**连不起来**。[可能]（この２つの文はつながらない。）

4．这件事把我们俩的命运**连在一起**了。[介詞]（このことで私たち２人の運命は１つに結ばれた。）

　　〈注〉"连在一起"は「"连"（つなぐ）という動作の結果，同じ場所に存在する」という意味である。

【联合】liánhé

1．以前对立的两派现在**联合起来**了。[方向]（もともと対立していた両派が今和解した。）

2．这两派怎么也**联合不起来**。[可能]（この両派はどうしても協力できない。）

【连接】liánjiē

1．新的车站把这两条路线**连接起来**了。[方向]（新しい駅の完成によってこの２本の路線がつながった。）

2．电话线**联接好**了。[結果]（電話が開通した。）

3．路修成以后，这仓库和加工厂就可以**连接在一起**了。[介詞]（道路ができると，この倉庫と加工工場が一体となる。）

【联系】liánxì

1．上个月和他们**联系过一次**。[時量]（先月彼らと連絡を取った。）

2．我们和对方已经**联系好**了。[結果]（私たちはもう先方と連絡済みだ。）

3．他和群众**联系得很密切**。[程度]（彼は民衆と密接に連係を取っている。）

4．电话不通，和他**联系不上**。[可能]（電話がつながらないので，彼と連絡が取れない。）

〈注〉この"上"は「("联系"という目的への) 到達」という意味で，"联系不上"は「そのような目的は達成できない」，つまり「連絡が取れない」ということを表している。

5．我们喜欢某一个歌，有时是因为它和自己的某些回忆**联系在一起**。[介詞]（私たちがある歌を好きなのは，それと自分のある思い出がつながっていたりすることがあるからだ。）

【联想】 liánxiǎng

1．在华清池，人们**联想得最多**的还是唐明皇和杨贵妃的罗曼史。[程度]（華清池で，人々が最も多く連想するのは，やはり唐の玄宗皇帝と楊貴妃のロマンスだ。）

2．白色或白纸上写的大黑字往往使人**联想到不幸的事情**。[介詞]（白色，或いは白い紙に書かれた黒い字は不幸を連想させることがある。）

〈注〉この"到"は「到達」という意味で，"联想到"は「"联想"という心理動作の結果，あることに思い至る」ということを表している。"联想"という動詞は"联想到"となってはじめて目的語をとることができる。

【练】 liàn

1．爷爷练太极拳，**练出了一身大汗**。[方向]（おじいさんは太極拳の練習で全身汗だくになった。）

2．现在他**练起书法来**了。[方向]（彼は書道を練習し始めた。）

3．他刚刚**练完气功**。[結果]（彼は気功の練習を終えたばかりだ。）

4．这种武术我怎么也**练不好**。[可能]（この武術はどうしても身に付かない。）

5．他**练了一年太极拳**了。[時量]（彼は太極拳を習い始めて1年になる。）

【练习】 liànxí

1．我拼命**练习下去**。[方向]（私は必死に練習を続けた。）

2．今天合唱队有练习，**练习好了我就过去**。[結果]（今日は合唱団の練習があるので，終わったら行きます。）

3．我们**练习了无数次**，越演越好。[時量]（私たちは数え切れないほど練習

し，演技はどんどん上達した。）

【量】 liáng
1．"你看我量得对不对啊？""哟，还真量错了。" [程度/結果]（「ねえ，私，計り間違ってないかしら。」「あ，やっぱり間違ってるよ。」）
2．这个血压计坏了，量不准。[可能]（この血圧計は壊れてしまって正しく測れない。）
3．让你量腰围，你量到哪儿去了？ [介詞]（ウエストを測るよう言ったのに，どこを測ってるんですか。）
4．量了一下脉搏，竟有九十七下！ [時量]（脈を測ってみたら，なんと97もあった。）

【晾】 liàng
1．天一亮她就把衣服晾出去，到晚上再收回来。[方向]（夜が明けると，彼女は洗濯物を外に干して，夜になると取り込む。）
2．到了梅雨季节，薄的衣服都晾不干。[可能]（梅雨になると，薄い服でも乾かない。）
3．今天可能下雨，别把衣服晾在外面。[介詞]（今日は雨が降るかもしれないから，服を外に干さないように。）
4．做咸菜以前，先要把菜晾几天，晾干了再加盐。[時量/結果]（漬物を作るには，まず野菜を何日か干し，乾いたら塩を加える。）

【撩】 liāo
1．她用手轻轻地把头发撩到后面。[介詞]（彼女は手で軽く髪をうしろにかきあげた。）

【聊】 liáo
1．有时聊天能聊出一些新想法来。[方向]（時にはおしゃべりから新しい考えを思いつくこともある。）
　　〈注〉この"出来"は「結果の出現」という意味で，"聊出来"は，「"聊天"という行為を通して，新しい考えが出てくる」ということを表している。

2．他们**聊**得很投机。[程度]（彼らは話しているうちに意気投合した。）

3．昨天来了个老朋友，我们**聊到**很晚。[介詞]（昨日旧友が来たので夜遅くまで語り合った。）

4．这个留学生每天至少和中国男朋友**聊**二十分钟，所以汉语进步很快。[時量]（この留学生は毎日少なくとも20分は中国人のボーイフレンドとおしゃべりするので，中国語の進歩がとてもはやい。）

【了解】liǎojiě

1．这件事**了解下来**是这样的。[方向]（このことについて調査した結果はこうでした。）

2．这件事的经过已经**了解清楚**了。[結果]（この件の経過はすでにはっきりとわかっている。）

3．他把过去的情况**了解**得很详细。[程度]（彼は過去の状況を細かく調べた。）

4．请你**了解**一下这是怎么一回事。[時量]（これがどんなことなのか，どうか調べてください。）

【淋】lín

1．我的衣服都**淋湿**了。[結果]（私の服は雨でびっしょり濡れてしまった。）

〈注〉この文は"我的衣服都湿了"と言うこともできるが，"湿"という状態になった原因を明示するために"淋湿"としている。

2．孩子们**淋**得像落汤鸡一样还特别高兴。[程度]（子供たちは雨でずぶ濡れになったのにはしゃいでいた。）

3．穿好雨衣就**淋不着**zháo了。[可能]（レインコートをちゃんと着れば濡れずに済む。）

〈注〉"着"は自動詞や形容詞の後に付いて，「よくない状況に陥る」という意味を表すことがある。"淋不着"は「"淋"（雨がかかる）というよくない状況に陥ることはない」ということを表している。

【领】lǐng

1．老师把孩子们**领**出来在院子里玩。[方向]（先生は子供たちを庭に連れ出して遊ばせた。）

2．她再一次去派出所把老人**领**了**回来**。[方向]（彼女はまた交番に行って老人を連れて帰ってきた。）

3．需要的防灾用品都**领齐**了吗？[结果]（必要な防災グッズを全部受け取りましたか。）

<注>この"齐"は「（欠けることなく）すべて揃っている」という意味で、"领齐"は「"领"（受け取る）という行為を通して、防災グッズが全部揃う」、つまり「全部受け取る」ということを表している。

4．我**领完**了工资就回家了。[结果]（給料を受け取って家に帰った。）

5．仓库里保管的东西今天**领不出来**。[可能]（倉庫の中に保管されている品物は今日は受け取れない。）

6．服务员把客人**领到房间**。[介词]（従業員は客を部屋に案内した。）

7．这种稿纸以前**领过一次**。[时量]（この原稿用紙は以前貰ったことがある。）

【领导】 lǐngdǎo

1．由他当领导，一定会**领导得很好**。[程度]（彼が指導すれば、きっとうまくやってくれるだろう。）

2．这么大的公司，我能力差，**领导不了** liǎo。[可能]（こんなに大きな会社は、私は力不足で、指導しきれない。）

3．他**领导**这个公司已经**五年了**，成绩很大。[时量]（彼はすでに5年もこの会社を指導しており、大きな成果をあげている。）

【溜】 liū

1．我就爱看他悄悄**溜走**的场面。[结果]（私は彼がこそこそと逃げ出すシーンが好きだ。）

2．他什么时候**溜走**的？[结果]（彼はいつ抜け出したの。）

【留】 liú

1．这样的广告给人**留下**很深的印象。[方向]（このような広告は人々に深い印象を残す。）

<注>この"下"は「残存」という意味で、"留下"は「"留"という動作の結果、深い印象が残る」ということを表している。

2. 他送来的书稿都**留下**来了。[方向]（彼が送ってきた原稿は取ってある。）
3. 船上只**留下**了那个女孩儿。[方向]（ボートにはあの女の子だけが残されている。）
4. 他每天都特意给我**留下**一份报纸。[方向]（彼は毎日わざわざ私に新聞を取っておいてくれた。）
5. 才给他留十个饺子呀，**留少了**吧？[结果]（彼にギョーザ10個しか残してあげてないの。少なすぎるでしょう。）
6. 他几次想离职，我都把他**留住**了。[结果]（彼は何度も仕事を辞めようとしたが，私はそのたびに彼を引き止めた。）
7. 别把客人**留得太晚**了。[程度]（お客さんを遅くまで引き止めてはいけない。）
8. 客人要走了，怎么也**留不住**。[可能]（お客さんが帰ると言うのをどうしても引き止められない。）
9. 他把朋友**留在**那儿自己逃回家里。[介词]（彼は友達をそこに置き去りにしたまま自分は家へ逃げ帰った。）
10. 和她的相遇也像那场爽快的雨一样**留在我的心里**。[介词]（彼女との出会いはあの爽やかな雨のように私の心に残っている。）
11. 他已经**留在中国天津**工作了。[介词]（彼はすでに中国の天津に残って，働いている。）

【流】 liú

1. 她的眼泪一下子**流了出来**。[方向]（彼女の目から涙がどっと溢れ出た。）
2. 河水在这里分为两路，**流过小岛**又自然地合在一起。[方向]（川はここで二手に分かれ，中州を過ぎるとまた自然に1つになる。）

【流传】 liúchuán

1. 来源于生活的俗话会世世代代**流传下去**。[方向]（生活に由来することわざは代々受け継がれていく。）

【漏】 lòu

1. 超级市场的生鲜食品洗得干干净净；塑料包装整整齐齐，有水

也不会**漏出来**，鸡蛋也不会碰坏。[方向]（スーパーの生鮮食品はきれいに洗われており，きちんとビニール包装されていて，水気があっても漏れることはなく，卵も割れることはない。）

2．学生们睁大眼睛听着，生怕**漏掉**一个精彩的观点。[結果]（興味深いポイントを聞き漏らさないように，学生たちは目を見開いて聞き入っている。）

【露】lù

1．云隙间**露出**的晴天特别可爱。[方向]（雲の切れ間からのぞく晴れ間はとりわけいとおしい。）
2．他终于**露出**了马脚。[方向]（彼はついに馬脚をあらわした。）
3．现在流行的上衣都很短，肚脐常常**露在外面**。[介詞]（今流行している服は丈が短くて，おへそが出てしまうことがよくある。）

【旅行】lǚxíng

1．因为工作太忙，今年我们**旅行不了**liǎo了。[可能]（仕事が忙しすぎて，今年は旅行に行けなくなった。）
2．我在中国**旅行**过好几次。[時量]（私は何度も中国を旅行したことがある。）
3．今年我们**旅行**了一个多月。[時量]（今年私たちは1か月あまり旅をした。）

【轮】lún

1．人太多了，可能**轮不过来**。[可能]（人が多すぎて順番が回ってこないかもしれない。）

〈注〉この"过来"は「話し手の方に移動する」という意味で，"轮不过来"は「"轮"（順繰りにやる）という行為を通して，話し手に順番が移動できない」，つまり「順番が回ってこない」ということを表している。

2．你少说话，这儿还**轮不上**你呢。[可能]（黙りなさい，まだ君の出番じゃないのだから。）
3．**轮到**你，你就替我们买几本吧。[介詞]（君の番になったら，私たちの代わりに何冊か買って。）

【落】 luò

1. 他**落进**悲哀和失望的深渊。[方向]（彼は悲哀と失望の深い淵に落ちた。）
2. 西边儿的太阳快要**落下去**了。[方向]（西にある太陽は今にも沈もうとしている。）
3. 花瓣都**落光**了。[結果]（花びらはすべて落ちてしまった。）
4. 秋天的树叶**落得很快**。[程度]（秋の葉はすぐに落ちてしまう。）
5. 目光蓦然**落在**沙发腿前的小纸片上。[介詞]（ソファの足もとにあった紙きれがふと目についた。）
6. 权力**落在**少数派手里了。[介詞]（権力は少数派の手中に落ちた。）

M

【麻烦】máfan
1. 真对不起，为解决我的难题**麻烦**了你**一上午**。[時量]（私の難題のために午前中をつぶさせてしまって，本当に申し訳ありません。）
2. 我再**麻烦**你**一次**，帮我修改一下文章。[時量]（またご面倒をおかけしますが，ちょっと私の文章を直してください。）

【骂】mà
1. 他**骂完**了孩子又要打。[結果]（彼は子供を叱り終えると，今度は殴ろうとした。）
2. 他**骂得很厉害**。[程度]（彼ははげしく怒った。）
3. 刚才他骂人**骂得很难听**。[程度]（さっき彼は聞き苦しいことばで人をののしっていた。）
4. 因为把事情弄错了，我被领导**骂**了**半天**。[時量]（仕事でミスをして，上司にさんざん怒られた。）
5. 爸爸今天又**骂**了我**一顿**。[時量]（お父さんに今日またひどく叱られた。）
   〈注〉人称代名詞が目的語の場合，時量補語の前に置かれるのがふつうである。時量補語の"一顿"は"骂"の「程度の大きさを強調」している。

【埋】mái
1. 她脸**埋进**枕头，哭了起来。[方向]（彼女は枕に顔をうずめ，泣き出した。）
2. 他把东西**埋起来**了，我们谁都找不到。[方向]（彼はそれを埋めてしまったので，誰も見つけられない。）
3. 道路被大雪**埋住**了。[結果]（道路は雪で埋まった。）
4. 下水管道**埋得很深**。[程度]（下水道管は深く埋められている。）
5. 这些古钱在地下**埋**了**多久**了？[時量]（これらの古銭は地下に埋められてどれくらいたっていますか。）
6. 她把话**埋在心里**不肯讲出来。[介詞]（彼女はそのことを心にしまい込んで，話そうとしない。）

【买】 mǎi

1. 以前他们从香港**买回来**的东西我都觉得萧洒。[方向]（前に彼らが香港から買ってきたものはどれも洒落ているように感じられた。）

2. 他**买来**两个风筝。[方向]（彼はたこを2つ買ってきた。）

3. 那家书店离他家不远，从前每星期他至少要跑去一回，**买上**几本书。[方向]（あの本屋は彼の家からあまり遠くないので，以前は少なくとも週に1回は足を運び，本を買ったりした。）

   〈注〉「動詞+"上"+数量」という形式はきわめて口語的な表現である。"买上几本"は「"买书"という行為が"几本"に到達する」ということを表している。

4. 他还是用高价**买下**了。[方向]（彼はそれを高値で買った。）

   〈注〉この"下"は「残存」という意味で，"买下"は「"买"という行為の結果，品物が彼の手中に残る」ということを表している。

5. 打个电话问一下吧，别**买重**chóng了。[結果]（だぶって買うといけないから，電話して聞いてみたほうがいい。）

   〈注〉この"重"は"重复"（重複する）という意味で，"别买重"の"别"（〜してはいけない）は"买"ではなく，"重"にかかっている。つまり，「"买"という行為をおこなっても重複してはいけない」ということを表している。

6. 我**买惯**了便宜的茶，没想到会有那么贵的。[結果]（安いお茶を買い慣れていたので，そんなに高いのがあるとは思ってもみなかった。）

7. 我把需要的东西都**买好**了。[結果]（必要なものはすべて買い揃えた。）

8. 要买的东西太多了，**买**了一天还没**买完**。[時量/結果]（買うものが多すぎて，1日では買い終わらなかった。）

9. 这座小楼**买得**很早，价钱很便宜。[程度]（この1戸建てははやくに買ったので安かった。）

10. 时间太短了，需要的东西今天**买不完**。[可能]（時間が足りなくて，必要なものを今日中に買えない。）

11. 在那里我们想买什么就**买得到**什么。[可能]（そこでは私たちが買いたいものは何でも揃う。）

    〈注〉この"到"は「"买什么"という目的への到達」という意味で，"买得到"は「"买"という行為の目的を達成できる」，つまり「買いたい品物を手に入れられる」ということを表している。

12. 我在这个商店**买**过一次鲜花。[時量]（この店で花を買ったことがある。）

【卖】mài
1. 仓库里的货物都**卖出去**了。[方向]（倉庫の中の商品はすべて売った。）
2. 货物都**卖完**了。[結果]（商品は売り切れた。）
3. 这种型号**卖得很多**。[程度]（このモデルはたくさん売れている。）
4. 新产品质量很好，**卖得很快**。[程度]（新製品は品質がいいので，よく売れる。）
5. 这种机器太落后了，**卖不出去**了。[可能]（このタイプの機械は時代遅れなので，売れなくなった。）

【冒】mào
1. 远处**冒出**一个麦当劳的招牌。[方向]（遠くにマクドナルドの看板が現れた。）
2. 高兴的回忆、难受的回忆，都**冒出来**了。[方向]（うれしい思い出やつらい思い出が，すべて浮かんできた。）

【蒙】méng
1. 用一张纸把照片**蒙起来**。[方向]（紙で写真を覆う。）
2. 天空**蒙上**了一层薄薄的白云。[方向]（空は薄く白い雲に覆われていた。）
3. **蒙上**眼睛，再转三圈，看你还能不能打破这个西瓜。[方向]（目隠しして，3回まわって，このスイカを割ってみろ。）
4. 用手把眼睛**蒙住**。[結果]（手で目を隠せ。）
5. 风沙很大，她用纱巾把脸**蒙得严严的**。[程度]（砂ぼこりがひどいので，彼女はスカーフで顔をしっかりと覆った。）

【免】miǎn
1. 他被**免去**了校长的职务。[方向]（彼は校長を辞めさせられた。）
2. 这是铁的，所以总是**免不了**liǎo要生锈的。[可能]（これは鉄でできているから，どうしてもさびる。）

【描写】miáoxiě
1. 他把那里的风景**描写**得很美。[程度]（彼はあそこの風景を美しく描いた。）
2. 我们的水平不高，**描写不了**liǎo当时的心情。[可能]（私たちの低いレベルでは，当時の気持ちを表現できない。）
3. 我**描写**了半天才把那事发生的情景**描写**清楚。[時量/結果]（私は長い間かかってやっとあのことが起こった状況をはっきりと表現できた。）
4. 请你把当时的情景**描写**一下。[時量]（当時の状況を説明してください。）

【灭】miè
1. 大火救得及时，所以**灭得**很快。[程度]（大火事は対応が対応がはやかったのですぐに鎮火した。）
2. 火太大了，一时半时**灭不了**liǎo。[可能]（火が強すぎてちょっとやそっとでは消えない。）
3. 刚才灯**灭了一次**，现在又亮了。[時量]（さっき明かりが消えたが，今またついた。）
4. 大火已经**灭了一天**了。[時量]（鎮火して1日たった。）

【明确】míngquè
1. 他的观点慢慢地**明确起来**了。[方向]（彼の見方がだんだんはっきりしてきた。）
2. 他的职责一时还**明确不了**liǎo，需要过一段时间。[可能]（彼の職責はすぐには明確にできないので，ある程度の時間が必要だ。）
3. 请你**明确**一下我们的任务是什么。[時量]（私たちの任務が何なのかはっきりさせてください。）

【摸】mō
1. 他**摸出**笔来，在地图上画了一条线。[方向]（彼はペンを取り出して，地図に1本の線を引いた。）
2. 盲人把自己的手帕**摸出来**了。[方向]（目の不自由な人が自分のハンカチを取り出した。）

3．他在河里**摸到**了一块石头。[結果]（彼は川の中で石を１つつかんだ。）
4．他在口袋里**摸**了**半天**才**摸出**一个硬币来。[時量/方向]（彼はポケットの中をしばらく探りようやく１枚の硬貨を取り出した。）
5．用手**摸**了**一下**才知道孩子有点发烧。[時量]（手でさわってみて，はじめて子供の少し発熱していることがわかった。）

【磨】mó
1．走了一天路，脚都**磨破**了。[結果]（１日歩きつづけて，靴擦れができてしまった。）
   〈注〉"脚都磨破了"は"脚都破了"と言い換えることもできるが，"磨"（こすれる）がないと，何が原因で"破"したのかわからない。
2．他把刀**磨得又快又光**。[程度]（彼は包丁を鋭くぴかぴかにといだ。）
3．这种布怎么**磨**都**磨不破**。[可能]（この生地はどんなにこすっても破れない。）

【模仿】mófǎng
1．相声演员**模仿完**了公鸡叫又模仿母鸡叫。[結果]（漫才師は，オンドリの鳴き声をまねてから，メンドリの鳴き声をまねた。）
2．他模仿总统讲话**模仿得很像**。[程度]（彼は大統領のものまねがとても上手だ。）
3．我**模仿得了**liǎo猫的叫声，但**模仿不了**liǎo别人的讲话。[可能/可能]（私はネコの鳴き声はまねできるが，人の話し方はまねできない。）

【抹】mǒ
1．**抹上**药膏就好了。[方向]（軟膏を塗ったら治った。）
2．这行字怎么也**抹不掉**。[可能]（この行はどうしても消せない。）
3．脸上的化妆**抹**了**半天**也没有**抹掉**。[時量/結果]（顔の化粧は，どんなに拭いても落ちなかった。）

N

【拿】ná

1. 他从口袋里**拿出**一张纸条来。[方向]（彼はポケットから1枚のメモを取り出した。）
2. 把那些新买的书**拿出来**给他们看看。[方向]（あの新しく買った本を出して，彼らに見せてあげてください。）
3. 他想**拿**课本**出来**可是**拿**错了，**拿**了一本连环画**出来**。[方向/结果/方向]（彼は教科書を取り出そうとして，間違って漫画を出してしまった。）
4. 朋友**拿过去**看了看，但是没看明白。[方向]（友人は手に取って見てみたが，よくわからなかった。）
5. 东西**拿回**家之后才发现问题，应该谁负责呢？[方向]（品物を家に持ち帰って初めて問題に気付いた場合，誰が責任を負うべきか。）
6. 他**拿起**一张交通地图来看了一会儿。[方向]（彼は道路マップを取り出してしばらく見ていた。）
7. 这个大箱子，我也能**拿起来**。[方向]（この箱は大きいけれど，私だって持てる。）

　　〈注〉"能拿起来"は"拿得起来"と言うこともできる。

8. 我已经说过好几次了，要么赶快**拿去**修理，要么就丢掉它。[方向]（もう何度も言ったでしょ。修理に出すか，捨てるかしなさい。）

　　〈注〉"拿去"の直訳は「持って行く」である。ここでは「修理に出す」と訳してあるが，その日本語を中国語に訳す場合は"拿出"とはならないので要注意。

9. 冠军没**拿成**，大家都很遗憾。[结果]（優勝できなかったので，皆残念がっていた。）
10. 哥哥**拿到**两张话剧票。[结果]（兄は新劇のチケットを2枚手に入れた。）
11. 请你把这根木棍**拿住**。[结果]（この木の棒をしっかり持っていてください。）
12. 我还有些**拿不定**主意。[可能]（私はまだ少し迷っている。）
13. 谁都能办好这些事，你**拿不住**人。[可能]（誰でもこれぐらいのことはきちんとできるのだから，あなたがやらなくても誰も困らない。）

　　〈注〉"拿不住人"は「人を困らせたいが，困らせることができない」という意味の慣

14. 这件事我们都没有经验，**拿不准**。［可能］（こういうことは経験不足なので，我々には何とも言えない。）
15. 三明治坏了，我只好把三明治**拿**到外面扔掉。［介詞］（サンドイッチが傷んだので，しかたなく外に持ち出して捨てた。）
16. 这个月我**拿**了**两次**奖金。［時量］（今月私は2度賞金を貰った。）
17. 我右手可以**拿一个小时**，左手只能**拿十分钟**。［時量/時量］（右手だったら1時間持っていられるが，左手では10分しか持っていられない。）

【闹】 nào

1. 弟弟这几天又**闹起**情绪**来**了。［方向］（弟はここ数日また機嫌が悪くなっている。）
2. 他们两个人因为一件小事又**闹翻**了。［結果］（彼ら2人はほんの些細なことでまた仲違いした。）

　　〈注〉"闹翻"の"闹"は"闹矛盾"（意見が衝突する），"翻"は"翻脸"（そっぽを向く）という意味である。"闹翻"は「意見が衝突した結果，2人が口をきかないようになる」ということを表している。

3. 你们**闹完**了没有啊？　［結果］（騒いで気が済みましたか。）
4. 从吃完饭就闹，**闹到现在**，**闹够**了吧！　［介詞/結果］（食事が済んでからずっと騒いでもう十分でしょう。）
5. **闹了半天**才把问题弄清楚。［時量］（長いことかかってやっと問題をはっきりさせることができた。）
6. 上星期我**闹了一次**肚子。［時量］（先週私はお腹を壊した。）
7. 小王因不了解情况又**闹了一次**笑话。［時量］（王さんは状況がわかっていなかったせいでまた失敗した。）

　　〈注〉"又闹了一次笑话"の直訳は「また1回笑いものになった」であるが，「また失敗した」としたほうが自然である。

【念】 niàn

1. 要把感情**念出来**。［方向］（感情が伝わるように読まなければならない。）
2. 让他把这篇文章**念完**了再说。［結果］（彼がこの文章を読み終わるのを待

ちましょう。)
3．这首诗他**念**得不错。[程度]（彼はこの詩を上手に読んだ。)
4．他激动得**念**不下去了。[可能]（彼は感激のあまり読み続けられなくなった。)
5．课文我**念**了一次就都会了。[時量]（本文を1度読んだだけで全部覚えた。)
6．我只**念**了一年大学就工作了。[時量]（私はたった1年大学に通っただけで仕事についた。)

【捏】 niē
1．**捏**住那只铅笔，别放开。[結果]（その鉛筆をしっかりと持って離さないで。)
2．老师傅**捏**泥人**捏**得很漂亮。[程度]（ベテランの職人が作った泥人形はとてもきれいだ。)
3．我的命运还**捏**在人家手里呢。[介詞]（私の運命は他人に握られている。)
4．这个饺子皮太厚了，**捏**了半天也**捏**不上。[時量/可能]（このギョーザの皮は厚すぎて、どうやってもくっつかない。)
  〈注〉この"上"は「付着」という意味で、"捏了半天也捏不上"は「長い間ギョーザの皮の片側をもう片側に指でつまんでくっつけようとしたが、どうやってもくっつかない」ということを表している。
5．他轻轻**捏**了一下孩子的小脸。[時量]（彼は子供のほっぺたをちょこっとつねった。)

【拧】 nǐng
1．把那个螺丝**拧**紧。[結果]（あのネジをしっかり締めなさい。)
2．别把瓶子盖儿**拧**得太紧了。[程度]（びんのふたをあまりきつく閉めないで。)
3．门上的锁**拧**不开了。[可能]（ドアのカギがあかなくなった。)

【扭】 niǔ
1．躲开，别在我前边儿**扭**来**扭**去的。[方向]（あっち行って。目の前でくねくねしないで。)
2．他扭秧歌**扭**得一点儿也不好看。[程度]（彼のヤンコ踊りはぜんぜん格好よくない。)

3．跳舞时不小心把腰扭了一下，现在疼极了。[時量]（ダンスしていたとき不注意で腰をひねってしまい，痛くてしょうがない。）

【弄】 nòng

1．还要避免不小心说了不该说的话弄出麻烦。[方向]（またうっかりいらないことをしゃべって，面倒を起こしたりしないように。）
2．事情总要弄出一个结果才好。[方向]（どんなことでも，何か結果を出さなければならないものだ。）
3．后面弄短一点儿，可以吗？[結果]（後ろをもうちょっと切ってもいいですか。）
4．你既没弄坏商品又没做错过什么事，不用害怕。[結果]（あなたは商品を壊してもいないし，ミスを犯したわけでもないので，恐れる必要はありません。）
   〈注〉中国語の"坏"は自動詞なので，目的語をとるためには，"弄坏"のように「動詞＋坏」という他動詞の形式にしなければならない。"弄"は代動詞で，「どのような動作が原因で壊れたかはっきり言いたくない場合」，または「どの動詞を用いたらいいかわからない場合」に用いられる。
5．要把两国语言的汉字所表达的意思分别弄清楚。[結果]（両国語における漢字の意味をはっきりさせなければならない。）
6．吃饭时东张西望，会把饭弄洒的。[結果]（よそ見をしながら食べるとこぼすよ。）
7．衣服都弄皱了，真难看。[結果]（服が皆しわだらけになっていて，格好悪い。）
8．为这样的事情，还可能弄得邻里不和。[程度]（このようなことで，近所付き合いがうまくいかなくなることもある。）
9．这件事被他弄得一塌糊涂。[程度]（このことは彼のせいでめちゃめちゃになった。）
10．这活儿我一个人弄不完，请你帮忙一下吧。[可能]（この仕事は私1人では終わらないので，手伝ってもらえませんか。）
11．我又弄了一次，这机器还是没修好。[時量]（もう1度いじってみたが，この機械はやっぱり直らない。）

12. 整整弄了一天才把事情弄完。[時量/結果]（まる１日かかってやっとそのことを片付けた。）

【挪】 nuó

1. 把你的东西挪开。[方向]（あなたのものをどかしてください。）
2. 咱们把它挪开扫扫下边儿吧。[方向]（ちょっとそれを動かして下を掃除しましょう。）
3. 这个东西我怎么也挪不动。[可能]（これはどうしてもどかすことができない。）
4. 他把椅子上的东西挪到桌子上，让朋友坐下。[介詞]（彼はいすの上のものを机に置いて，友達を座らせた。）

P

【趴】pā
1. 快趴下，子弹飞过来了。[方向]（はやく伏せろ。弾が飛んできたぞ。）
2. 你趴好了，别动，我给你按摩。[结果]（うつ伏せになって，じっとしてて。マッサージをしてあげよう。）
3. 我吃得太饱了，趴不下去。[可能]（食べすぎて，うつ伏せになれない。）
4. 他们趴在沙滩上晒太阳。[介词]（彼らは砂浜にうつ伏せになって日光浴をしている。）
5. 我肚子疼，想在床上趴一下。[时量]（お腹が痛いので，ちょっとベッドでうつ伏せになりたい。）

【爬】pá
1. 快躲开，蛇爬过来了。[方向]（はやく逃げろ。蛇が来たぞ。）
2. 墙上爬满了爬山虎。[结果]（壁はツタでいっぱいだ。）
3. 乌龟爬得真慢。[程度]（カメははうのが本当に遅い。）
4. 他摔得很厉害，一下子都爬不起来了。[可能]（彼ははでに転んで，すぐには起きあがれなかった。）
5. 这么高的树，我爬不上去。[可能]（こんなに高い木には，私は登れない。）
6. 今年春天我爬了一次泰山。[时量]（今年の春に私は泰山に登った。）
7. 这山很高，我们爬了一天也没有爬到山顶。[时量／介词]（この山は高くて，1日かけても山頂にたどり着けなかった。）

【拍】pāi
1. 这架相机拍出来的照片都很漂亮。[方向]（このカメラで撮った写真はどれもきれいだ。）
2. 他一下就把蚊子拍死了。[结果]（彼は1発で力をしとめた。）
3. 这部电视剧拍得很好。[程度]（このテレビドラマはよくできている。）
4. 这部电影拍了两年。[时量]（この映画は撮影に2年かかった。）

【排】 pái

1. 屋里的水都**排**出去了。[方向]（部屋の中の水は全部汲み出した。）
2. 请大家**排**好队，按顺序上车。[結果]（皆さん整列して，順序よくご乗車ください。）
3. 队伍**排**得很整齐。[程度]（隊列は整然と並んでいる。）
4. 还缺两个人，节目**排**不了liǎo。[可能]（まだ2人欠けていて，出し物の稽古ができない。）
5. 你比我高，应**排**在我后边。[介詞]（あなたは私より背が高いので，私の後ろに並ぶべきだ。）
6. 我**排**了半天队，才买到足球票。[時量]（私は長いこと並んで，やっとサッカーのチケットを買うことができた。）

【排斥】 páichì

1. 我就是被我们经理**排斥**出来的。[方向]（私はうちの社長に締め出されたのだ。）
2. 凡是不赞成他的人都被他**排斥**走了。[結果]（彼に反対だった人はほとんど皆排斥された。）

【派】 pài

1. 他被**派**出去学习了。[方向]（彼は研修に派遣された。）
2. 多派两个人去，**派**少了不好办事。[結果]（2, 3人多く行かせましょう。少ないとやりにくいですから。）
3. 中文系已经**派**不出人去参加体育比赛了。[可能]（中文科はもうスポーツ大会に人を出すことができなくなった。）
4. 这次还**派**不到你。[可能]（今回はまだ君を行かせるまでもない。）
   〈注〉この"到"は「到達」という意味で，"派不到"は「"派"（派遣する）という行為をおこなっても，君まで順番が至らない」，つまり「派遣の順番が回ってこない」ということを表している。
5. 他被**派**到国外去了。[介詞]（彼は国外に派遣された。）
6. 医疗队已经**派**往西藏了。[介詞]（医療隊はすでにチベットに向けて派遣された。）

【攀】 pān

1. 说着说着他跟我攀起亲来了。[方向]（話していくうちに彼は私の親戚だと言い出した。）

   〈注〉"攀"はもともと「高いところによじ登る」という意味だが，"攀＋亲"は「自分より身分の高い相手と親戚関係にあると述べて，その人に取り入ろうとする」という意味になる。

2. 他攀山崖攀得特别快。[程度]（彼は崖を登るのが特にはやい。）

3. 人家爸爸是省长，咱们可攀不起这门亲。[可能]（あの人のお父さんは省長だから，うちには釣り合わないよ。）

   〈注〉この"攀＋亲"は「自分より身分の高い相手と結婚する」という意味である。この"不起"は「相手より格下なので実現できない」という意味で，"攀不起这门亲"は「自分の家は先方よりも身分が低くて結婚できない」ということを表している。

【攀登】 pāndēng

1. 年轻人攀登得很快。[程度]（若い人は登るのがはやい。）
2. 这座山很高，我攀登不上去。[可能]（この山は高いので，私には登れない。）
3. 珠穆朗玛峰不是谁都能攀登得了liǎo的。[可能]（チョモランマは誰でも登れる山ではない。）
4. 他一口气就攀登到了山顶。[介詞]（彼は一気に山頂までよじ登った。）
5. 我们整整攀登了一天才到山顶。[時量]（私たちはまるまる1日かかってやっと山頂に着いた。）

【盘】 pán

1. 天太热，把头发盘起来吧。[方向]（暑いから髪をアップにしたら。）
2. 今天的帐我都盘清了。[結果]（今日の帳簿のチェックはすべて終わった。）
3. 他盘货盘得很仔细。[程度]（彼は綿密に棚おろしをする。）
4. 货太多，一天盘不完。[可能]（商品が多すぎて，1日ではチェックできない。）

【盼】 pàn

1. 好容易盼来了星期日，却下起了大雨。[方向]（待ちに待った日曜日がやっと来たのに，大雨が降り出した。）

2．他终于**盼到**了团聚的这一天。[结果]（彼が待ちに待った団欒の日がとうとうやって来た。）

3．女儿已经十年没从美国回来过了，她盼女儿**盼得好苦**。[程度]（娘がアメリカに行ってすでに10年，彼女は首を長くして娘を待っている。）

4．孩子**盼了一个多月**，终于把爸爸盼回来了。[時量/方向]（1か月以上待ち焦がれていた子供のところに，やっと父親が帰ってきた。）

【判断】 pànduàn

1．你能根据脚印**判断出**小偷的年龄吗？[方向]（あなたは足跡から泥棒の年齢を判断できますか。）

2．这个问题你**判断错**了。[结果]（この問題はあなたが判断を誤ったのだ。）

3．他**判断得很对**，这确实是明代的瓷器。[程度]（彼の判断は正しい。これは確かに明代の磁器である。）

4．我现在还**判断不出**这是哪个年代的文物。[可能]（私は今のところこれがいつの年代の文物なのか判断できない。）

【抛】 pāo

1．把飞盘**抛过来**。[方向]（フリスビーをこっちに投げて。）

2．请不要把我们**抛开**不管。[方向]（私たちを放っておかないでください。）

3．我们应该把旧的观念**抛掉**。[结果]（我々は古い考え方を捨てるべきだ。）

4．球**抛得太高**了。[程度]（ボールを高く投げすぎた。）

5．他想离婚，但又**抛不下**孩子。[可能]（彼は離婚したいが，子供を放り出すこともできない。）

6．你别光把球**抛给**他，往我这儿**抛一次**。[介詞/時量]（ボールを彼にばかり投げないで，私のところにも投げてください。）

7．把一切不愉快的事都**抛在脑后**，不要管它。[介詞]（不愉快なことはすべて忘れてしまいなさい。）

【跑】 pǎo

1．为了调动的事他整天跑人事科，还没**跑出**结果来。[方向]（転勤のことで彼は毎日人事課に通っているが，まだ結果が出ない。）

〈注〉この"出来"は「結果の出現」という意味で，"跑出来"は「"跑"という行為を通して，その成果が出てくる」ということを表している。

2．小猫从家里**跑出去**了。［方向］（子ネコが家から逃げた。）
3．小狗从高处一口气**跑了下来**。［方向］（子イヌが高いところから一気に駆け下りてきた。）
4．他三步两步朝食堂**跑去**。［方向］（彼は急ぎ足で食堂に向かって走って行った。）
5．从前在大学执教时他每星期至少要**跑去一回**。［方向＋時量］（以前大学で教えていたとき彼は少なくとも週1回は行った。）
6．他只用十分钟就**跑完了**全程。［結果］（彼はたった10分で全コースを走り終えた。）
7．马**跑**得很快。［程度］（ウマは駆けるのがはやい。）
8．孙悟空本事再大，也**跑不出**如来佛的手心。［可能］（孫悟空がどんなにすぐれた腕を持っていようと，如来様の掌からは逃げられない。）
9．弟弟急急忙忙地**跑到**小狗那儿去。［介詞］（弟はあわてて子イヌのところに走って行った。）
10．他一直**跑在**队伍的最前列。［介詞］（彼はずっと隊列の先頭を走っている。）
11．他每天早上都围着操场**跑两圈**。［時量］（彼は毎朝グラウンドの周りを2周走る。）

【泡】pào

1．**泡进去**，一开始有一种不大舒服的感觉。［方向］（湯船につかっても，最初はあまり心地よくなかった。）
2．他洗了半天衣服，手都**泡红**了。［結果］（彼は長い間洗濯していたので，手が真っ赤になってしまった。）
3．面条已经**泡**得很软了，老奶奶可以吃了。［程度］（麺はふやけてだいぶ柔らかくなったから，おばあちゃんに食べさせてもいい。）
4．水太凉，粉条**泡不开**。［可能］（水が冷たすぎて，春雨が戻らない。）
5．我刚才把它**泡在**水里了。［介詞］（さっきそれを水に漬けておきました。）
6．这茶已经**泡了一天一夜**了，不能喝了。［時量］（これは1日たったお茶なので，もう飲めない。）

【陪】péi
1. 你可以再陪我一次吗？［時量］（もう1度私に付いてきてもらえますか。）
2. 我有点儿害怕，请你再陪我一会儿吧。［時量］（ちょっと怖いので，もうちょっと一緒にいてくれませんか。）

【赔】péi
1. 照你这样做买卖，还不把老本都赔进去？［方向］（あなたのような商売をしていると，元手さえもなくしてしまうのではないか。）
2. 他第一次做买卖，赔惨了。［結果］（彼は初めて商売をして，ひどい損をした。）
3. 这次卖服装赔得太多了。［程度］（今回は衣料品の販売で大損した。）
4. 要是把人家的车弄坏了，你赔得起吗？［可能］（人の車を壊してしまったら，弁償できますか。）

【赔偿】péicháng
1. 该我赔偿的，我都赔偿完了。［結果］（私が弁償すべきものはすべて弁償した。）
2. 你这是无理要求，我们赔偿不了liǎo。［可能］（それは理不尽な要求なので，私たちは弁償できない。）
3. 我们已经赔偿他一次了，他还不干。［時量］（私たちはすでに彼に弁償したが，彼はまだ納得しない。）

【培养】péiyǎng
1. 北京电影学院培养出了像陈凯歌、张艺谋那样的著名导演。［方向］（北京電影学院は陳凱歌や張芸謀のような有名な監督を世に送り出した。）
2. 爸爸一心想把孩子培养成音乐家。［結果］（父は子供を音楽家に育てたいと一心に思っている。）
3. 他把孩子培养得很出色。［程度］（彼は子供をすばらしい人間に育てあげた。）
4. 我们这儿的条件不好，培养不了liǎo他，还是去专门学校吧。［可能］（私たちのところは条件が悪いので彼を育てられない。やはり専門学校に行かせなさい。）

5．这孩子好好**培养**一下肯定是个人才。［時量］（この子はうまく育てればきっと優れた人物になる。）

【培育】péiyù

1．最近他们**培育出**一种黄瓜新品种。［方向］（最近彼らは新種のキュウリを開発した。）
2．这片树苗都是他**培育起来的**。［方向］（ここの苗はすべて彼が育てあげたものだ。）
　〈注〉この"起来"は「小さいものが大きくなる」という意味で，"培育起来"は「"培育"という行為を通して，苗が大きくなる」ということを表している。
3．这些棉花**培育得**不错。［程度］（この綿花は上手に育てられている。）
4．我们高寒地区**培育不了**liǎo这类品种。［可能］（私たちの住んでいる高地寒冷地帯ではこの種の作物は栽培できない。）
5．这种树我们**培育过**好几次，但成活率都很低。［時量］（この木は何度も育てようとしたことがあるが，成育率が低かった。）

【配】pèi

1．这条项链**配上**这件衣服很协调。［方向］（このネックレスはこの洋服によく似合う。）
2．钥匙**配好了**，你试试行不行。［結果］（合鍵ができあがりましたから，試してみてください。）
3．衣服上的扣子**配得**特别好看。［程度］（服のボタンがとてもよくマッチしている。）
4．这两个人根本**配不到**一块儿。［可能］（この２人はぜんぜん釣り合わない。）
5．我觉得她的男朋友**配不上**她。［可能］（彼女の恋人は彼女には釣り合わないと思う。）
6．这两种颜色**配在**一起很好看。［介詞］（この２種類の色は組み合わせるときれいだ。）

【配合】pèihé

1．我们应该继续**配合下去**，把工作作好。［方向］（私たちは今後も力を合

2．这个工作你们俩一定要**配合**好。[结果]（この仕事はあなた方2人が力を合わせないといけない。）

3．他们双方**配合**得很默契。[程度]（彼ら2人は息が合っている。）

【喷】pēn

1．他笑得差点儿把饭**喷**出来。[方向]（彼は笑って、ご飯を吹き出しそうになった。）

2．他浇花时不小心把鞋都**喷**湿了。[结果]（彼は花に水をやっていたとき、うっかり靴まで濡らしてしまった。）

3．农药不要**喷**得太多了。[程度]（農薬はあまりたくさん吹きかけないでください。）

4．**喷**壶坏了，水**喷**不出来了。[可能]（じょうろが壊れてしまって、水が出てこなくなった。）

5．她喜欢把香水**喷**在衣服上。[介词]（彼女はよく香水を洋服に吹きかける。）

6．这块地已经**喷**了一遍农药了。[时量]（この土地にはすでに一通り農薬をまいた。）

【膨胀】péngzhàng

1．他对钱的欲望**膨胀**起来了。[方向]（彼はお金に対する欲望が膨れあがってきた。）

【捧】pěng

1．其实他没什么能力，他当领导是被人**捧**上去的。[方向]（実は彼が有能なわけではない。彼が役員になったのは、人に担ぎあげられたからだ。）

2．把花生**捧**好，别掉了。[结果]（落花生を両手で持って、落とさないように。）

3．你们把他**捧**得太高了，其实他没有那么好。[程度]（あなたたちは彼のことをおだてすぎだ。実際彼はそんなによくない。）

4．我**捧**不了liǎo那么多东西。[可能]（両手でそんなにたくさん持ちきれない。）

5．奶奶特别疼爱孙子，真是**捧**在手上怕掉了，含在嘴里怕化了。[介词]（おばあちゃんは孫を目に入れても痛くないほどかわいがっている。）

6. 他这个人就是爱听奉承话，你**捧**他一下就行了。[時量]（あいつはお世辞を言われるのが好きだから，ちょっと持ちあげてやればいい。）

【碰】 pèng

1. 不巧**碰**上了liǎo周末，耽误了一两天，所以打开后发现已经不能吃了。[方向]（あいにく週末にぶつかってしまい，1，2日そのままにしておいたので，開けてみたらすでに食べられなくなっていた。）
2. 我搬椅子时**碰**下来一块墙皮。[方向]（私はいすを運ぶときぶつけて壁をちょっと削り落としてしまった。）
3. 初到外国，**碰**到陌生的风俗习惯，总会感到有些格格不入。[結果]（始めて外国に行って，知らない風俗習慣に触れると，違和感を覚えるものだ。）
4. **碰**到有学生叫他，他总不知道怎么做才好。[結果]（学生に声をかけられると，彼はいつもどうしたらいいかわからないようだ。）
5. 你得跟他好好说，**碰**僵了更不好办。[結果]（彼によく言い聞かせてください。行き詰まってしまうともっとやりにくくなりますから。）
6. 他不小心把暖瓶**碰**破了。[結果]（彼はうっかりポットを落として割ってしまった。）
7. 小心，别把汤**碰**洒了。[結果]（気を付けて。ぶつけてスープをこぼさないように。）
8. 这样的事你也干？你不怕**碰**脏了你的手？[結果]（君はこんなことまでやるのか。手が汚れてもいいの。）
9. 忽然她回头向我看过来，我和她的视线**碰**到了一起。[介詞]（突然彼女が振り返って私を見たとき，私たちは目が合った。）
10. 他低着头走路，不小心**碰**在电线杆上了。[介詞]（彼はうつむいて歩いていて，うっかり電信柱にぶつかってしまった。）
11. 他用胳膊**碰**了我一下，把我**碰**得很疼。[時量/程度]（彼がひじを私にぶつけてきたので，すごく痛かった。）

【批】 pī

1. 他调动工作的申请已经**批**下来了。[方向]（彼の異動願いがもう認められた。）

2．老师刚**批完**小明，他还在生气呢。[結果]（明ちゃんは先生に叱られたばかりで，今はまだ機嫌が悪い。）

3．现在出入国签证**批得很快**。[程度]（今は出入国ビザが下りるのがはやい。）

4．你出入国进修的申请可能**批不下来**。[可能]（あなたの海外研修の申請はおそらく却下されるだろう。）

5．他无故缺勤，被老师狠狠**批了一顿**。[時量]（彼は無断欠席したため，先生にひどく叱られた。）

【披】pī

1．外边冷，你**披上**大衣再出去。[方向]（外は寒いから，コートをはおって出かけなさい。）

2．你把衣服**披好**，不然就掉下来了。[結果]（服をちゃんとはおらないと，ずり落ちるよ。）

3．你的披肩**披得太低了**，再往上披一披。[程度]（ストールが下がりすぎているから，もう少し上にかけたら。）

4．干活时总得活动，大衣**披不住**。[可能]（力仕事のときはいつも動いていなければならないから，コートははおれない。）

5．她那长长的黑发柔顺地**披在肩上**，漂亮极了。[介詞]（彼女の長い髪は柔らかく肩にかかっていて，とてもきれいだ。）

6．如果冷，先**披一下**我的大衣。[時量]（寒かったら，とりあえず私のコートをはおったら。）

【批判】pīpàn

1．看样子对这篇文章还要继续**批判下去**。[方向]（この様子だと，この文章に対する批判は続くだろう。）

2．一定要调查清楚，不要**批判错**了。[結果]（調査してはっきりさせる必要がある。間違った批判をしてはならない。）

3．对这种错误，大家**批判得很好**。[程度]（こういう間違いに対して，皆さんよく指摘してくださいました。）

4．由于大家认识不统一，**批判不下去**了。[可能]（皆の認識が一致していないので，批判を続けられなくなった。）

5．他在文革中被**批判**过一阵。［時量］（彼は文革中一時期批判されたことがある。）

【批评】 pīpíng
1．他**批评**起人来没完没了。［方向］（彼は人の文句を言い出すときりがない。）
2．昨天老师把他**批评**哭了。［結果］（昨日先生は彼を叱って泣かせた。）
3．经理批评小王**批评**得很厉害。［程度］（社長は王さんをひどく叱った。）
4．**批评**得没有道理，我就不服。［程度］（批判に筋が通っていないので、私は納得しない。）
5．老师**批评**他半天，他根本没听进去。［時量］（先生は長々と彼を叱ったが、彼はまったく聞いていない。）

【骗】 piàn
1．你的钱是从别人那儿**骗**来的吧？［方向］（そのお金は誰かから騙し取ってきたものだろう。）
2．他想**骗**我，被我识破了，没**骗**成。［結果］（彼は私を騙そうとしたが、ばれたので、騙せなかった。）
3．昨天我被他**骗**走了100块钱。［結果］（昨日私は彼に100元騙し取られた。）
4．他听信了街头小贩的话，被**骗**得很惨。［程度］（彼は行商人の言うことを信じて、ひどい目にあった。）
5．我被她**骗**了好多年。［時量］（私は彼女に何年も騙されていた。）
6．我被**骗**过一次，以后就提高警惕了。［時量］（私は騙されたことがあるので、それ以来警戒心が強くなった。）

【漂】 piāo
1．有一天，从上游**漂**下来一个大桃子。［方向］（ある日、川上から大きなモモが流れてきた。）
2．小纸船在河面上慢慢地**漂**远了。［結果］（小さな紙の船はゆっくりと川を漂って行った。）
3．小女孩儿不见了，只有她刚才玩儿的红气球**漂在水面上**。［介詞］（少女の姿が見えなくなり、彼女が遊んでいた赤い風船が水面に浮かんでいるだけ

だ。)

【飘】 piāo

1. 天空**飘起**了小雪花。[方向]（空に雪花がひらひらと舞い始めた。）
2. 一阵风吹过，几片树叶从树上**飘了下来**。[方向]（一陣の風が吹き，木の葉が何枚か，ひらひらと舞い落ちてきた。）
3. 气球在空中**飘得很高**。[程度]（風船は空高く漂っている。）
4. 没有风，旗子**飘不起来**。[可能]（風がないので，旗がはためかない。）
5. 朵朵白云**飘在空中**。[介詞]（1片の白雲が空を漂っている。）
6. 树叶在空中**飘了一会儿**就落下来了。[時量]（木の葉が空中をちょっと漂ってから落ちてきた。）

【拼】 pīn

1. 七巧板可以**拼出**多少种图案来？[方向]（タングラムは何種類の図柄を作れますか。）

    〈注〉"七巧板"は正方形の板を7つの異なる形に切り分けたパズル。この"出来"は「結果の出現」という意味で，「拼」（つなぎ合わせる）という行為を通して，いろいろな図柄が出てくる」ということを表している。

2. 把小木条**拼起来**就可以作一个桌面。[方向]（細い木を組み合わせればテーブルの天板を作ることができる。）
3. 他用碎布**拼成**了一个椅垫。[結果]（彼は布切れをつなぎ合わせて座布団を作った。）
4. 这个图案**拼得真漂亮**。[程度]（この図案はきれいにつなぎ合わせている。）
5. 这个拼图我**拼了半天也拼不好**。[時量/可能]（このパズルは長い時間かけたが完成できなかった。）

【泼】 pō

1. 说出去的话，**泼出去**的水，是收不回来的。[方向]（発したことば，まいた水は，もとに戻せないものだ。）
2. 他把水**泼得很远**。[程度]（彼は水を遠くまでまいた。）
3. 请不要把水**泼在马路上**。[介詞]（水を大通りにまかないでください。）

【破】pò

1. 把西瓜**破**开才发现是生的。［方向］（スイカを割ってから熟していないとわかった。）
2. 能不能帮我把这张大票子**破**成零钱？［结果］（すみませんがこのお札を小銭に両替してもらえませんか。）
3. 这件衣服**破**得太厉害了，别穿了。［程度］（この服はもうぼろぼろだから，着るのはやめなさい。）
4. 这个案子到底**破**得了liǎo**破**不了liǎo啊？［可能/可能］（この案件は結局解決できるだろうか。）

【破坏】pòhuài

1. 这次地震房屋**破坏**得很厉害。［程度］（今回の地震は家屋の被害がひどかった。）
2. 工地上有人日夜巡逻，坏人想破坏也**破坏不了**liǎo。［可能］（工事現場は昼夜巡回しているので，悪いことをしようとしても無理だ。）

【扑】pū

1. 孩子见到妈妈，一下子就**扑**了过去。［方向］（子供はお母さんを見ると，さっと飛び付いた。）
2. 消防队员把火**扑**灭了。［结果］（消防隊は火を消し止めた。）
3. 她脸上的粉**扑**得很匀。［程度］（彼女は顔にムラなく白粉を付けた。）
4. 不找到水源，这火就**扑**不灭。［可能］（水源を見つけないと，火を消し止められない。）
5. 孩子高兴地**扑**到母亲的怀里。［介詞］（子供は嬉しそうに母親のふところに飛び込んだ。）

【铺】pū

1. 你的褥子太薄，再**铺**上一条毛毯吧。［方向］（あなたの敷布団は薄すぎるので，もう1枚毛布を敷いたほうがいい。）
2. 把床单**铺**平。［结果］（シーツをきれいに敷きなさい。）

3．在服务员铺床单比赛中，王小姐**铺得最快、最好**。[程度]（従業員のベッドメイキングコンテストで，王さんが1番はやくきれいだった。）

4．这条路到年底恐怕也**铺不完**。[可能]（この道路はおそらく年末になっても完成しないだろう。）

5．先把台布**铺在桌子上**。[介詞]（まず机にテーブルクロスをかけて。）

6．这条路已经**铺了半年了**，还没**铺完**。[時量/結果]（この道路はもう半年工事しているのに，まだ完成しない。）

【普及】pǔjí

1．电脑课已经在城市的中小学**普及起来**。[方向]（パソコンの授業はすでに都市部の小中学校で普及し始めている。）

2．科学种田的知识**普及得非常快**。[程度]（科学農業の知識は普及するのがはやかった。）

3．电化教学在一些农村还**普及不了**liǎo。[可能]（視聴覚教育は一部の農村ではまだ普及できない。）

4．义务教育已经**普及到全国各地**。[介詞]（義務教育はすでに全国各地に普及している。）

5．私人电话在我们这儿已经**普及很久**了。[時量]（個人電話は私たちのところではもうずいぶん前から普及している。）

Q

【欺负】qīfu

1. 他**欺负**起小同学来，手段可多了。[方向]（彼は，ほんとうにあの手この手で小さい子供をいじめる。）
2. 她被同学**欺负**哭了。[結果]（彼女は同級生にいじめられて泣いた。）
3. 有我在，谁也**欺负**不了liǎo你。[可能]（私がいる限り，誰もあなたをいじめられない。）

【骑】qí

1. 他**骑**上车飞快地向学校方向**骑**去。[方向/方向]（彼は自転車に乗ると，飛ぶように学校のほうへ走った。）
2. 我的自行车让他**骑**坏了。[結果]（私の自転車は彼に壊された。）
3. 他**骑**马**骑**得很好。[程度]（彼は馬に乗るのが上手だ。）
4. 这辆车座子太高，我**骑**不上去。[可能]（この自転車はサドルが高くて，私には乗れない。）
   〈注〉"骑不上去"は「"骑"しようとしても乗ることができない」，つまり「サドルが高くて乗れない」ということを表している。
5. 他**骑**在马上很神气。[介詞]（馬に乗っている彼は格好いい。）
6. 去内蒙古草原时，我**骑**过一次马。[時量]（内モンゴルの草原に行ったとき，1度馬に乗ったことがある。）
7. 这辆车都**骑**了八年了，也该换辆新的了。[時量]（この自転車はもう8年も乗っているので，そろそろ買い換え時だ。）

【起】qǐ

1. 我没上闹钟，今天早上**起**晚了。[結果]（目覚まし時計をかけていなかったので，今朝起きるのが遅かった。）
2. 你怎么**起**得这么早？[程度]（どうしてこんなにはやく起きたの。）
3. 明天早上你叫我吧，要不我**起**不来。[可能]（明日の朝起こして。でないと起きられないから。）

【气】 qì

1. 别生那么大气，**气**出病来不值得。[方向]（そんなに怒らないで。病気になったらばかばかしいよ。）
2. 他说的话把妈妈**气**坏了。[結果]（彼のことばはお母さんをひどく怒らせた。）
   〈注〉"坏"は形式的には結果補語に分類されるが，意味的には「"气"（怒る）の程度がはなはだしく高い」ということを表している。
3. 这孩子就是不听话，真**气**死人了。[結果]（この子はぜんぜんいうことを聞かなくて，本当に腹が立つ。）
   〈注〉"死"は形式的には結果補語に分類されるが，意味的には「"气"（怒る）の程度がはなはだしく高い」ということを表している。
4. 爸爸**气**得怒容满面。[程度]（お父さんは激怒して鬼のような形相になった。）
5. 她**气**得无法忍受。[程度]（彼女はどうにも我慢できないほど怒った。）
6. 妈妈被儿子的话**气**得直哆嗦。[程度]（お母さんは息子のことばを聞いて怒りのあまり体が震えた。）

【签】 qiān

1. **签**完合同以后，我们一定要好好庆祝一下。[結果]（契約を結んだらパーッとお祝いしましょう。）
2. 没想到合同**签**得这么快。[程度]（こんなにはやく契約できるとは思わなかった。）
3. 合同**签**得成**签**不成，现在还很难说。[可能/可能]（契約できるかどうか，まだ何とも言えない。）
4. 请把你的名字**签**在这儿。[介詞]（ここに署名してください。）

【签订】 qiāndìng

1. 订货合同已经**签订**完了。[結果]（発注契約はすでに結ばれている。）
2. 合同**签订**得很顺利。[程度]（契約は順調に結ばれた。）
3. 以前两国政府**签订**过一次和平条约。[時量]（以前両国は1度平和条約を締結したことがある。）
4. 合同已经**签订**一年了。[時量]（契約が結ばれてもう1年になる。）

【牵涉】 qiānshè
1. 有一个场面**牵涉**到隐私权的问题。［介詞］（あの場面がプライバシーに関わっている。）

【潜】 qián
1. 皇帝在这儿钓鱼时，地方官吏为了向他讨好，派人**潜在水下**，把鱼往他的钩上挂。［介詞］（皇帝がそこで釣りをしたとき，地方役人は気に入られようとして，人を水中に潜らせ，魚を釣り針にかけさせた。）
2. 你**潜一会儿**就出来，也别**潜得太深**了。［時量/程度］（ちょっと潜るだけにしなさい。あまり深くまで潜らないで。）

【欠】 qiàn
1. 由于经营不善，商店倒闭，他**欠下**很多债。［方向］（経営不振のために店がつぶれ，彼に多額の借金が残った。）
2. 我没钱还他，只好继续**欠下去**。［方向］（私には彼に返すお金がないので，借り続けるしかない。）
3. 你欠别人的钱**欠得太多**了。［程度］（あなたは人からお金を借りすぎだ。）
4. 钱都**欠了一年**了，该还了。［時量］（お金を借りてもう1年たってしまった。返さなければ。）

【强调】 qiángdiào
1. 这些特殊性你**强调得也太过分**了。［程度］（こうした特殊性をあなたは強調するにもほどがある。）
2. 经理**强调了半天**安全问题，但大家还是不够重视。［時量］（社長が安全面について長々と強調したが，それでも皆注意が足りない。）

【抢】 qiǎng
1. 哥哥从弟弟手里**抢过**汽水儿就喝了起来。［方向］（兄は弟の手からサイダーを奪い取るとすぐに飲み出した。）
2. 玩具被大狗**抢走了**。［結果］（おもちゃを大きなイヌに取られた。）

3．主人一说"不要了"，那堆东西立刻就被**抢得一干二净**。[程度]
（持ち主の「もういらない」の一言で，山のよう品物はあっという間にきれいさっぱり持って行かれた。）

4．他力气太大，我**抢不过**他。[可能]（彼の力が強すぎて，私は奪い取れなかった。）

〈注〉この"过"は「～に勝る」という意味で，"抢不过"は「"抢"（奪う）という行為を通して，彼に勝ることができない」ということを表している。

5．他**抢**过一**次**东西，被判过刑。[時量]（彼は1度窃盗で有罪になったことがある。）

【敲】qiāo

1．下课的钟声已经**敲起来**了。[方向]（授業終了のチャイムがもう鳴り始めた。）

2．他记错了朋友的门牌号码，结果**敲错**了门。[結果]（彼は友達の部屋番号を間違えて，別の家のドアをノックしてしまった。）

3．轻一点，别把玻璃**敲破**了。[結果]（そっとノックして。ガラスを割らないように。）

【翘】qiào

1．睡了一夜觉，头发都**翘起来**了。[方向]（1晩寝たら，髪の毛がはねてしまった。）

2．他坐在椅子上，腿**翘得高高的**。[程度]（彼はいすに腰かけ，偉そうに足を組んでいる。）

3．自从受了挫折，他的尾巴再也**翘不起来**了。[可能]（挫折してから，彼のうぬぼれはすっかり影を潜めた。）

4．我得**翘一下**脚，才能够到那个箱子。[時量]（私は背伸びをしないとあの箱に届かない。）

【切】qiē

1．你把西瓜**切开**让大家吃吧。[方向]（スイカを切って皆に食べさせてあげなさい。）

2．那点肥肉我不要，请**切下去**吧。[方向]（その脂身はいらないので，切り落としてください。）

〈注〉この"下去"は「分離した結果，話し手の領域から離れる」という意味で，"切下去"は「"切"という行為を通して，脂身が赤身から分離されて捨てられる」ということを表している。

3．面包**切得很匀**，腊肠**切得很薄**。[程度/程度]（パンは均等に，ソーセージは薄く切ってある。）

4．这位师傅切菜**切得真快**！[程度]（このコックさんは野菜を切るのが本当にはやい。）

5．这刀真钝，连萝卜都**切不动**。[可能]（この包丁は本当に切れ味が悪くて，ダイコンすら切れない。）

6．他一不小心，刀**切在手上**了。[介詞]（彼はうっかりして，ナイフで手を切ってしまった。）

7．我**切了半天**菜，手都疼了。[時量]（私はずっと野菜を切っていたので，手が痛くなってしまった。）

【侵犯】 qīnfàn

1．人权是受法律保护的，谁也**侵犯不了** liǎo。[可能]（人権は法律によって保護されているので，誰も侵害できない。）

2．敌人曾**侵犯过一次**我国的领空。[時量]（敵はかつて1度わが国の領空を侵犯したことがある。）

【清除】 qīngchú

1．我们一定要把坏分子从警察队伍中**清除出去**。[方向]（私たちは警察部隊から悪玉を一掃しなければならない。）

2．我们要把操场上的杂草都**清除干净**。[結果]（私たちはこのグラウンドの雑草をきれいに取り除かなければならない。）

3．这堆垃圾**清除得很彻底**。[程度]（そのゴミの山はすっかりきれいに片付けられた。）

4．这么多的东西一小时**清除不完**。[可能]（こんなにたくさんのものは1時間では片付けられない。）

5．把门前的积雪**清除**一下儿。［時量］（ドアの前に積もった雪を取り除いてください。）

【清醒】 qīngxǐng

1．他昏迷了一天，终于**清醒**过来了。［方向］（彼は1日意識不明だったが，やっと意識が回復した。）

〈注〉この"过来"は「本来あるべき状態になる」という意味で，"清醒过来"は「意識不明の状態から"清醒"という状態に戻る」ということを表している。

2．已经半夜两点了，脑子还**清醒**得一点睡意都没有。［程度］（もう夜中の2時だというのに，まだ頭がさえていてぜんぜん眠くない。）

3．他脑出血很厉害，一两天**清醒**不了 liǎo。［可能］（彼は脳内出血がひどくて，1日や2日では意識が戻らないだろう。）

4．看书时间长了头昏脑胀，到外边活动活动**清醒**一下脑子。［時量］（長時間本を読んでいると頭がぼうっとするので，外でちょっと体を動かして頭をすっきりさせなさい。）

【倾注】 qīngzhù

1．不要把感情**倾注**进去太多，到时候拔都拔出不来。［方向］（そのうち抜け出せなくなると困るから，感情移入しすぎちゃだめだ。）

2．他把全力都**倾注**于这篇文章上了。［介詞］（彼はこの文章に全力を注いだ。）

【请】 qǐng

1．把外边的客人**请**进来吧。［方向］（外のお客に入ってもらいなさい。）

2．你**请**下假来了吗？［方向］（あなたは休みを貰えましたか。）

3．那个乘客刚上飞机就闹，被机长**请**下去了。［方向］（その乗客は飛行機に乗ったとたん騒ぎ出し，機長に降ろされた。）

4．我跟老师**请**好假了。［結果］（私は先生に休みを貰った。）

5．今天的客人**请**得真多。［程度］（今日の招待客は本当に多い。）

6．这么多人，我可**请**不起。［可能］（こんなに人が多いと私はご馳走できない。）

7．他这个星期**请**了两天假了。［時量］（彼は今週2日休みを取っていた。）

8. 我今天不能去上课，你帮我**请**一下假，好吗？［時量］（私は今日授業に行けないので，先生に一言休みと言ってくれないかな。）

【请教】 qǐngjiào
1. 那个问题我已经向老师**请教完**了。［結果］（その問題はもう先生に教えてもらった。）
2. 为了弄明白这个问题，我已经**请教**他好几次了。［時量］（この問題をはっきりさせるために，私はもう何度も彼に教えてもらっている。）

【请示】 qǐngshì
1. 增加收费的事，我已经**请示完**领导了。［結果］（料金の値上げについては，私はすでに上司に伺いを立てた。）
2. 这事我作不了liǎo主，你**请示**一下经理吧！［時量］（このことは私の一存では決めかねるので，社長に指示を仰いでください。）

【庆祝】 qìngzhù
1. 等**庆祝完**公司开业，我就去找你。［結果］（会社の開業祝いが終わってからお訪ねします。）
2. 今年经费紧张，**庆祝不了**liǎo了。［可能］（今年は経費に余裕がなくて，お祝いどころではない。）
3. 百年校庆，学校**庆祝**了好几天。［時量］（創立百周年記念で，学校では何日もの間お祝いの行事があった。）
4. 取得了这么大的胜利，应该好好**庆祝**一下儿。［時量］（大勝利をおさめたのだから，ちゃんとお祝いをしなければ。）

【求】 qiú
1. 你怎么**求起**我来了？［方向］（どうして私に頼むことにしたの。）
2. 你**求**他算**求对**了，他正好管这事。［結果］（彼に頼んで正解だ。この件はちょうど彼が担当だから。）
3. 看他**求得**多可怜，你就答应他吧。［程度］（かわいそうだから，彼の頼みを聞いてやれよ。）

4．你求他帮忙**求不起**，他要的条件太高。［可能］（彼に手伝ってもらうのは無理だ。見返りが高すぎるから。）

〈注〉この"不起"は「（"求他帮忙"ということを）経済能力などがなくて実現できない」という意味である。

5．我**求**了**两天**，妈妈才答应我去旅游。［時量］（2日間お願いし続けて、お母さんはやっと私が旅行に行くのを許してくれた。）

6．你好好**求**他**一下**，他会同意的。［時量］（彼によく頼んでみなさい。彼は承知してくれると思うよ。）

【区别】qūbié

1．必须把加害者和被害者严格**区别开来**。［方向］（加害者と被害者をはっきりと区別しなければならない。）

2．是非要**区别清楚**。［結果］（是か非かをはっきりと区別しなければならない。）

3．对这两种不同性质的矛盾，他**区别得很清楚**。［程度］（この2種類の違った性質の矛盾を、彼ははっきりと区別できる。）

4．逆光的时候，这两种颜色就**区别不开**了。［可能］（逆光のときには、この2種類の色を区別できなくなる。）

【取】qǔ

1．把盖子打开，**取出**胶卷就可以了。［方向］（ふたをあけてフィルムを取り出せばいい。）

2．到期的存款**取出来**了吗？［方向］（満期になった預金は下ろしてきたか。）

3．我的信有人**取走**了。［結果］（私の手紙は誰かが持って行った。）

4．银行关门了，今天**取不了**liǎo钱了。［可能］（銀行が閉まったので、今日はもうお金を引き出せない。）

5．明天你替我**取一下儿**包裹吧。［時量］（明日小包を取りに行ってもらえないか。）

【娶】qǔ

1．过了春节就把媳妇**娶过来**。［方向］（春節が過ぎてから嫁を貰ってきなさい。）

〈注〉この"过来"は「話し手の方に移動する」という意味で，"娶过来"は「"娶"という行為を通して，花嫁が話し手のいる側に移動する」，つまり「嫁を貰ってくる」ということを表している。

2．他的三个儿子都**娶上**媳妇了。[方向]（彼の3人の息子は皆嫁を貰った。）
　〈注〉この"上"は「（"娶媳妇"という目的への）到達」を表している。
3．他因为太穷，**娶不起**媳妇。[可能]（彼は貧しすぎて嫁を貰えない。）
4．媳妇才**娶了一年**就离婚了。[時量]（嫁を貰ってたった1年で離婚した。）

【取决】qǔjué
1．用什么样的称呼**取决于**说话的人和被说的人之间的关系。[介詞]
（人の呼び方は，呼ぶ人と呼ばれる人の関係によって決まる。）

【取消】qǔxiāo
1．这项不合理的规章制度**取消对**了。[結果]（こんな不合理な規則や制度は，廃止されてよかった。）
2．这次活动**取消得很好**。[程度]（今回の活動は中止してよかった。）
3．他的代表资格**取消不了**liǎo。[可能]（彼の代表資格は取り消せない。）
4．这项禁令已**取消一年**了。[時量]（この禁令は廃止されてすでに1年になる。）

【去】qù
1．我**去早了**，商店还没开门。[結果]（私は行くのがはやすぎて，店はまだ開いていなかった。）
　〈注〉結果補語は「過分義（〜しすぎ）」を表すことがある。"去早"は「行くのがはやすぎる」ということを表している。語順を逆にして"早去"とすると，「はやめに行く」という意味になる。
2．你**去得太晚了**，她会不高兴的。[程度]（行くのが遅すぎると，彼女の機嫌が悪くなるよ。）
3．明天我有事，**去不了**liǎo你那儿了。[可能]（明日私は用ができて，君のところに行けなくなった。）
4．上月我**去过一次**上海。[時量]（先月私は上海に行ってきた。）
5．这次出差大概要**去三天**。[時量]（今回の出張はおそらく3日間になるだろう。）

6．我还得要到洗衣店去一趟。[時量]（クリーニング屋さんにも行かなければなりません。）

【劝】 quàn

1．你一定要把他**劝回来**。[方向]（帰ってくるように必ず彼を説得してください。）
   〈注〉"劝回来"は「聞き手の"劝"（説得する）という行為を通して，彼が"回来"する」ということを表している。

2．他说着说着就要动手，我把他**劝住**了。[結果]（彼はそう言いながら手を出そうとしたが，私は彼を思いとどまらせた。）
   〈注〉この"住"は「動きがしっかりととどまる」という意味で，"劝住"は「"劝"（なだめる）という行為を通して，彼が行動を思いとどまる」ということを表している。

3．他劝架**劝得很成功**，现在大家都心平气和了。[程度]（彼は上手にけんかを仲裁したので，今は皆気持ちが鎮まった。）

4．我可**劝不了**liǎo他，他太倔了。[可能]（私には彼を説得できない。彼は頑固すぎるから。）

5．我**劝了半天**，他就是不听。[時量]（私は長いこと説得したが，彼はどうしても言うことを聞かない。）

6．妈妈生气了，你去**劝一下儿**吧。[時量]（お母さんが怒ってるから，ちょっとなだめてきてよ。）

【缺】 quē

1．这个地方怎么**缺起水来**了？[方向]（ここはどうして水不足になってきたのだろう。）

2．他课**缺得太多**。[程度]（彼は授業を休みすぎる。）

3．做蛋糕**缺不了**liǎo鸡蛋。[可能]（ケーキ作りに卵は欠かせない。）

R

【燃烧】ránshāo
1. 本已熄灭的森林大火，风一吹，又**燃烧**起来了。[方向]（鎮火していた森林が，風が吹いてまた燃え始めた。）
2. 蜡烛快**燃烧**完了。[結果]（ろうそくはもう燃え尽きそうだ。）
3. 这么湿的木头**燃烧**不起来。[可能]（こんなに湿った木は燃えない。）
4. 大火**燃烧**了半个月。[時量]（大火事は半月間燃え続けた。）

【染】rǎn
1. 这种料子**染**出来非常漂亮。[方向]（この生地は染めるととてもきれいだ。）
2. 他把头发**染**黑了。[結果]（彼は髪の毛を黒く染めた。）
3. 她的指甲**染**得很好看。[程度]（彼女はつめをきれいに塗っている。）
4. 我没**染**过一次头发。[時量]（私は髪を染めたことがない。）

【让】ràng
1. 孩子们**让**出一条路，我们从当中走过去。[方向]（子供たちは道をあけてくれたので，私たちはそこを通り抜けた。）
2. 快把客人**让**进屋里去。[方向]（はやくお客様を中にご案内しなさい。）
3. 请**让**开，我过去一下。[方向]（通りたいので，道をあけてください。）
4. 幸亏他**让**得快，不然就被车撞上了。[程度]（幸い彼はよけるのがはやかったが，そうでなければ車にひかれていた。）
5. 他们互相**让**了半天才坐下吃饭。[時量]（彼らはしばらく互いに譲り合った後やっとテーブルについて食事した。）
6. 我都**让**他好几次了，这次不让了。[時量]（私は何度も彼に譲ったので，今回はもう譲らない。）
7. 请**让**一下儿，叫车先过去。[時量]（ちょっとどいて，車を通してください。）

【饶】ráo

1．你再打弟弟，我**饶**不了liǎo你。［可能］（今度弟を叩いたら許しませんよ。）
2．你**饶**我一次吧，下次我一定改。［時量］（今回は大目に見てくれよ。次は必ず改めるから。）

【绕】rào

1．前边修路，我们从这条路**绕**过去吧。［方向］（前のほうで道路工事をやってるから，迂回してその道を行こう。）
2．他故意**绕**开这个话题，说别的。［方向］（彼はわざとこの話題を避けて，別のことを話した。）
3．去车站，从这条路**绕**得过去**绕**不过去？［可能/可能］（駅へは，この道を通っても行けますか。）
4．把线**绕**在线轴上。［介詞］（糸をボビンに巻いてください。）
5．他迷路了，**绕**了半天，又**绕**回原来的地方了。［時量/方向］（彼は道に迷って，ぐるぐる回った後，またもとの場所に戻ってしまった。）

【惹】rě

1．没想到我的一句玩笑话**惹**恼了他。［結果］（私の冗談が彼の気を悪くするなんて思ってもみなかった。）
2．你说什么了，**惹**得她直哭？［程度］（彼女はずっと泣いているよ。君何かひどいことを言ったんだろう。）
   〈注〉"惹得她直哭"は程度補語の形式であるが，意味的には「"惹得"の前の"你说什么了"という出来事が原因となって，"她直哭"という結果が引き起こされた」ということも表している。
3．这个人太厉害，咱们可**惹**不起。［可能］（その人は本当にひどいので，私たちには手に負えない。）
   〈注〉この"惹"は「逆らう」という意味で，"惹不起"は「相手より格下なので"惹"できない」ということを表している。
4．一个星期弟弟就**惹**了两次乱子。［時量］（弟は1週間に2度もかんしゃくを起こした。）

【忍】 rěn

1. 那些树木要**忍**过寒冷的冬天，到了春天才能继续成长。［方向］（あの木々は寒い冬を耐え抜いて，春になってようやく成長を続けることができる。）
2. 他强**忍**住牺牲战友的悲痛，继续战斗。［結果］（彼は戦友を失った悲しみをこらえて戦い続けた。）
3. 这种屈辱的日子，我再也**忍不下去**了。［可能］（こんな屈辱の日々は，もうこれ以上耐えられない。）
4. 听了他的笑话，我**忍不住**大笑起来。［可能］（彼の冗談を聞いて，私はこらえきれずに大笑いしてしまった。）
5. 这种日子我已经**忍**了十几年了。［時量］（こういう日々を私はもう十何年も我慢してきた。）
6. 你**忍**一下，一会儿就不疼了。［時量］（ちょっと我慢してください。そのうち痛みが治まります。）

【忍耐】 rěnnài

1. 我们不能再**忍耐**下去了，否则，他会得寸进尺。［方向］（私たちはこれ以上我慢してはいけない。さもなければ，彼はきっとつけあがる。）
2. 你一定要**忍耐**住，不要发脾气。［結果］（我慢しなさい。かんしゃくを起こしてはいけない。）
3. 我实在**忍耐不住**，就打了他一巴掌。［可能］（私は本当に我慢できなくなって，彼をひっぱたいた。）
4. 你再**忍耐**一下，一会就到家了。［時量］（もう少し我慢してください。もうすぐ家に着きますから。）

【忍受】 rěnshòu

1. 这么困苦的生活，她居然**忍受**下来了。［方向］（こんなに苦しい生活を，意外にも彼女は辛抱できた。）
2. 我实在**忍受不了**liǎo这种不公平的待遇。［可能］（こんな不公平な待遇には我慢できない。）
3. 对他的霸道无礼，她已经**忍受**了很多年了。［時量］（彼の横暴さに，彼女はもう何年も我慢している。）

【认】 rèn

1. 我**认出来**了，你是老王。[方向]（わかりました。あなたは王さんですね。）
2. 对不起，我**认错**人了。[结果]（すみません。人違いでした。）
3. 他**认不出来**我是谁了。[可能]（彼は私が誰だかわからなくなってしまった。）
   〈注〉この"出来"は「わかる；明らかになる」という意味で，"认不出来"は「认」（見分ける）という心理動作をおこなっても，私が誰であるかを明らかにできない，つまり「見分けられない」ということを表している。
4. 王刚**认**了半天才**认出**我来。[时量/方向]（王剛はしばらくしてやっと私とわかった。）

【认识】 rènshi

1. 只是在停止练习以后，我才**认识到**我很喜欢钢琴。[结果]（練習をやめてはじめて，私はピアノが好きなことに気付いた。）
2. 通过几件事，我对他**认识清楚**了。[结果]（いくつかの出来事から，私は彼のことがはっきりわかった。）
3. 对问题的重要性，他**认识得很清楚**。[程度]（問題の重要性について，彼ははっきり認識している。）
4. 目前小张还**认识不到**问题的严重性。[可能]（今のところ，張さんはまだことの重大性に気付いていない。）
5. 我和李红已经**认识**十年了。[时量]（私と李紅は知り合ってもう10年になる。）
6. 来，我们**认识一下儿**。[时量]（じゃ，私たち自己紹介しましょう。）

【扔】 rēng

1. 请把果皮**扔进**垃圾箱里。[方向]（果物の皮はごみ箱に捨ててください。）
2. 人们**扔下**麻将牌，聚精会神地练起了气功。[方向]（皆マージャン牌をほったらかしにして，一心不乱に気功をやりだした。）
3. 这些东西**扔掉**了多可惜。[结果]（これらのものを捨ててしまうのはもったいない。）
4. 看你把东西**扔得到处都是**，快收拾好。[程度]（あっちこっちにものを散らかして。片付けなさい。）

5．他练了好几天，球还是**扔不远**。[可能]（彼は何日も練習したが，まだボールを遠くまで投げられない。）

6．肚子疼得要命。他想这个肚子如果不是自己的，他一定要打它一顿，装进石头，**扔到河里**。[介詞]（お腹が痛くてたまらない。彼はこのお腹が自分のものでなければ，絶対にはげしく殴って石を詰め込み，川に投げ捨ててやりたいと思った。）

【融】róng

1．最好能把这样的观点也**融进去**。[方向]（こうした見方も取り入れられたら，それに越したことはない。）

2．幸好他顺利地**融入**了新的环境。[結果]（運よく，彼はすんなりと新しい環境に溶け込んだ。）

3．看热闹的和游行的人**融在一起**，把马路挤得水泄不通。[介詞]（野次馬がパレードの行列とごちゃ混ぜになり，道はすし詰め状態だ。）

【揉】róu

1．不要揉眼睛，小心把脏东西**揉进**眼里去。[方向]（目をこすらないで。気を付けないとゴミが目に入ってしまうよ。）

2．他把眼睛都**揉红**了。[結果]（彼の目はこすって赤くなってしまった。）

3．面**揉得很好**，不软也不硬。[程度]（生地は柔らかくもなく固くもなく，ちょうどいいこね具合だ。）

4．孩子肚子疼，我给他**揉了一会儿**。[時量]（子供はお腹が痛かったので，私がちょっとさすってあげた。）

S

【撒】sā

1. 早上他把小鸡都**撒出去**找食去了。[方向]（朝、彼はヒヨコにえさを食べさせるため、小屋の外へ放した。）
2. 这口气**撒不出去**，我心里不痛快。[可能]（この怒りを発散しないと、気分がすっきりしない。）

【洒】sǎ

1. 碗没端好，汤**洒出去**了一点儿。[方向]（お椀をちゃんと持っていなかったから、スープが少しこぼれてしまった。）
2. 他没有把水**洒匀**。[結果]（彼は水をまんべんなくまかなかった。）
3. 她身上香水**洒得太多了**。[程度]（彼女は香水をたくさんかけすぎる。）
4. 把碗端平，水就**洒不出去**了。[可能]（お椀をまっすぐに持っていれば、水はこぼれない。）

〈注〉この"出去"は「（容器から）出て行く」という意味で、"洒不出去"は「"洒"（こぼす）しそうになっても、水がお椀から出て行かない」、つまり「水がこぼれない」ということを表している。これを"没洒出去"とした場合、可能性については触れておらず、ただこのとき「こぼれなかった」という特定のできごとを述べているだけである。

【撒】sǎ

1. 一会儿他就把广告**撒完了**。[結果]（彼はあっという間にビラをまき終えた。）
2. 你的那些广告宣传品怎么**撒得那么快**？[程度]（あのちらし、何であんなにはやく配れたの。）
3. 我把花露水**撒在身上**，蚊子就不咬了。[介詞]（オーデコロンを体に吹きかけたら、カにさされなくなった。）

【塞】 sāi

1. 他把信从门缝里**塞**了进去。［方向］（彼は手紙をドアの隙間から差し込んだ。）
2. 抽屉里**塞**满了东西。［結果］（引き出しの中はものがいっぱい詰まっている。）
3. 赶快把这个洞口**塞**住。［結果］（はやくこの穴をふさいでください。）
   〈注〉この"住"は「自由に行き来できないようにさえぎられる」という意味で、"塞住"は「"塞"という動作を通して、自由に行き来できないよう穴の口をさえぎられる」ということを表している。
4. 他的书包总是**塞**得鼓鼓的。［程度］（彼のかばんはいつもパンパンに詰まっている。）
5. 口袋里东西太多了，再也**塞**不进去了。［可能］（ポケットの中はものが多すぎて、もう何も詰め込めない。）
6. 手帕快掉出来了，再往里**塞**一下儿。［時量］（ハンカチが落ちそうだから、もうちょっと中に押し込みなさい。）

【赛】 sài

1. 跑完长跑，他们又**赛**起自行车来。［方向］（長距離走を終えると、彼らはまた自転車競走を始めた。）
2. 他们两个班刚**赛**完足球。［結果］（あの2クラスはサッカーの試合を終えたばかりだ。）
3. 这次羽毛球赛**赛**得非常激烈。［程度］（今回のバトミントンの試合は激戦だった。）
4. 你们队**赛**得过他们队吗？［可能］（あなた方のチームは彼らのチームに勝てますか。）
   〈注〉この"过"は「～に勝る」という意味で、"赛得过"は「"赛"（競う）という行為を通して、彼らのチームに勝ることができる」ということを表している。
5. 一班和二班**赛**了半个小时篮球。［時量］（1組と2組は30分間バスケットボールの試合をした。）
6. 我们俩**赛**一下乒乓球，怎么样？［時量］（2人でちょっと卓球の試合をしませんか。）

【散】sàn

1. 等屋里的烟**散出去**再关窗户。[方向]（部屋の煙が消えてから窓を閉めなさい。）
2. 队伍按一臂间隔**散开**。[方向]（隊列は腕1本の間隔をあけて広がった。）
3. 今天的会**散得**比较早。[程度]（今日の会はわりとはやくにお開きになった。）
4. 家长会现在**散不了**liǎo。[可能]（保護者会は，今は散会できない。）
5. 电影**散了**半天了。[時量]（映画はとっくに終わった。）

【散布】sànbù

1. 他好像在故意地把小道消息**散布出去**。[方向]（彼はわざとうわさをばらまいているようだ。）
2. 这儿封锁得很严，什么消息也**散布不出去**。[可能]（ここは外との連絡を厳しく遮断されているので，どんな情報も漏れない。）
3. 一户户农家**散布在**半山坡上。[介詞]（農家が山の斜面にポツポツと点在している。）
4. 他**散布过**好几次不满言论。[時量]（彼は何度も不満を言いふらした。）
5. 这种错误论调已经**散布**很长时间了。[時量]（こういう間違った論調が広まってからすでに久しい。）

【丧失】sàngshī

1. 他的威信**丧失得**干干净净。[程度]（彼はすっかり威信をなくした。）

【扫】sǎo

1. 把角落的脏东西**扫出来**。[方向]（隅のごみを掃き出してください。）
2. 屋子**扫完了**。[結果]（部屋を掃き終えた。）
3. 马路**扫得**干干净净。[程度]（道路はきれいに掃除されている。）
4. 这条大街一个小时**扫得完**吗？[可能]（この大通りは1時間で掃き終わりますか。）
5. 下午我**扫了**一会儿雪。[時量]（午後私はちょっと雪かきをした。）

【杀】 shā
1. 我们一定要**杀出**敌人的包围去。[方向]（私たちは必ず敵の包囲を突破する。）
2. 这种药能**杀死**害虫吗？[結果]（この殺虫剤は害虫に効きますか。）
3. 敌人把村子里的人**杀得一个没剩**。[程度]（敵は村の人間を1人残らず殺した。）
4. 他**杀过一次**鸡。[時量]（彼はニワトリをしめたことがある。）
5. 春节前，他连续为村里人**杀了两天**猪。[時量]（春節の前，彼は村人のために2日間かけてブタをつぶした。）

【晒】 shài
1. 湿衣服已经**晒干**了。[結果]（ぬれた服はすでに乾いた。）
2. 军训半个月，他**晒得黝黑**。[程度]（半月の軍事教練で，彼は真っ黒に焼けた。）
   〈注〉"晒得黝黑"は「日焼けの仕方が真っ黒だ」という一種の「状況描写」である。これを"晒黑了"とすると，「今まで黒くなかったのに日焼けして真っ黒になった」という「状況変化」を表すようになる。
3. 今天太阳不太好，**晒不了**liǎo被子。[可能]（今日はあまり日が差していないので，布団を干せない。）
4. 粮食已经**晒过两次**了，差不多干了。[時量]（穀物はもう2回干したから，ほとんど乾いた。）

【删】 shān
1. 我把文章的第二段**删下去**了。[方向]（私は文章の第2段落を削除した。）
   〈注〉この"下去"は「分離した結果，話し手の領域から離れる」という意味で，"删下去"は「"删"という行為を通して，第2段落が文章全体から分離されてなくなる」ということを表している。
2. 这一段文字有点重复，请**删掉**吧。[結果]（この段落は多少重複しているので，削除してください。）
3. 文章登出来，我一看，**删得太多了**。[程度]（掲載された文章を見たところ，削りすぎている。）

4．删了半天，只删了几行字。［時量］（長いことかかったのに，ほんの数行しか削れていない。）

5．诗的中间部分再删一下儿。［時量］（詩の中間部分をもうちょっと削ってください。）

【闪】 shǎn

1．他故意闪过身去不理我。［方向］（彼はわざとよけて私を無視した。）
　〈注〉この"过去"は「話し手の正面と反対のほうに向きを変える」という意味で，"闪过身去"は「闪身」（さっと身をかわす）という行為を通して，話し手と反対の方を向く」ということを表している。

2．快闪开，别蹭脏衣服！ ［方向］（はやくよけて。服によごれがつくよ。）

3．还是年轻人闪得快，没让车碰着。［程度］（車にひかれなかったなんて，やっぱり若い人はよけるのがはやい。）

4．怎么闪也闪不开了，结果被车挂了一下儿。［可能］（どうしてもよけきれず，車に引っかけられた。）

5．远处的灯光闪了半天了。［時量］（遠くの灯りがずっとちらちらしている。）

6．请往旁边闪一下儿，车来了。［時量］（脇によけてください。車が来ます。）

【闪烁】 shǎnshuò

1．指示灯又闪烁起来了。［方向］（指示灯がまた点滅し始めた。）

2．灯光闪烁了一下儿又灭了。［時量］（灯りがぱっとついたと思ったら，また消えた。）

3．霓虹灯闪烁了一夜。［時量］（ネオンが一晩中輝いていた。）

【伤】 shāng

1．他的话伤透了妈妈的心。［結果］（彼のことばがお母さんの心を深く傷付けた。）
　〈注〉この"透"は「徹底している」という意味で，"伤透"は形式的には結果補語であるが，意味的には「"伤"（傷付ける）の程度がはなはだしく高い」ということを表している。

2．王大爷摔倒了，但是伤得不重。［程度］（王じいさんは転んだけれど，けがはひどくなかった。）

3．我的腰**伤**过一次，所以现在有时还疼。[時量]（私は腰を痛めたことがあるので，今でも痛むことがある。）

【商量】 shāngliang
1．我们俩**商量**好了，明天一起去旅游。[結果]（私たち2人は明日一緒に旅行することに決めた。）

〈注〉この"好"は動作の「完成」という意味である。"商量"という動詞は「相談する」という行為しか表さず，"好"のような補語がついてはじめて「相談した結果，話がまとまる」という結果の意味を表すことができる。

2．对如何教育孩子，他们**商量**得很认真。[程度]（どうやって子供を教育するか，彼らは真剣に相談した。）
3．我跟他**商量**不到一块儿，他太倔了。[可能]（彼は頑固すぎて，話し合いにならない。）
4．他们**商量**了半天，也没**商量**出结果来。[時量/方向]（彼らはしばらく相談したが，結果が出なかった。）
5．关于出不出国的问题，我们**商量**了好几次。[時量]（外国へ行くかどうかという問題を，私たちは何度も話し合った。）
6．过了几天，我和老师**商量**了一下，决定还是投考一个国立大学。[時量]（数日後，私は先生と相談し，やはり国立大学を受験することに決めた。）

【上】 shàng
1．这么大岁数又**上**起学来了。[方向]（こんな年齢になってまた学校に通い始めた。）
2．您**上**错车了，这车不是去天安门的。[結果]（乗り間違えてますよ。これは天安門に行くバスではありません。）
3．饭、菜、汤都**上**完了。[結果]（ご飯も料理もスープも全部来た。）
4．这孩子**上**楼**上**得真快。[程度]（この子は階段を上るのが本当にはやい。）
5．我病了，**上**不了liǎo课了。[可能]（病気で，授業に出られなくなった。）
6．电梯**上**到第八层附近突然停了下来。[介詞]（エレベーターは8階付近まで上がったところで突然止まった。）
7．他**上**了四年大学。[時量]（彼は大学に4年間通った。）

8．伤口一天要**上**两次药。[時量]（傷口に1日2回薬を塗らなければいけない。）

【上升】 shàngshēng

1．这几年物价**上升**得很快。[程度]（ここ数年物価が上がるスピードがはやい。）
2．这个公司的股票**上升**不了liǎo了。[可能]（この会社の株はもう上がらない。）
3．温度已经**上升**到40℃度了。[介詞]（温度はすでに40度にまで上がった。）
4．湖水水位比昨天又**上升**了一点儿。[時量]（湖の水位は昨日よりまたちょっと高くなった。）

【烧】 shāo

1．王师傅**烧**出来的菜很好吃。[方向]（王さんが作った料理はとてもおいしい。）

　　〈注〉この"出来"は「結果の出現」という意味で，"烧出来"は「"烧"という行為を通して，料理が出てくる」ということを表している。この文は"出来"がなくても成立するが，"烧出来"とすることによって，出現の意味が強調される。

2．朋友被勒令**烧**去所藏全部字画。[方向]（友人は所蔵していたすべての書画を焼いてしまうように命令された。）

　　〈注〉この"去"は「消失」という意味で，"烧"という行為を通して，書画が消失する」という意味を表している。"烧好"とすると"烧"という動作が「完成」する，"烧光"とすると「少しも残らない」という意味になる。

3．他忽然发现角落里好像有一卷东西没**烧**掉。[結果]（彼はふと，隅っこに1巻焼け残っているのに気付いた。）
4．乱施肥，会把花给**烧**死的。[結果]（むやみに肥料をやると，花が枯れてしまうよ。）
5．暖气**烧**得太热了，睡觉也不舒服。[程度]（暖房が熱すぎても，気持ちよく眠れない。）
6．这木头太湿，**烧**不着zháo。[可能]（この木は湿りすぎていて，火がつかない。）
7．森林大火**烧**了三天三夜。[時量]（森林火災は3日3晩続いた。）

【少】 shǎo

1. 每次表演都**少不了**liǎo**她**。［可能］（毎回の舞台に彼女は欠かせない存在だ。）
2. 我这月的工资比上月**少了不少**。［時量］（私の今月の給料は先月よりだいぶ減った。）
   〈注〉"少了"（減った）の叙述対象は「給料」で，"不少"（だいぶ）は先月の給料との差量を表している。

【设】 shè

1. 他们公司又在上海**设起**一个经销处。［方向］（彼らの会社はまた上海に取り次ぎ販売店を置いた。）
   〈注〉この"起"は「（"设"という）出来事が起こる」という意味である。
2. 这是他们**设下**的圈套吧？［方向］（これは彼らが仕掛けたわなではないか。）
   〈注〉この"下"は「残存」という意味で，"设下"は「"设"という行為の結果，わなが残る」，つまり「わなが仕掛けられる」ということを表している。
3. 进修班的课**设得太多了**。［程度］（研修クラスは授業が多すぎる。）
4. 我们**设不了**liǎo那么多代办处。［可能］（私たちはそんなに多くの代理店を設けることはできない。）
5. 办事处**设在北京**。［介詞］（事務所は北京に設けられている。）
6. 这种奖学金以前**设过一阵**，现在取消了。［時量］（こういった奨学金は一時期設けられたが，今は廃止になった。）
7. 法律专业刚**设了十年**。［時量］（法律学科は設立されてまだ10年だ。）

【射】 shè

1. 我也很喜欢那透过叶子**射过来**的绿色阳光。［方向］（私は葉っぱを通して差し込んでくるあの緑色の光もとても好きだ。）
2. 阳光透过玻璃窗**射进屋里来**。［方向］（日光がガラス窓から部屋の中に差し込んでくる。）
3. 他一箭就**射中**zhòng**了**那个靶子。［結果］（彼は1発で的を射抜いた。）
   〈注〉この"中"は「的中する」という意味で，"射中"は「"射"という動作の結果，的に当たる」ということを表している。
4. 阳光被沙尘遮住，**射不过来**，所以天空变得黄黄的。［可能］（太陽

の光は砂ぼこりにさえぎられて差し込まず，空の色は黄色くなっている。）

5．你**射得着**zháo那只鸟吗？［可能］（あなたはあの鳥を射抜くことができますか。）

〈注〉この"着zháo"は「（"射"という動作の）目的達成」という意味で，口語によく用いられる。"射得着"は「"射"という動作の目的を達成できる」ということを表している。

6．足球旋转着**射向**球门。［介詞］（サッカーボールは回転しながらゴールに飛んで行った。）

【设计】 shèjì

1．他又**设计**出一种新的房屋结构。［方向］（彼はまた新しい家の構造を設計した。）
2．施工方案已经**设计完**了。［結果］（施工プランはもう立ててある。）
3．楼房的样式**设计得很新颖**。［程度］（ビルのデザインが目新しい。）
4．这么高级的大戏院我**设计不了**liǎo。［可能］（こんなに高級な大劇場は私には設計できない。）
5．这座立交桥**设计了两年多了**。［時量］（この立体交差橋は設計に2年あまりかかっている。）
6．他帮我**设计了一下**房间的布局。［時量］（彼は部屋の間取りの設計を手伝ってくれた。）

【伸】 shēn

1．请不要把头**伸出**窗外去。［方向］（顔を窓の外に出さないでください。）
2．他向我**伸出**手来说："你好！"［方向］（彼は私のほうに手を差し出し，「ニーハオ」と言った。）
3．孩子向水边**伸出**手去，想摘那里的花。［方向］（子供は手を伸ばし，水辺の花を摘もうとした。）
4．把腿**伸直了**。［結果］（足をまっすぐ伸ばしなさい。）
5．你把脖子**伸得那么长**，看什么呢？［程度］（首をそんなに長く伸ばして，何を見ているのですか。）
6．你的手指怎么**伸不直**呢？［可能］（あなたの指はどうしてまっすぐ伸びない

7．那条小路一直伸向远方。［介詞］（あの小道は遠くまで伸びている。）
8．坐久了应该站起来伸一下儿腰腿、胳膊，活动活动身子。［時量］
（長く座っていたなら，立ちあがって足腰や腕を伸ばし，体を動かすべきだ。）

【申请】 shēnqǐng
1．他申请下来一万元的贷款。［方向］（彼は申請して1万元の融資が認められた。）
〈注〉この"下来"は「下りてくる」という意味で，"申请下来"は「申请」という行為の結果，融資が彼のほうに下りてくる」ということを表している。
2．你申请晚了，房子都分出去了。［結果］（あなたは申請が遅すぎた。部屋は全部分配してしまった。）
3．关于出国探亲，我申请得比较早。［程度］（親族訪問のための出国については，比較的はやく申し込んだ。）
4．你不够条件，申请不了liǎo困难补助。［可能］（あなたは条件を満たしていないので，生活補助を申請できない。）
5．他刚申请了几天，就批下来了。［時量］（彼は数日前に申請したばかりで，もう許可が下りた。）

【深入】 shēnrù
1．改革要进一步深入下去。［方向］（改革は更に深く掘り下げなければならない。）
2．工作怎么也深入不下去。［可能］（仕事にどうしても没頭できない。）
3．领导应该深入到生产第一线去了解情况。［介詞］（リーダーは生産の第一線に深く立ち入って状況を理解しなければならない。）

【审查】 shěnchá
1．他的经济问题被审查出来了。［方向］（彼の背任行為が監査で発覚した。）
2．稿子我已经审查完了。［結果］（原稿はもう審査し終えた。）
3．他对帐目审查得很仔细。［程度］（彼は会計を細かくチェックした。）
4．我们审查不出他有什么问题。［可能］（私たちは彼にどんな問題があるの

か調べてもわからなかった。)
5．**审查了好几天**，也没发现他的经济犯罪问题。[時量]（何日も詳しく調べたが，彼の経済的背任行為を見つけることはできなかった。）
6．代表们的发言稿已经**审查一遍**了。[時量]（代表たちの発言原稿はすでに一通り審査してある。）

【渗】 shèn
1．赶快把鞋擦一下吧，要不然雨水要**渗进去**了。[方向]（はやく靴を拭いて。でないと雨がしみ込んでしまうよ。）
2．水**渗得很慢**，慢点儿浇。[程度]（水がしみ込むのが遅いから，ゆっくりまきなさい。）
3．他不小心把茶碰洒了，水**渗到笔记本电脑里去**了。[介詞]（彼がうっかりお茶をこぼして，水がノートパソコンの中まで入ってしまった。）

【升】 shēng
1．天亮了，太阳**升起来**了。[方向]（夜が明けて，太陽が昇った。）
2．圆圆的月亮已经**升上**了天空。[方向]（空にはもう真ん丸いお月様が昇った。）
3．热气球**升得很高**。[程度]（熱気球が高く上がっている。）

【生】 shēng
1．这孩子**生下来**时才两公斤多。[方向]（この子は生まれたとき2キロあまりしかなかった。）
2．孩子**生多**了没什么好处。[結果]（子供をたくさん産んでも何もいいことはない。）
3．今天的炉子**生得很旺**。[程度]（今日はストーブが勢いよく燃えている。）
4．她有病，**生不了**liǎo孩子。[可能]（彼女は病気で，子供が産めない。）

【生产】 shēngchǎn
1．我们厂又**生产出**一批新产品。[方向]（私たちの工場はまた新製品を出した。）

2．产品**生产**多了，容易造成积压。[结果]（製品の生産が多すぎると，在庫が出やすくなる。）

3．这几年电视机**生产**得太多了。[程度]（ここ数年テレビの生産が多すぎる。）

4．这种药，我们厂**生产不了**liǎo。[可能]（この薬は，私たちの工場では生産できない。）

5．这个厂**生产**了三十年电风扇了。[時量]（この工場は扇風機を生産して30年になる。）

【生存】 shēngcún

1．如果措施得当，这些动物还可以继续**生存下去**。[方向]（もし措置が適切ならば，この動物たちは生存していける。）

2．由于环境恶化，这种动物**生存不下去**了。[可能]（環境の悪化により，この種の動物は生存していけなくなった。）

3．熊猫、老虎等动物在地球上已经**生存**了很长时间了。[時量]（パンダやトラなどの動物はすでに長い間地球上に生存している。）

【生活】 shēnghuó

1．从那个年代**生活过来**的人，都知道节约。[方向]（あの時代をくぐり抜けてきた人は皆節約することを知っている。）

2．我们**生活**得很幸福。[程度]（私たちはとても幸せに暮らしている。）

3．没有电脑、电视和手机，你是不是一天都**生活不下去**？[可能]（もしパソコンやテレビや携帯電話がなかったら，君は1日も生きていけないんじゃないか。）

4．这部小说描写的是**生活在**封建社会的人和他们的苦恼。[介詞]（この小説が描いているのは封建社会に生きる人とその人たちの苦悩だ。）

【生长】 shēngzhǎng

1．没想到从石缝中能**生长出**这么一棵大树来。[方向]（石の隙間からこんな大きな木が生えてくるなんて思いもしなかった。）

2．黄瓜在大棚里**生长**得很好。[程度]（キュウリはビニールハウスの中でしっかり育っている。）

3．在高寒地区，水稲**生长不了**liǎo。［可能］（高地寒冷地帯では、イネは育たない。）
4．我**生长在**气候干燥的地方。［介詞］（私は乾燥したところで育った。）
5．这棵人参至少已**生长了**十年。［時量］（この朝鮮人参は少なく見積もっても10年ものだ。）

【省】 shěng

1．他把**省下来**的钱都支援了家乡的建设。［方向］（彼は節約したお金をすべて故郷の建設に寄付した。）
   〈注〉この"下来"は「話し手の領域に残存する」という意味で、"省下来"は「"省"（節約する）という動作の結果、お金が手元に残る」ということを表している。
2．技术革新后，资金比原来**省多了**。［結果］（新しい技術を導入してから、経費は前よりだいぶ節約できた。）
   〈注〉この"多"は「前と比較して、節約できた額が多い」ということを表している。
3．你不要**省得**太过分了，要注意身体。［程度］（節約しすぎて、体を壊さないように注意しなさい。）
4．你这样做，其实也**省不了**liǎo多少钱。［可能］（こんなことしたって、実際いくらも節約できない。）

【剩】 shèng

1．稿子都写好了，就**剩下**打印了。［方向］（原稿は書きあげたので、あとはプリントアウトするだけです。）
2．儿子把每月**剩下来**的钱都交给了妈妈。［方向］（息子は毎月残したお金を全部母親に渡していた。）
3．上次买的面**剩得**不多了，又该买了。［程度］（この前買った小麦粉はもう残り少なくなったから、また買わなければならない。）
4．放心，今天的菜**剩不下**。［可能］（大丈夫。今日の料理は残りっこないよ。）
5．我们家这几天**剩了**好几次菜。［時量］（我が家ではここ何日か何度もおかずが残った。）

【失】 shī
1. 她觉得好像自己**失去**了什么。[方向]（彼女は何かを失ったように感じた。）

【失败】 shībài
1. 准备好了再做，一定**失败不了**liǎo。[可能]（しっかり準備してからすれば、失敗することはない。）
2. 你不应该**失败一次**就灰心。[時量]（1度失敗しただけで諦めてはいけない。）

【拾】 shí
1. 前面路上是什么？**拾起来**看看。[方向]（前方の路上にあるのは何。拾って見てみなさい。）
2. 我想问一下，今天有人**拾到**钱包了没有？[結果]（すみません。今日財布を拾った人はいませんか。）
3. 你找的是一个黑钱包吗？刚才我看见有人**拾走**了。[結果]（黒い財布をお探しですか。さっき誰かが拾って行きましたよ。）
4. 大家每年都到山上去拾垃圾，今年**拾得特别多**。[程度]（皆毎年、山に登ってゴミ拾いをするが、今年は特にゴミが多かった。）
   〈注〉"拾得特别多"は程度補語の形式であるが，意味的には「"拾"という行為の結果，"特别多"という状況が引き起こされた」ということも表している。
5. 落叶要扫，**拾是拾不干净**的。[可能]（落ち葉は拾っても拾いきれないから、掃かなければ。）
6. 孩子们到车站周围**拾了一天**白色垃圾。[時量]（子供たちは1日中駅の周りのプラゴミを拾っていた。）

【实施】 shíshī
1. 这个计划可以继续**实施下去**。[方向]（このプロジェクトは続行可能だ。）
2. 新税法**实施得很顺利**。[程度]（新税法は実施以来順調だ。）
3. 这项新的法令现在还**实施不了**liǎo。[可能]（この新しい法令は今のところまだ実施できない。）
4. 食品卫生法我们已经**实施了好几年**了。[時量]（食品衛生法が実施されてもう何年にもなる。）

5．新规定可以先在你们那儿**实施一下**。［时量］（新しい規定はまずあなた方のところで実施してみたらどうですか。）

【实习】 shíxí
1．他们准备继续在这儿**实习下去**。［方向］（彼らはここで実習を続けるつもりだ。）
2．学生们**实习完了**。［結果］（学生たちの実習は終わった。）
3．我们在医院**实习得很顺利**。［程度］（私たちの病院での実習は順調だった。）
4．课程还没有学完，今年**实习不了**liǎo。［可能］（カリキュラムをまだ修了していないので，今年は実習できない。）
5．张明去年在这个研究所**实习过一次**。［时量］（張明は去年この研究所で実習したことがある。）
6．毕业之前，我们在高中**实习了两个月**。［时量］（卒業前，私たちは高校で2か月実習した。）

【实现】 shíxiàn
1．他们希望有自己的不受干扰的小天地，却往往**实现不了**liǎo。［可能］（彼らは干渉を受けない自分のプライベート空間を持ちたいと思っているが，往々にして実現できない。）

【实行】 shíxíng
1．奖惩制度应该继续**实行下去**。［方向］（賞罰制度は継続して実行していくべきだ。）
2．改革的政策算**实行对了**。［結果］（改革政策が実行されてよかった。）
3．计划生育政策在他们村**实行得不太好**。［程度］（計画出産はあの村ではあまりうまくいっていない。）
4．这个计划恐怕**实行不了**liǎo。［可能］（この計画はおそらく実行できない。）
5．我国**实行了几年**夏时制，后来又停止了。［时量］（わが国はサマータイムを何年か実施したが，その後またやめた。）
6．这种计件工资的办法可以**实行一下儿试试**。［时量］（こうした出来高払いの方式を試してみるのもいいだろう。）

【实验】shíyàn

1. 他病了，不能继续**实验下去**了。[方向]（彼は病気になったので，実験を続けられなくなった。）
2. 一班**实验完**了，该二班实验了。[结果]（1組が実験を終えて，2組の番だ。）
3. 没有实验仪器，**实验不了**liǎo。[可能]（実験器具がないので，実験できない。）
4. 这种杀虫剂，我们**实验了上百次**才成功。[时量]（この殺虫剤は，100回以上実験してようやく開発に成功しました。）

【试】shì

1. 你怎么**试起来**没完没了了？[方向]（君はいつまで試すつもりだ。）
2. 你买一件衣服要试那么多件，**试得太多了**。[程度]（君は服を1着買うのにそんなにたくさん試着して，やりすぎだよ。）
3. 那件衣服他**试了半天**也没买。[时量]（彼はその服をしばらく試着していたが，買わなかった。）
4. 你先**试一下**表，看看发烧不发烧。[时量]（熱があるかどうか，まず体温を測ってみなさい。）

【释放】shìfàng

1. 他从监狱里**释放出来**时有辆出租车去接他。[方向]（彼が刑務所から釈放されたとき，1台のタクシーが彼を迎えにきていた。）
2. 他精力充沛，可是能量**释放得不是地方**。[程度]（彼は精力旺盛だが，力を発揮すべき場所を間違っている。）

【试验】shìyàn

1. 这次虽然失败了，但我们还要继续**试验下去**。[方向]（今回は失敗したけれど，続けて実験していかなければならない。）
2. 克隆羊**试验成功**了。[结果]（クローン羊の開発に成功した。）
3. 这种水稻，他**试验了好几年**才成功。[时量]（このイネの品種を，彼は何年もかかってやっと開発した。）

4. 你们可以**试验一下儿**，种植新品种的小麦。[時量]（新種の小麦の栽培を試してみてはどうでしょう。）

【适应】 shìyìng
1. 他对这里的环境**适应得很快**。[程度]（彼はここの環境にすぐに適応した。）
2. 这么干燥的气候我一时**适应不**了liǎo。[可能]（こんな乾燥した気候には、私はすぐに適応できない。）
3. 你先**适应一下**环境，不用着急工作。[時量]（まず環境に慣れなさい。あわてて仕事をする必要はありません。）

【收】 shōu
1. 衣服都干了，**收进来**吧。[方向]（服はもう乾いたので、取り込みましょう。）
2. 这个吸尘器要**收起来**吗？[方向]（この掃除機は片付けますか。）
  〈注〉この"起来"は「事物が統御下に置かれる」という意味で、"收起来"は「"收"という動作を通して、出ていた掃除機がもとの状態に戻される」、つまり「片付ける」ということを表している。
3. 节目播出以后，记者**收到**很多家长的来信。[結果]（番組が放送された後、保護者から記者にたくさんの手紙が届いた。）
4. **收好**了帐篷，他们就回家了。[結果]（テントを片付け終わると彼らは家に帰った。）
5. 这个月水费**收齐**了。[結果]（今月の水道代を全部集めた。）
6. 今年的葡萄**收得真不少**。[程度]（今年のブドウの収穫量は本当に多い。）
7. 泼出去的水**收不回来**。[可能]（覆水盆に返らずだ。）
8. 他**收**了两天也没**收齐**报费。[時量/結果]（彼は2日かけても、新聞代を全部集金できなかった。）
9. 你帮我**收一下**作业吧。[時量]（宿題集めるのをちょっと手伝って。）

【收藏】 shōucáng
1. 朋友看了赞叹不已，立刻请人裱好，**收藏起来**。[方向]（友人は見るとしきりに賛嘆の声をあげ、すぐに表装を頼んで大事にしまい込んだ。）
  〈注〉この"起来"は「事物が統御下に置かれる」という意味で、"收藏起来"は「"收

藏"という行為を通して，作品が統御下に置かれる」，つまり「しまい込む」ということを表している。

2. 你把那些古钱**收藏在什么地方**了？［介詞］（あの古銭はどこにしまったのですか。）

【收集】 shōují

1. 请你把大家的意见**收集上来**。［方向］（皆の意見を集めてください。）
   〈注〉この"上来"は「上がってくる」という意味で，"收集上来"は「"收集"という行為を通して，皆の意見が上がってくる」ということを表している。
2. 十二生肖的邮票，我都**收集全**了。［結果］（十二支の切手を，私は全部揃えた。）
3. 关于民俗的资料，他**收集得不少**。［程度］（民俗に関する資料を，彼はたくさん収集している。）
4. 以前的各种票证，不下点功夫，恐怕**收集不全**。［可能］（以前使われていた配給券のたぐいは，頑張らないと，おそらく全部揃えられない。）
5. 我**收集了好多年**，收了不少古代铜钱。［時量］（何年もかけて，多くの古銭を収集している。）
6. 他准备到民间去**收集一下**歌谣。［時量］（彼は民謡を収集しに民衆の中に入るつもりだ。）

【收拾】 shōushi

1. 把不用的东西都**收拾起来**吧。［方向］（使わないものを片付けなさい。）
   〈注〉この"起来"は「事物が統御下に置かれる」という意味で，"收拾起来"は「"收拾"という行為を通して，出しっぱなしになっているものが統御下に置かれる」，つまり「片付ける」ということを表している。
2. 她的房间**收拾干净**了。［結果］（彼女の部屋はきれいに片付いている。）
3. 他把抽屉**收拾得很整齐**。［程度］（彼は引き出しをきっちり整理した。）
4. 自行车撞成这个样子，我可**收拾不了**liǎo。［可能］（自転車がぶつかってこんなになっちゃったら，私には修理できないよ。）
5. 两间屋子，她整整**收拾了两个小时**。［時量］（2部屋片付けるのに，彼女はまるまる2時間かかった。）

6．客人一会儿就来，**快收拾一下**房间。[時量]（もうすぐお客が来るから，はやく部屋を片付けなさい。）

【守】 shǒu

1．这几个位置一定要**守**好！[結果]（これらのポジションをしっかり守れ。）
2．各个路口都**守**得很严，罪犯休想逃出去。[程度]（交差点はどこも厳重に守られているので，犯人が逃げられるはずはない。）
　　〈注〉"休想"は書面語で，「〜しようと思ってもできない」という意味である。
3．不能告诉他，他**守**不住秘密。[可能]（彼に言わないで。口が軽いから。）
4．守门员要**守**不住了，快换人吧！[可能]（ゴールキーパーはもちそうもない。はやく交代しろ。）
　　〈注〉この"住"は「動きがしっかり止まる」という意味で，"守不住"は「"守"という行為を通して，シュートされたボールの進入を食い止めることができない」ということを表している。
5．她住了六天医院，妈妈就**守**了她六天。[時量]（彼女が入院していた6日間，お母さんはずっと看病していた。）

【受】 shòu

1．我感觉好像**受到**夹道欢迎一样。[結果]（まるで大スターと同じような歓迎を受けた感じだった。）
2．到一个新的国家，我们很快就会**受到**影响。[結果]（新しい国に行くと，私たちはすぐに影響を受けるだろう。）
3．这几年的苦，我可**受够**了。[結果]（ここ数年の苦労で，もうこりごりだ。）
4．她**受不**liǎo一点委屈。[可能]（彼女は嫌なことには少しも耐えられない。）
5．这几天怎么这么热呀，真让人**受不**了liǎo。[可能]（この頃どうしてこんなに暑いのだろう。もう我慢できない。）

【梳】 shū

1．你把头发**梳**整齐点。[結果]（髪をもうちょっとちゃんととかしなさい。）
2．小女孩的辫子**梳**得高高的。[程度]（少女は上のほうでおさげに結んでいる。）

3．头发都粘到一块儿，**梳不开**了。［可能］（髪がくっついてしまって，櫛が通らなくなった。）
4．她一天要**梳好几次**头。［時量］（彼女は1日に何回も髪をとかす。）
5．我**梳**了**好几年**的小辫，现在剪短了。［時量］（私は何年もおさげだったけれど，今は短くした。）

【输】 shū
1．他打麻将，把钱都**输光**了。［結果］（彼は麻雀で金を全部すった。）
2．这场球乙队**输得太惨了**，十比一。［程度］（今回の試合で乙組は10対1で惨敗した。）
3．我今天运气好，**输不了** liǎo。［可能］（今日はついているから，負けるはずがない。）
4．王大娘输液已经**输**了**一个星期**了。［時量］（王ばあさんが点滴し始めてもう1週間が過ぎた。）

【数】 shǔ
1．劳驾，你数钱不要**数出**声音来，好吗？［方向］（すみません。声に出さないでお金を数えていただけますか。）
2．我把钱**数完**了。［結果］（お金を数え終えた。）
3．我**数完一遍**了，你再**数一遍**。［結果/時量］（私が1度数えたが，君ももう1度数えてみて。）
4．你**数得太快**了，慢一点儿。［程度］（君は数えるのがはやすぎる，ゆっくり数えて。）
5．数量太多了，一个人一天**数不完**。［可能］（数が多すぎて1人では1日で数えきれない。）
6．他**数**了**半天**也没数对。［時量/結果］（彼は何回数えても数が合わなかった。）

【束缚】 shùfù
1．不要把自己**束缚起来**，要解放思想，大胆创新。［方向］（自分を束縛してはならない。考え方をオープンにして，大胆に創造しなければならない。）

2．不能让封建思想**束缚**住妇女的头脑。［結果］（封建思想で女性の考え方を束縛してはならない。）

3．计划经济把人们的思想**束缚**得很死。［程度］（計画経済で人々の考え方はがんじがらめにされた。）

4．旧的观念再也**束缚**不了liǎo我们的思想了。［可能］（古い概念は2度と私たちの考え方を束縛することができなくなった。）

5．封建思想**束缚**了他一辈子。［時量］（封建思想に彼は一生束縛されていた。）

【树立】 shùlì
1．我们一定要牢固地**树立**起为人民服务的思想来。［方向］（人民に奉仕するという考え方を、しっかりと確立しなければならない。）

2．我们一定要**树立**好这个勤劳致富的典型。［結果］（勤勉が富をもたらすというモデルを、なんとしても作りあげる必要がある。）

3．这个典型**树立**得很好。［程度］（この模範人物はいいお手本になる。）

4．好的社会风气为什么**树立**不起来呢？［可能］（よい慣習を、なぜ作りあげることができないのだろうか。）

5．这个先进典型我们已经**树立**了好几年了。［時量］（この進歩的モデルを打ち立ててもう何年にもなる。）

6．你当了领导，应该先**树立**一下自己的威信。［時量］（リーダーになったら、まず威信を築くべきだ。）

【刷】 shuā
1．鞋上的泥点儿都**刷**下去了。［方向］（靴についた泥をブラシできれいに落とした。）

2．他已经把锅**刷**干净了。［結果］（彼はもうなべをきれいに洗った。）

3．这间屋子**刷**得很白。［程度］（この部屋は真っ白に塗られている。）

4．牙上的斑痕怎么也**刷**不掉。［可能］（歯の汚れがどう磨いても落ちない。）

【耍】 shuǎ
1．小张又**耍**起两面派来了。［方向］（張さんはまた立場をころっと変えた。）

2．这些杂技演员耍盘子都耍熟了，怎么耍也掉不下来。[结果]（この芸人たちは皿回しに熟練しているから、どんな動作をしても落とさない。）
3．瞧他们的龙灯耍得多有意思。[程度]（ほら、彼らの竜灯踊り、なんておもしろいんだろう。）
4．这地方太小，耍不开龙灯。[可能]（ここは狭すぎて、竜灯踊りができない。）
5．他耍了半天嘴皮子，也没人理他。[时量]（彼はずっと減らず口をたたいていたが、誰も相手にしなかった。）
6．这大刀让我耍一下儿，行吗？[时量]（この大刀をちょっと振ってみてもいいですか。）

【摔】 shuāi
1．休息时，他们又摔起跤来。[方向]（休憩中、彼らはまた相撲を始めた。）
2．他从房上摔下来，摔伤了腰。[方向/结果]（彼は屋根から落ちて、腰を痛めた。）
3．这花瓶不是我摔坏的。[结果]（この花びんを壊したのは私じゃない。）
4．有一个人把腿摔伤了，怎么办呢？[结果]（転んで足をけがした人がいるけど、どうしようか。）
5．没摔着zháo吧？[结果]（転んでけがしなかったですか。）
6．我不小心把盘子摔碎了。[结果]（うっかり皿を落として割ってしまった。）
7．这盘子是铁的，摔不坏。[可能]（この皿は鉄でできているから、落としても割れない。）

【甩】 shuǎi
1．我可把这个包袱甩出去了。[方向]（私はこのお荷物をやっと放り出した。）
2．他怎么也甩不掉跟踪他的人。[可能]（彼は後をつけてきている人をどうしてもまくことができない。）
3．她习惯地甩了一下头发。[时量]（彼女はいつものように髪をさっと振りあげた。）

【拴】 shuān

1. 把狗**拴起来**吧，别让它咬人。[方向]（イヌをつないで。人をかむといけないから。）
   〈注〉この"起来"は「事物が統御下に置かれる」という意味で，"拴起来"は"拴"という行為を通して，自由に動き回れるイヌが統御下に置かれる，つまり「つなぎとめておく」ということを表している。
2. 你把绳子**拴紧点儿**。[結果]（縄をもうちょっときつくくくって。）
3. 你没那么大劲儿，**拴不紧**，看我的。[可能]（君はそんな力がないのできつく縛れない，私に任せて。）
4. 把马**拴在树上**。[介詞]（ウマを木につないで。）
5. 渔民**拴**了半天才把船**拴牢**。[時量/結果]（漁民は懸命に頑張ってやっと船をしっかり係留した。）

【睡】 shuì

1. 这孩子**睡起来**没完。[方向]（この子はいったん眠るといつまでも寝ている。）
2. 我今天**睡过了头**，没赶上第一节课。[結果]（今日寝過ごして，1限目の授業に間に合わなかった。）
3. 他在一个中国朋友家过夜，一夜没**睡好**。[結果]（彼は中国人の友人の家に1晩泊まったが，1晩中よく寝られなかった。）
4. 他**睡醒**了。[結果]（彼は目が覚めた。）
   〈注〉"醒"は「目が覚める」という意味で，"睡醒"は「"睡"（眠っている）という状態から目が覚める」ということを表している。
5. 我一坐到列车的坐位上就**睡着**zháo了。[結果]（私は列車の座席につくとすぐに眠ってしまった。）
6. 他每天**睡得很少**。[程度]（彼は毎日あまり眠らない。）
7. 孩子**睡得很香**。[程度]（子供がぐっすり寝ている。）
8. 写完报告，我一定要**睡个够**。[程度]（レポートを書き終えたら，寝まくるぞ。）
9. 我这几天总**睡不好觉**。[可能]（私はここ数日よく眠れない。）
10. 你都**睡**了一天了，还不起来？[時量]（まだ起きないのか。もうまる1日寝てたよ。）

【顺】 shùn
1. 把筷子**顺过来**。不要乱放。[方向]（箸の向きを揃えて置きなさい。いいかげんに置いてはいけません。）

〈注〉この"过来"は「本来あるべき状態になる」という意味で，"顺过来"は「「顺」（向きを揃える）という動作を通して，箸の向きが正しい状態になる」ということを表している。

2. 把筷子**顺好**，放进筷子笼里。[結果]（箸を揃えて，箸立てに入れなさい。）
3. 我这头发睡觉压得都**顺不过来**了。[可能]（私の髪は寝癖がひどくて整わなくなった。）

〈注〉この"过来"は「本来あるべき状態になる」という意味で，"顺不过来"は「「顺」という動作をおこなっても，髪の毛を整った状態にすることができない」ということを表している。

【说】 shuō
1. 应该坦率地**说出**自己的感想。[方向]（自分の感想を率直に言うべきだ。）
2. 有什么意见、要求，就**说出来**。[方向]（何か意見や要求があったら，言いなさい。）
3. 这一定是误会了，**说开**了就好了。[方向]（それはきっと誤解だから，今わけを説明すればいい。）
4. 每次和国内的亲戚朋友聚会，他们都要**说起**气功。[方向]（毎回，中国の親戚友人と集まるたびに，彼らは必ず気功のことを話題にする。）
5. 有的中国人爱互相开玩笑，把自己**说成**对方的长辈。[結果]（中国人の中には，自分のほうが相手より年長だと言って冗談を言うのが好きな人がいる。）

〈注〉"把～说成…"は「～を…と言う」という意味である。中国では，相手より世代が上だと得をしたような気になるが，世代が下だと損をしたような気になる，という伝統的な価値観がある。

6. 不怕**说错**的精神我想是非常重要的。[結果]（言い間違いを恐れない気持ちがとても重要だと私は思う。）
7. 他俩**说好**，明天一起去买东西。[結果]（彼ら2人は，明日一緒に買い物に行く約束をした。）
8. 昨天她被老师**说哭**了。[結果]（昨日，彼女は先生に叱られて泣いた。）

9. 糟糕，我又**说**走嘴了。[結果]（いけない。また口が滑った。）
10. 他**说得**大家都笑了。[程度]（彼の話で皆が笑った。）
11. 这个话**说得**对。[程度]（その通りです。）
12. 小明把事情的经过**说得**很详细。[程度]（小明は事件の経過を詳しく語った。）
13. 她**说得**太多了，我听得头都晕了。[程度]（彼女があんまりしゃべりすぎるので，聞いていて頭がくらくらした。）
14. 快走吧，别**说个**没完了。[程度]（いつまでもしゃべってないで，はやく行きなさい。）
15. 明天咱们去喝一杯**说个**痛快。[程度]（明日は飲みながら思い切り語り合おう。）

   〈注〉"说个痛快"には"得"ではなく"个"が用いられているが，程度補語の一形式である。この形式は口語で用いられることが多く，"得"を用いた場合よりも生き生きとした表現である。"痛快"は「動作主が前もって望んでいる結果」を表している。

16. 他虽然爱上了那个姑娘，但是怎么也**说不出**口。[可能]（彼はあの娘にほれたが，どうしても言い出せない。）
17. 他气得一句话也**说不出**来。[可能]（彼はことばが出ないほど怒った。）
18. 我和他**说不到**一块儿去。[可能]（私と彼は話が合わない。）
19. 我一下子**说不上**她的名字来。[可能]（私はとっさに彼女の名前が出てこなかった。）
20. 能不能办成，还真**说不准**。[可能]（できるかどうかは，まだ何とも言えない。）
21. 哎呀，我**说到**哪儿了？都**说**糊涂了。[介詞/結果]（あれ，どこまで話したかな。わけがわからなくなってしまった。）
22. 他一口气**说了**半个小时。[時量]（彼は一気に30分話した。）
23. 我又**说了**一次，他还是没听懂。[時量]（私はもう1度言ったが，彼はやはりわからなかった。）
24. 请你再**说**一遍，我没听清楚。[時量]（もう1度言ってください。はっきり聞こえませんでした。）

【说明】 shuōmíng

1. 这件事**说明不了**liǎo任何问题。[可能]（このことは何の裏付けにもならない。）
2. 我先把作法**说明一下**，然后大家一起做。[時量]（まずやり方を説明しますから皆で一緒にやりましょう。）

【撕】 sī

1. 贴在窗户上的纸，一撕就**撕下来**了。[方向]（窓に貼った紙を，簡単にはがした。）
2. 你怎么把纸都**撕碎**了？[結果]（君はどうして紙をビリビリに破ったんだ。）
3. 她一生气，把男朋友的来信**撕得粉碎**。[程度]（彼女は怒って，彼氏から来た手紙をビリビリに破った。）
4. 这料子很结实，用手根本**撕不开**。[可能]（この生地はとても丈夫なので，手では引き裂けない。）
5. 那些广告粘得太结实，我**撕**了半天也没**撕干净**。[時量/結果]（その広告はしっかりくっついていて，どんなにはがそうとしても，きれいにはがせなかった。）

【死】 sǐ

1. 由于煤气中毒，他**死过去**了，经过抢救才活了过来。[方向]（ガス中毒で彼は意識不明に陥ったが，応急手当てを受けて生き返った。）

   〈注〉この"过去"は「本来あるべき状態を離れる」という意味で，"死过去"は「生きている状態から"死"の状態になる」ということを表している。文末の"活过来"はその逆で，「死んだ状態から"活"の状態に戻る」ということを表している。

2. 他三岁的孩子病了没钱医治，**死掉**了。[結果]（彼の3歳の子供は病気になったが，治療するお金がなく，死んでしまった。）
3. 李先生**死得不明不白**。[程度]（李さんは原因不明の死に方をした。）
4. 这个孩子父亲母亲都**死得很早**，非常可怜。[程度]（この子は両親に早死にされ，とても気の毒だ。）
5. 他爸爸**死于**肺癌。[介詞]（彼の父は肺ガンで死んだ。）
6. 他**死了十年**以后，冤案得到了平反。[時量]（彼が死んで10年の後に，

冤罪は晴らされた。）

【送】 sòng

1．下午，我把该送的礼都**送出去**了。［方向］（午後，私は予定通り贈り物を全部発送した。）
2．有人**送**电视机来了。［方向］（誰かがテレビを届けてくれたよ。）
3．你给他送礼是不是**送得太多了**？［程度］（あなたは彼にプレゼントを贈りすぎじゃないの。）
4．王先生说他有事，**送不了**liǎo你了。［可能］（王さんは用事ができたので，君を見送れなくなったと言ってた。）
5．这架电视机能不能给**送到家里**？［介詞］（このテレビ，うちへ届けてもらえませんか。）
6．他把病人**送到医院去**了。［介詞］（彼は病人を病院まで送って行った。）
7．要赶快把组织到的那批帐篷**送往灾区**。［介詞］（用意したそれらのテントを今すぐ被災地に届けなければならない。）
8．今天我挨家挨户送了一天报纸，累死了。［時量］（今日1日私は1軒1軒新聞を配達して，ひどく疲れた。）

【搜集】 sōují

1．你把能**搜集到**的资料都**搜集起来**。［結果/方向］（手に入る資料は全部集めてください。）

　〈注〉この"起来"は「事物が統御下に置かれる」という意味で，"搜集起来"は「"搜集"という行為を通して，分散している資料が1つにまとめあげられる」ということを表している。

2．他们的经济情报你**搜集到**了吗？［結果］（彼らの経営状況に関する情報は集まりましたか。）
3．各种纪念邮票他**搜集得很多**。［程度］（いろいろな記念切手を彼はたくさん集めている。）
4．民间故事太多了，**搜集不全**。［可能］（民間の物語は多すぎて，全部は収集できない。）
5．我搜集了很多年才**搜集到**这些古代铜钱。［時量/結果］（私は何年もか

かってやっとこれら古代の銅銭を収集できた。）

【算】 suàn
1. 水费**算出来**了吗？［方向］（水道代を計算できたか。）
2. 这道数学题我**算对**了。［結果］（この数学の問題を私は正解した。）
3. 那笔帐他**算得清清楚楚**。［程度］（彼はあの勘定をはっきり計算した。）
4. 这么点儿困难**算不上**什么。［可能］（これっぽっちの苦労は何でもない。）
5. 摔一交又**算得**了liǎo什么？［可能］（転んだくらいどうってことないだろう。）
6. 你帮我**算一下**帐吧。［時量］（ちょっと勘定を手伝ってくれないか。）

【缩】 suō
1. 乌龟遇到外界刺激，头就**缩进去**。［方向］（カメは外部から刺激を受けると，すぐ頭を引っ込める。）
2. 衣服再**缩下去**就穿不了liǎo了。［方向］（服がこれ以上縮んだら着られなくなる。）
3. 洗后的衣服**缩短**了很多。［結果］（洗った後，服がひどく縮んだ。）
4. 屋里太冷，他**缩**了半天脖子，**缩得肩膀都酸了**。［時量/程度］（部屋の中がとても寒い。彼はずっと首をすぼめていて，肩が凝ってしまった。）

【缩小】 suōxiǎo
1. 月牙湖的面积这几年**缩小得只剩下个水洼了**。［程度］（月牙湖の面積はここ数年でかなり縮小し，水溜りほどの大きさになってしまった。）
2. 要把调查的范围**缩小到最小限度**。［介詞］（調査の範囲を最小限度まで縮小しなさい。）
3. 建筑面积可以再**缩小一下**。［時量］（建築面積はもうちょっと縮小できる。）

【锁】 suǒ
1. 把贵重的东西都**锁进**柜子里去。［方向］（貴重品は全部戸棚に入れてカギをかけなさい。）
2. 你出去时把门**锁上**。［方向］（出かけるときカギを閉めて。）

3. 请大家**锁定**我们的频道，广告以后我们马上回来。[结果]（チャンネルはどうかそのままで。CMの後も引き続きご覧ください。）
4. 箱子**锁得很结实**。[程度]（箱にはしっかりカギがかかっている。）
5. **锁**坏了，怎么也**锁不上**。[可能]（カギが壊れて，どうやってもかからない。）
6. 这个阿姨太不像话，因为孩子淘气，把孩子**锁在屋里**，**锁了一个小时**。[介词/时量]（このベビーシッターは本当にひどい。子供がいたずらっ子だからといって，部屋に1時間も閉じ込めるなんて。）
7. 我手里拿着东西呢，你帮我**锁**一下门吧。[时量]（手にものを持っているので，代わりにカギを閉めてちょうだい。）

【塌】tā
1. 她累得眼睛都**塌进去**了。［方向］（彼女は疲れて目が落ちくぼんでしまった。）
2. 屋里有的地方地板都**塌下去**了。［方向］（部屋のところどころで床がへこんでいる。）
3. 那座房子**塌得都没法修**了。［程度］（その家は修築できないほどに倒壊した。）
4. 这间草房都**塌了一年多**了。［時量］（このわらぶきの家は崩れてもう1年以上たつ。）

【踏】tà
1. 水泥地没干，**踏上去**就是一个脚印。［方向］（セメントを打ったところがまだ乾いていないから，踏んだら足跡が残ってしまう。）
2. 这地板很结实，**踏不塌**。［可能］（この床板は頑丈だから，踏んでもへこまない。）
3. 脚**踏在草地上**感觉很舒服。［介詞］（芝生を踏むと心地よく感じる。）
4. 做操之前先原地踏步**踏两分钟**。［時量］（体操をする前にまずその場で2分間足踏みする。）

【抬】tái
1. 把桌子**抬进教室去**吧！［方向］（机を教室に運んで。）
2. 商人们故意**抬高**物价。［結果］（商人たちはわざと物価を吊りあげた。）
3. 锻炼时你要把腿**抬得高一点**。［程度］（トレーニングのとき，足をもうちょっと高く上げて。）
4. 钢琴这么重，两个人**抬得动**吗？［可能］（ピアノはこんなに重いのに，2人で運べますか。）
5. 在农村劳动时我**抬过一次**石头。［時量］（農村で労働していたとき，私は石運びをしたことがある。）

6．**抬**了半天土，我都累了。[時量]（ずっと土運びをして，もう疲れた。）

【摊】tān

1．把生虫子的米**摊**开来晾一晾。[方向]（虫がついた米を広げて干しましょう。）
2．她**摊**煎饼**摊**得很好。[程度]（彼女は煎饼〔チェンビン〕を焼くのが上手だ。）
3．这种面**摊**不了liǎo煎饼。[可能]（このような小麦粉では煎饼〔チェンビン〕は作れない。）

　　〈注〉この"不了"は「条件が合わずできない」という意味である。"摊不了"は「小麦粉の種類が違うことから，"摊"できない」ということを表している。

4．我把买来的东西都**摊**在桌上，让大家看。[介詞]（私は買ってきたものを全部机に並べて，皆に見せた。）
5．他下岗以后，**摊**了好几年煎饼果子。[時量]（彼はリストラされてから，何年も油条〔ヨーティアオ〕を巻いた煎饼〔チェンビン〕を売っていた。）

　　〈注〉"煎饼果子"は"油条"〔ヨーティアオ〕等を巻いた"煎饼"のこと。"摊了好几年煎饼果子"の直訳は「"煎饼果子"を何年も焼いていた」であるが，そこから「何年も売っていた」という訳が出てくる。

【谈】tán

1．就这样，我们**谈**起话来。[方向]（こうして，私たちは話し出した。）
2．这批货的价格我们**谈**好了。[結果]（今回の品物の価格について私たちは合意した。）
3．我和他**谈**得很投机。[程度]（私と彼は話に花が咲いた。）
4．我们只是随便打打，根本**谈**不上比赛。[可能]（私たちはただ気軽に打ち合っただけで，試合だなんてぜんぜん言えない。）

　　〈注〉この"上"は「（"比赛"という段階への）到達」という意味で，"谈不上"は「そのような段階に到達できない」ということを表している。

5．这两个人很**谈**得来。[可能]（この２人はとても気が合う。）

　　〈注〉"得来"は"合、处、谈、说"などの動詞と結びついて，「気が合う」という意味を表す。"谈得来"は「"谈"という行為を通して，２人は気が合う」ということを表している。「動詞＋"得来"」「動詞＋"不来"」の形式にしないと使えないことに注意。

6．就工作调动问题，我跟领导**谈**过一次。[時量]（転勤問題について，私

は上司と1度話したことがある。)
7．我跟老同学一直**谈**了**两个小时**。[時量]（昔のクラスメイトと2時間ずっと話し続けた。）

【弹】tán
1．球碰到门柱上又**弹**了**回来**。[方向]（ボールはゴールポストに当たって跳ね返った。）
2．你把这支曲子**弹完**吧。[結果]（この曲を最後まで弾きなさい。）
3．这孩子弹钢琴**弹得好极了**。[程度]（この子はピアノがとてもうまい。）
4．钢琴我**弹不好**，我可以弹琵琶。[可能]（ピアノはうまく弾けないけれど，琵琶なら弾ける。）
5．孩子**弹**了**半天**琴了，该休息一下儿了。[時量]（子供はずっとピアノを弾きっぱなしだったから，少し休むべきだ。）
6．这首歌他**弹**了**一遍**就会了。[時量]（この歌を彼は1度弾いただけで弾けるようになった。）

【探】tàn
1．不要把头从车窗**探出去**。[方向]（顔を車の窓から出してはいけない。）
2．那些马从高高的栏缝间**探出头来**，往我的车上看。[方向]（その馬たちは高い柵の隙間から頭を出して，私の車のほうを見ていた。）
3．怪不得小偷对路线这么熟，原来事先把路**探好**了。[結果]（道理でこそ泥は道に詳しかったはずだ。事前に下調べしてあったのだ。）
4．今年生产任务太忙，恐怕**探不了**liǎo亲了。[可能]（今年は生産業務が忙しすぎて，里帰りできなくなりそうだ。）
5．他向我们这儿**探**了**半天**头了。[時量]（彼は私たちのところの様子をずっとうかがっていた。）
6．我们外地人一年可以公费**探一次**亲。[時量]（私たち地方出身者は年1回公費で里帰りできる。）

【探索】tànsuǒ

1. 人们还没有真正**探索出**宇宙的奥秘。[方向]（真の宇宙の神秘はまだ解明されていない。）

   〈注〉この"出"は「わかる；明らかになる」という意味で，"探索出"は「"探索"という行為を通して，宇宙の神秘が明らかになる」ということを表している。

2. 对于艾滋病的治疗方法，他准备继续**探索下去**。[方向]（エイズの治療方法について，彼は続けて探求するつもりだ。）

3. 他**探索了多年**，终于找出了一些治疗这种病的方法。[時量]（彼は何年も探し求め，ついにこの病気の治療方法を発見した。）

【躺】tǎng

1. 他**躺下来**就睡着了。[方向]（彼は横になるとすぐに眠ってしまった。）

2. 你把身体**躺平了**睡。[結果]（体を仰向けにして寝なさい。）

3. 这个小床怎么**躺得下**两个人？[可能]（この小さなベッドにどうして2人が横になれるの。）

   〈注〉この"得下"は「場所に余裕があり収納できる」という意味で，"躺得下"は「"躺"という行為を通して，ベッドに2人を収納できる」ということを表しているが，文としては反語文なので，「どうして2人が横になれるの（できないでしょう）」という訳になっている。

4. 三郎两手架在头下，闭上眼睛仰着身子**躺在**堤坡上。[介詞]（三郎は両手を頭の下に組んで，目を閉じて仰向けになって堤防に寝そべっていた。）

5. 他得了半身不遂，在床上**躺了好几年**了。[時量]（彼は半身不随になって，もう何年もベッドで寝たきりだ。）

6. **躺了两天，躺得我浑身不舒服**。[時量/程度]（2日間横になっていたせいで，体中具合が悪い。）

7. 太累了你就**躺一下**，休息一会儿。[時量]（疲れたなら横になってちょっと休みなさい。）

【烫】tàng

1. 他的手上**烫起来**好几个泡。[方向]（彼の手は火傷して水ぶくれがいくつもできた。）

   〈注〉この"起来"は「下から上に隆起する」という意味で，"烫起来"は「"烫"（火

傷する）した結果，水ぶくれが皮膚から垂直方向へ盛りあがった」ということを表している。

2．小红的脚被开水**烫伤**了。［結果］（小紅はお湯で足を火傷した。）
3．你的头发**烫得真漂亮**！［程度］（きれいにパーマがかかってるね。）
4．你的头发太短，**烫不了**liǎo大花。［可能］（あなたの髪は短すぎて，ウェーブをかけられない。）
5．我的头发刚**烫了一个月**就直了。［時量］（私のパーマは1か月でとれた。）
6．我一年**烫两次**头。［時量］（私は年に2回パーマをかける。）
7．先用开水把壶**烫一下**。［時量］（まずお湯で急須を温めます。）

【掏】 tāo

1．清洁工人把堵塞的下水道**掏通**了。［結果］（清掃員が詰まった下水道を流れるようにした。）
2．他非把耳朵**掏得干干净净**才舒服。［程度］（彼は耳をきれいに掘らないと気がすまない。）
3．你掉到暖气后面的东西，用手**掏不出来**。［可能］（君がスチームの後ろに落としたものは，手を伸ばしても取れない。）
4．他在书包里**掏了半天**也没**掏出**钱来。［時量/方向］（彼はカバンの中をしばらくかき回していたが，お金を取り出せなかった。）
5．我耳朵痒痒，你给我**掏一下**。［時量］（耳がかゆいから，ちょっと耳かきして。）

【逃】 táo

1．几个犯人密谋，要从监狱里**逃出去**。［方向］（犯人が何人かで脱獄しようとたくらんでいる。）
2．已经抓住的小偷又**逃掉**了。［結果］（捕まえたこそ泥にまた逃げられた。）
3．他的手、脚都被捆上了，**逃不了**liǎo。［可能］（彼は手足を縛られていて，逃げられない。）
4．小时候他也**逃过一次**学。［時量］（子供の頃，彼も1度学校をサボったことがある。）

【讨论】 tǎolùn

1. 他们**讨论起**妇女地位问题，话就没完。[方向]（彼らが女性の地位について討論し出すと，話がつきない。）
2. 关于如何提高质量的问题，大家**讨论完了**。[結果]（品質向上の方法に関する話し合いは終わった。）
3. 就如何促销的问题，大家**讨论得很热烈**。[程度]（販売を促進するための方法について，皆で熱心に討論した。）
4. 我们都不了解情况，怎么**讨论得了** liǎo？[可能]（私たちは誰も状況を把握していないのに，討論できるわけないじゃないか。）
5. 大家**讨论了**半天也没有**讨论出**结果来。[時量/方向]（皆で真剣に議論したのに，結論が出なかった。）
6. 关于中学生的素质教育问题，上星期我们**讨论了一次**。[時量]（中学生の素質教育について，先週私たちは1度討論した。）

【套】 tào

1. 头一次见面，他就跟人**套起**近乎来。[方向]（初めて会ったのに，彼はすぐなれなれしくした。）
2. 人们喜欢在棉袄外面**套上**一件罩衣。[方向]（人々は綿入れの上に，上っ張りをよくはおる。）
   〈注〉この"上"は「付着」という意味で，"套上"は「"套"（重ねる）という行為を通して，上っ張りが綿入れに付着する」，つまり「はおる」ということを表している。
3. 她嘴很严，你**套不出**她的话来。[可能]（彼女は口が堅いから，彼女から話を聞き出すことはできないよ。）
4. 我**套了**半天才**套上**两个圈。[時量/方向]（何度も輪を投げてやっと2本入った。）
5. 套圈很有意思，你不信**套一下**试一试。[時量]（輪投げはおもしろいよ。嘘だと思うならやってごらん。）

【疼】 téng

1. 夜里伤口又**疼起来**，把我**疼醒了**。[方向/結果]（夜中にまた傷口が痛んで，目が覚めた。）

2．他得了急性阑尾炎，**疼得直打滚**。［程度］（彼は急性虫垂炎になって，痛みでのたうち回った。）
3．我摔一了跤，腿**疼了好几天**。［時量］（転んで，足が何日も痛んだ。）

【踢】tī

1．他一脚把球**踢出去**好远。［方向］（彼はひとけりでボールを遠くまで飛ばした。）
2．五号队员一脚把球**踢进**了球门。［方向］（5番の選手が1発でシュートを決めた。）
3．上海队**踢赢**了沈阳队。［結果］（上海チームは瀋陽チームに勝った。）
4．王刚足球**踢得特别好**。［程度］（王剛はサッカーが特にうまい。）
5．我的脚扭伤了，**踢不了**liǎo球了。［可能］（足をくじいて，ボールをけれなくなった。）
6．你**踢了半天**足球了，该休息一会儿了。［時量］（ずっとサッカーをしてるのだから，一休みすべきだ。）
7．我不小心被马**踢了一脚**。［時量］（うっかりしていてウマにけられた。）

【提】tí

1．什么人都可以**提出**自己的意见。［方向］（誰でも自分の意見を言える。）
2．题材都是大家**提出来**的。［方向］（題材は皆が出したものだ。）
3．**提起**母亲，人们常会想起童年。［方向］（母親の話になると，人はよく子供の頃のことを思い出すものだ。）
4．直到最近中国报刊才开始**提到**这样的话题。［結果］（最近になってやっと中国の新聞や雑誌でもこのような話題を取りあげ出した。）
5．请把手提包**提好**。［結果］（バッグをしっかり持っていてください。）
6．这个问题**提得很好**。［程度］（これはいい問題提起だ。）
7．东西太重了，我**提不动**。［可能］（荷物が重すぎて，私には持てない。）
　〈注〉この"不动"は「("提"という) 動作を思うようにおこなうことができない」という意味を表している。
8．考试的时间往前**提了两天**。［時量］（試験日を2日前倒しにした。）
9．你帮我**提一下**行李吧！［時量］（荷物を持っててくれ。）

【提倡】 tíchàng

1. 现在又有人**提倡起**勤俭持家**来**了。[方向]（この頃また家計を節約しようという人たちが出てきた。）
2. 计划生育**提倡得很对**，就是晚了一点儿。[程度]（計画出産の提唱は正しかったが，ちょっと遅すぎた。）
3. 说普通话，在我们这儿还**提倡不起来**。[可能]（共通語の使用は，このあたりではまだ提唱できない。）
   〈注〉この"起来"は「("提倡"という) 出来事が起こる」という意味で，"提倡不起来"は「そういった出来事を起こせない」ということを表している。
4. 科学种田，在我国已经**提倡了**好多年了。[时量]（科学農業を，わが国ではすでに何年も前から提唱している。）
5. 助人为乐的精神应该好好**提倡一下**。[时量]（人助けの精神を広く提唱するべきだ。）

【提高】 tígāo

1. 他的汉语水平**提高得很快**。[程度]（彼は中国語力の進歩がとてもはやい。）
2. 不实行改革开放，人民的生活水平就**提高不了**liǎo。[可能]（改革開放を実行しないと，人々の生活水準は上がらない。）
3. 应该把产品质量**提高到**一个新的水平。[介词]（製品の品質を新しい水準まで引きあげねばならない。）
4. 产品质量还需要再**提高一下**。[时量]（製品の品質をもう少し引きあげなければならない。）

【提供】 tígōng

1. 他又给我们**提供出来**不少新线索。[方向]（彼はまた私たちに多くの新たな手がかりを提供してくれた。）
2. 这份材料你**提供得很及时**。[程度]（この資料をタイミングよく提供してくれた。）
3. 我不了解情况，所以**提供不了**liǎo什么信息。[可能]（私は状況を把握していないので，何の情報も提供できない。）
4. 农村每年都**提供给**城市大量的农产品。[介词]（農村は毎年都市に大量

の農産物を供給する。)
5．希望您给我们**提供**一下方便。[時量]（私たちに便宜をはかっていただければ幸いです。)

【提前】tíqián
1．放假的时间**提前不了**liǎo。[可能]（休暇の日程を繰りあげることはできない。)
2．考试的时间**提前到**一月二十日。[介詞]（試験日を1月20日に繰りあげる。)
3．开饭的时间能不能再**提前**一下？[時量]（食事の時間をもうちょっと繰りあげることが可能ですか。)

【提醒】tíxǐng
1．你**提醒**对了，应该让他知道不能骄傲。[結果]（君が注意してあげてよかった。彼に調子に乗ったらいけないと教えなくては。)
2．一个人一个人地**提醒**，哪**提醒得过来**？[可能]（1人ずつやってたら，どうして注意しきれるだろうか。)
　〈注〉"提醒得过来"は「(すべての人の範囲にわたって)"提醒"という行為をおこなうことができる」ということを表しているが，この文は反語文で，「1人ずつ注意していては時間が十分ではない」ということを表している。
3．你**提醒得很及时**，我差点儿忘了。[程度]（いいときに注意してくれた。うっかり忘れるところだったよ。)
4．我**提醒**了他**两次**，他还是忘了。[時量]（私が2回注意したのに，やっぱり彼は忘れた。)

【体会】tǐhuì
1．妈妈的一片心意，我已经**体会出来**了。[方向]（母の思いやりは今はもうよくわかっている。)
　〈注〉この"出来"は「わかる；明らかになる」という意味で，"体会出来"は「"体会"という出来事を通して，母親の気持ちが明らかになる」ということを表している。
2．通过参加麦收劳动，我**体会到**农民的艰辛。[結果]（ムギの収穫作業を通して，私は農民の苦労がよくわかった。)

3．这篇散文的意境，你**体会**得出来吗？［可能］（この散文の境地を，君は理解できるかい。）

4．你应该到群众中去，**体会**一下老百姓的思想感情。［時量］（君は群衆の中に入って，庶民が何を考え，感じているかを身をもって知るべきだ。）

【体现】tǐxiàn

1．王先生的创作风格在这幅画中充分**体现出来**了。［方向］（王先生の作風はこの絵の中で存分に表現されている。）

2．改革精神在这个文件中**体现**得很充分。［程度］（改革精神はこの文書の中に存分に表現されている。）

3．改革开放的成果**体现在**各个方面。［介詞］（改革開放の成果が各方面で現れ出る。）

【替】tì

1．他受伤了，快把他**替下来**吧！［方向］（彼はけがをしたので，はやく彼を替えなさい。）

2．五号运动员**替下**了六号运动员。［方向］（5番の選手が入って6番の選手が下がった。）

〈注〉この"下"は「分離」という意味で，"替下"は「"替"という行為を通して，6番の選手が分離する」，つまり「退場する」ということを表している。

3．这种工作只有他能做，别人**替不**了liǎo他。［可能］（この種の仕事は彼にしかできない。彼に替わる者はいない。）

4．你**替**我一下，我有点事。［時量］（ちょっと替わって。用事があるから。）

【添】tiān

1．他画得虽然快，但是因为给蛇**添上**了四只脚，所以输了。［方向］（彼ははやく書きあげたが，ヘビに四本の足を付け足してしまったので負けた。）

〈注〉この"上"は「付着」という意味で，"添上"は「"添"という行為を通して，ヘビに四本の足が付け加わる」ということを表している。

2．炉子里的煤**添足**了。［結果］（ストーブに石炭をたっぷり入れた。）

3．今年她衣服**添**得真不少。［程度］（今年彼女は服をたくさん新調した。）

4．你来也**添不了**liǎo什么麻烦，别客气。[可能]（君1人増えてもどうってことないから，遠慮しないで。）

【填】 tián

1．请把姓名、年龄都**填上**。[方向]（名前と年齢を記入してください。）
2．那些年月，我们只能**填饱**肚子，什么山珍海味的，我们想都没想过。[結果]（あの時代は，ただお腹を満たすのがやっとで，山海の珍味なんて，考えたこともなかった。）
3．表格里各项目都**填得满满的**。[程度]（記入用紙の各項目はすべてきっちり埋まっている。）
4．他不识字，**填不了**liǎo表。[可能]（彼は字を知らないので，書類に記入できない。）
5．这种表我们**填过一次**了。[時量]（この書類はもう記入しました。）
6．光填表就**填了半小时**。[時量]（書類に記入するだけで，30分もかかった。）

【挑】 tiāo

1．你把不要的衣服都**挑出来**，扔了吧！[方向]（いらない服を探して捨ててしまいなさい。）
2．我最先**挑上**的衣服常常是蓝的或是灰的。[方向]（私が最初に選ぶのはいつも紺色かグレーの服だ。）
　〈注〉この"上"は「（自分が"挑衣服"する際の基準への）到達」という意味で，"挑上"は「自分の標準に基づき選ぶ」ということを表している。
3．他把水缸都**挑满了**水。[結果]（彼は担いできた水でかめいっぱいにした。）
4．妈妈买东西**挑得很仔细**。[程度]（母は慎重に買い物をする。）
5．你太小，**挑不动**这么多土。[可能]（君は小さすぎるから，土をこんなたくさん担げないよ。）
　〈注〉この"不动"は「（"挑"という）動作を思うようにおこなうことができない」という意味を表している。
6．我在农村时，**挑过几次**水。[時量]（私は農村にいたとき，何度か水運びをしたことがある。）
7．他**挑了半天**，也没**挑出**一个错字来。[時量/方向]（彼は入念にチェック

したが，誤字は1つも見つからなかった。）

【调节】 tiáojié

1．水温**调节**好了，你可以洗澡了。[結果]（お湯の温度は調節してあるから、お風呂に入っていいよ。）
2．室温**调节**得很合适。[程度]（室内は快適な温度に設定してある。）
3．可能是旋钮坏了，音量**调节**不了liǎo。[可能]（つまみが壊れたのかもしれない。ボリュームが調節できない。）
4．请把电视图像再**调节**一下。[時量]（テレビの画面をもう1回調節してください。）

【调整】 tiáozhěng

1．从美国回来都两天了，我的时差还没有**调整**过来。[方向]（アメリカから戻ってもう2日たつが、私の時差ぼけはまだ治っていない。）
    〈注〉この"过来"は「本来あるべき状態になる」という意味で，"调整过来"は「"调整"という行為を通して，本来の時間感覚に戻る」，つまり「時差ぼけが治る」ということを表している。
2．一定要把经济结构**调整**好。[結果]（経済構造をしっかり調整しなければならない。）
3．领导班子**调整**得很合理。[程度]（指導部の入れ替えは納得のいくものだった。）
4．公司的机构**调整**了半天，还是不理想。[時量]（会社のシステムをあれこれいじってみたが、やはり理想通りにはいかない。）
5．今年的生产计划已经**调整**一次了。[時量]（今年の生産計画はすでに1度改定されている。）

【跳】 tiào

1．我不会唱歌，拼命请求干事**跳**过我，他却不听。[方向]（私は歌えないので、飛ばしてほしいと必死に幹事にお願いしたが、聞いてもらえなかった。）
2．小狗**跳**进河里时，溅起一片水花。[方向]（子イヌが川に飛び込むと、水しぶきがあがった。）

3. 接到大学的录取通知书，他高兴得**跳**了起来。[方向]（大学の合格通知を受け取って，彼はうれしさのあまり飛びあがった。）
4. 他纵身**跳**上自行车，骑走了。[方向]（彼はひらりと自転車にまたがり，走り去った。）
5. 运动后，心脏**跳**得很厉害。[程度]（運動の後は，動悸が激しくなる。）
6. 这条沟太宽，我**跳不过去**。[可能]（この溝は幅が広すぎて，私は飛び越えられない。）
7. 小猫一跳就**跳到**桌子上了。[介詞]（子ネコはピョンとテーブルに飛び乗った。）
8. **跳**了半天绳，我都**跳累**了。[時量/結果]（ずっと縄跳びをしていて，疲れた。）
9. 我**跳**了好几下也没有够着那根树枝。[時量]（何度もジャンプしたが，あの枝には届かなかった。）

【贴】tiē

1. 给他买东西，我**贴进去**不少钱。[方向]（彼の買い物に，私もけっこうな金額を出してあげた。）
   〈注〉"进去"は「入って行く」という意味で，"贴进去"は「"贴"（不足分を補う）という行為を通して，私のお金が彼に注ぎ込まれる」ということを表している。
2. 邮票**贴好**了吗？[結果]（切手を貼りましたか。）
3. 膏药是不是过期了，怎么**贴不住**呢？[可能]（湿布は古すぎるのかな。どうしても貼り付かない。）
   〈注〉この"住"は「動きがしっかり止まる」という意味で，"贴不住"は「"贴"という動作を通して，湿布をしっかり固定することができない」ということを表している。
4. 请把邮票**贴在**信封右上角上。[介詞]（切手を封筒の右上に貼ってください。）
5. 通知已经**贴**了好几天了。[時量]（お知らせが貼り出されてもう何日にもなる。）

【贴补】tiēbǔ

1. 以前剩余的钱都**贴补**进去了还不够，怎么办呢？［方向］（以前余ったお金を全部充てたがまだ足りない，どうしよう。）
2. 再**贴补**上一朵花可能画面就好看了。［方向］（花を1輪足せばきれいな構図になるでしょう。）
3. 有时母亲不得不用她微薄的收入**贴补**一下家用。［時量］（母のわずかな収入で家計を助けざるを得ないときもある。）

【听】tīng

1. 我听声音就能**听出来**他是小王。［方向］（声だけで，王さんだとわかった。）
   〈注〉この"出来"は「わかる；明らかになる」という意味で，"听出来"は「"听"という行為を通して，声の主が誰であるかが明らかになる」ということを表している。
2. 现在云雀的叫声我们不大**听到**了。［結果］（今ではヒバリの鳴き声はあまり聞かれなくなった。）
3. 我**听懂**他的意思了。［結果］（彼の言っていることがわかった。）
4. 他似乎**听见**有人在喊叫。［結果］（彼は誰か叫んでいる声が聞こえたようだった。）
5. 全部讲座**听完**以后，可以拿到一个结业证明。［結果］（すべての講座受けると，修了証明書がもらえる。）
6. 他在那屋说话，我在这屋都**听得**很清楚。［程度］（彼が別の部屋で話しているのが，私はこの部屋ではっきり聞こえた。）
7. 老师讲得特别生动，孩子们都**听得**入了迷。［程度］（先生の話が生き生きとしておもしろかったので，子供たちは皆夢中になって聞いていた。）
8. 他太固执，谁的劝告都**听不进去**。［可能］（彼は頑固すぎて，誰の忠告も聞き入れない。）
9. 为什么我说的话他**听不懂**呢？［可能］（どうして彼は私の言うことがわからないんだ。）
10. 在教室里也**听得见**外面打球的声音。［可能］（教室でも外でボールを打つ音が聞こえる。）
11. 我**听**了半天也不知他在说什么。［時量］（私はずっと聞いていたが，彼が何を話しているかわからなかった。）

12. 课文的录音我都**听**三**遍**了。[時量]（本文のテープをもう3回聴いた。）

【停】 tíng

1. 车开着开着，不知为什么**停**了**下来**。[方向]（車は走っているうちに，なぜか止まってしまった。）

    〈注〉この"下来"は「安定した状態に落ち着く」という意味で，"停下来"は「「停」という動作の結果，車が止まる」ということを表している。

2. 请旅客们等飞机**停稳**了再站起来。[結果]（飛行機が完全に止まってからお立ちください。）

3. 表针**停住**不走了。[結果]（時計の針が止まったまま動かなくなった。）

    〈注〉この"住"は「動きがしっかり止まる」という意味で，"停住"は「「停」という動作を通して，針が動かなくなる」ということを表している。

4. 瞧这辆车**停**得真不是地方。[程度]（ほら，この車は本当にへんな場所に止まっている。）

5. 路太滑，车一下子**停不住**。[可能]（道が滑るから車は急に止まれない。）

6. 请把车**停在**楼门口。[介詞]（車を建物の入口に止めてください。）

7. 这船已经在港口**停**了三天了。[時量]（この船は港に停泊してもう3日になる。）

8. 请您在这儿**停**一**下**车，我有点事。[時量]（用事があるので，ここでちょっと車を止めてください。）

【停留】 tíngliú

1. 看来，你在那儿**停留**对了，躲过了这场灾难。[結果]（どうやら，君はそこに残っていてよかったようだね。今回の災難を避けられたんだから。）

2. 我们的教学不能**停留在**原来的水平**上**。[介詞]（私たちの教育は従来のレベルに留まっていてはいけない。）

3. 火车在这个站只**停留**两分钟。[時量]（列車はこの駅で2分しか止まらない。）

4. 从上海回来时，我想在南京**停留**一下。[時量]（上海から戻るとき，南京にちょっと滞在したい。）

【挺】tǐng

1. 把胸**挺起来**可以显得精神一点儿。[方向]（胸を張ると少し元気に見える。）

2. 有多大的困难，也要**挺住**。[結果]（どんな困難があろうとも，しっかり耐えなければならない。）

   〈注〉この"住"は「動きがしっかり止まる」という意味で，"挺住"は「"挺"（耐える）という行為をしっかりおこなった結果，自分がふらつかない」ということを表している。

3. 他腰板**挺得特别直**。[程度]（彼は背筋がピンと伸びている。）

4. 人老了，腰**挺不直了**。[可能]（年をとったので，腰が伸ばせなくなった。）

5. 他病得很重，还硬挺着工作，**挺了多少天了**？[時量]（彼は重い病気をおして，仕事を続けている。何日頑張り続けているのだろうか？）

6. **再挺一下**，苦日子快熬出头了。[時量]（もうちょっと我慢して。苦しい日々もそう長くは続かないから。）

【通】tōng

1. 你什么时候又跟小李**通起信来**了？[方向]（君はまた，いつから李さんと手紙のやりとりをするようになったんだ。）

2. 我和儿子已经**通完电话了**。[結果]（息子とはもう電話で話した。）

3. 那个村子很偏僻，电话**通得很晚**。[程度]（その村はとても辺鄙なところで，電話が引かれたのはとても遅かった。）

4. 这个地方暂时**通不了**liǎo火车。[可能]（ここはすぐには鉄道が引かれない。）

5. 这条公路一直**通到上海**。[介詞]（この道路はずっと上海まで続いている。）

6. 我一星期跟他**通两次**电话。[時量]（私は彼と週2回電話で話している。）

【通知】tōngzhī

1. 参观的事已经**通知下去了**。[方向]（見学先はもう皆に知らせた。）

   〈注〉この"下去"は「下りて行く」という意味で，"通知下去"は「"通知"という行為を通して，そのことが組織の上から下に下りて行く」ということを表している。

2. 开会的事我已经**通知完了**。[結果]（会議についてはもう皆に教えた。）

3．停课的事，**通知**得太晚了。［程度］（休講の連絡が遅すぎる。）
4．不知道他家的电话号码，**通知不了**liǎo他。［可能］（彼の家の電話番号を知らないので，彼に知らせることができない。）
5．已经**通知**他两次了，他怎么还不来？［時量］（もう彼に2回連絡したのに，彼はどうしてまだ来ないのだろう。）
6．开联欢会的事，已经**通知**一个星期了。［時量］（懇親会のことはもう1週間前に知らせた。）

【捅】 tǒng
1．你把事情**捅破**了就不好解决了。［結果］（ことをぶち壊してしまったら，解決しにくくなるぞ。）

【统计】 tǒngjì
1．出勤的人数**统计出来**了吗？［方向］（出勤者数の統計は出ましたか。）
　〈注〉この"出来"は「わかる；明らかになる」という意味で，"统计出来"は「"统计"という行為を通して，人数が明らかになる」ということを表している。
2．你要的数据我已经**统计完**了。［結果］（君が必要なデータはもう統計を取り終えた。）
3．每个月的收支情况，他都**统计得很仔细**。［程度］（毎月の収支について，彼は詳細に統計を取っている。）
4．小麦的产量现在还**统计不出来**。［可能］（小麦の生産量は今はまだ統計が取れない。）
5．你把参加会议的人数**统计一下**。［時量］（会議に参加する人数の統計を取ってみてください。）

【统一】 tǒngyī
1．经过讨论，大家的意见**统一了起来**。［方向］（討論を通して，皆の意見は統一された。）
　〈注〉この"起来"は「（"统一"という）動作を実行する」という意味である。
2．大家的认识就是**统一不起来**。［可能］（皆の認識がどうしても一致しない。）
3．我们好好学习学习，**统一一下**认识。［時量］（しっかり勉強して，認識

を1つにしましょう。)

【偷】 tōu

1. 这孩子真不像话，把家里的录音机**偷出去**卖了。[方向]（この子本当にとんでもない。家のラジカセをこっそり持ち出して売ってしまったなんて。)
2. 钱包被扒手**偷走**了。[結果]（財布をスリに盗まれた。)
3. 最近，小偷**偷**东西**偷得可凶**了，你们一定要多加小心。[程度]（最近、盗難事件が頻発しているので、くれぐれも注意してください。)
4. 他被人打折了腿，**偷不了**liǎo东西了。[可能]（彼は人に足を折られて、盗みができなくなった。)
5. 我很注意，所以我的钱包没被**偷过一次**。[時量]（私は注意深いので、1度も財布を盗まれたことがない。)

【投】 tóu

1. 一会儿工夫，他**投进去**好几个球。[方向]（ちょっとの間に、彼は何本もシュートを決めた。)
2. 他投王经理算**投对**了。现在当科长了。[結果]（彼が王社長に仕えたのは正解だ。今では課長になったのだから。)
3. 乔丹篮球**投得特别准**，经常是百发百中。[程度]（ジョーダンはシュートが特に正確で、いつも百発百中だ。)
4. 我一紧张，球就**投不进去**。[可能]（緊張するとシュートが入らなくなる。)
5. 稿子写完后，我就**投给报社**了。[介詞]（原稿を書きあげて、新聞社に送った。)
6. 请把信**投在外边的邮筒里**。[介詞]（手紙を外のポストに入れてください。)
7. 他给报社**投过好几次**稿儿了。[時量]（彼は新聞社に何度も投稿している。)
8. 老太太手哆哆嗦嗦的，**投了半天也没把信投进信箱去**。[時量/方向]（おばあさんの手は震えて、投函しようとしても、なかなかポストに入れられなかった。)

【透】tòu

1. 她的脸上**透出**高兴的神情。[方向]（彼女はうれしそうな顔をした。）
2. 阳光从门缝里**透进**来。[方向]（日光がドアの隙間から入ってきた。）
3. 你放心，这个消息**透不出**去。[可能]（安心して。このことは漏らさないから。）
4. **透一会儿**风再关门吧。[時量]（少し風を通してから，ドアを閉めましょう。）
5. 屋里太闷热了，开开门**透一下**风吧。[時量]（部屋が蒸し暑いから，ちょっとドアをあけて風を通しましょう。）

【透露】tòulù

1. 这个消息是科长喝酒的时候**透露给**我的。[介詞]（この話は課長がお酒の席でこっそり教えてくれたんだ。）

【突出】tūchū

1. 这篇文章的重点**突出得不够**。[程度]（この文章はポイントが十分に強調されていない。）
2. 把人物的个性再**突出一下**。[時量]（キャラクターの個性をもっと強調しなさい。）

【突击】tūjī

1. 一天的任务，半天就**突击完**了。[結果]（1日分の仕事を，たった半日で仕上げた。）
2. 暖气安装工程，他们**突击得很快**。[程度]（暖房の設置作業を，彼らはあっという間に仕上げた。）
3. 我身体不好，这么多的任务一周**突击不完**。[可能]（体調が悪いので，こんなに多くの仕事を1週間では仕上げられない。）
4. 我**突击了两天**，把外语都复习完了。[時量]（2日間集中して，外国語の復習を終えた。）
5. 再**突击一下**，争取下个月把工程完成。[時量]（もっと集中して，来月にプロジェクトを完成できるよう努力しましょう。）

【涂】tú

1. 黄颜色还没**涂**上去。[方向]（黄色はまだ塗っていない。）
   〈注〉この"上去"は「話し手から離れたところにあるものに付着する」という意味で、"涂上去"は「"涂"という行為を通して、黄色の塗料が何かに付着する」ということを表している。

2. 他把墙都**涂**成了白色。[結果]（彼は壁を真っ白に塗った。）

3. 家具的颜色**涂**深了。[結果]（家具の色を濃く塗りすぎた。）
   〈注〉結果補語は「過分義（〜しすぎ）」を表すことがある。"涂深"は「色を意図したより濃く塗りすぎる」ということを表している。

4. 你的嘴唇**涂**得太红了。[程度]（唇を赤く塗りすぎだよ。）
   〈注〉"涂得太红了"は一種の状況描写で、「塗り方が赤すぎる」という話し手の主観的評価を表している。

5. 小孩子瞎涂，**涂**不出什么名堂。[可能]（子供が塗りたい放題に塗ったものからは、たいしたものは出てこない。）
   〈注〉この"出"は「結果の出現」という意味で、"涂不出"は「"涂"という行為をおこなっても、いいものを生み出すことができない」ということを表している。

6. 伤口已经**涂**过两次药了。[時量]（傷口にはもう2回薬を塗った。）

7. 这个字我**涂**了半天也没**涂**掉。[時量/結果]（この字は一生懸命消そうとしたけれど消せなかった。）

【吐】tǔ

1. 他终于把一肚子的委屈都**吐**出来了。[方向]（彼はとうとう腹いっぱいの不満をぶちまけた。）

2. 瞧你，怎么把瓜子皮儿**吐**得满地都是。[程度]（まったく、どうしてグアズの殻を床いっぱいに吐き散らかすんだ。）

3. 鱼刺卡在嗓子眼里，怎么**吐**也**吐**不出来。[可能]（魚の骨がのどに刺さって、どうやっても吐き出せない。）

4. 请把痰**吐**在痰盂里。[介詞]（たんはたんつぼに吐いてください。）

5. 往地上**吐**一次痰，罚款五十元！[時量]（地面に1回たんを吐いたら、罰金50元。）

【吐】tù
1. 你恶心，**吐出来**就好了。[方向]（吐き気がするなら，吐いてしまったら。）
2. 他胃里的东西都**吐光**了，再吐也**吐不出**什么来了。[结果/可能]（彼は胃の中のものを残らず吐き出したので，これ以上何も出てこない。）
3. 他晕船，刚**吐完**，现在正躺着呢。[结果]（彼は船酔いして，さっき吐いたばかりで，今横になっている。）
4. 她怀孕时**吐得可厉害**了。[程度]（彼女は妊娠していたとき，ゲーゲーやっていた。）
5. 孩子把奶都**吐到妈妈身上**了。[介词]（子供はミルクを吐いて母親の体にかけてしまった。）
6. 这孩子一会儿**吐了好几次**奶了。[时量]（この子は少しの間に何度もミルクを吐き出していた。）

【团结】tuánjié
1. 我们要**团结起来**，搞好工作。[方向]（団結して，しっかり仕事をしましょう。）
2. 大家**团结得很紧**。[程度]（皆しっかり団結している。）
3. 领导干部**团结不到一起**，怎么能搞好工作？[可能]（上層部が一致団結しないで，仕事がうまくいくわけがない。）
4. 同学们都**团结在新班长的周围**。[介词]（クラスメイトたちは新しいリーダーの周りに集まった。）

【推】tuī
1. 请帮我把门**推开**，好吗？[方向]（ちょっとドアをあけてもらえませんか。）
2. 把头发像男人一样**推短**吧。[结果]（男の人のように髪を短く刈ったら。）
3. 王师傅推头**推得又快又好**。[程度]（王さんはバリカンの使い方がはやいし上手い。）
4. 这车太重，我们两个人**推不动**。[可能]（この荷車は重すぎて，私たち2人で押しても動かない。）
5. 下雨了，把自行车**推到楼里去**吧。[介词]（雨が降ってきたので，自転車を建物の中に入れましょう。）

6．你怎么把责任都**推到我身上**呢？［介詞］（どうして責任をすべて私に押し付けるんだ。）
7．开会的日期已经往后**推**了**两次**了。［時量］（会議の日程はもう2回延期になっている。）

【推迟】 tuīchí
1．大会日期不能再**推迟下去**了。［方向］（大会の日程をこれ以上遅らせることはできない。）
2．会期**推迟不到**那么晚。［可能］（会期をそんなに先まで延ばせない。）
3．运动会因故**推迟到星期五**进行。［介詞］（運動会を都合により金曜日まで延ばした。）
4．出发的日期**推迟**了**两天**。［時量］（出発を2日延ばすことになった。）
5．开学的日期可能还要**推迟一下**。［時量］（新学期の始業日がもう少し遅れるかもしれない。）

【推辞】 tuīcí
1．今天晚上好几个人请我吃饭，都让我**推辞掉**了。［結果］（今晩何人にも食事に誘われたが，全部断った。）
2．他们非让我当班长，我怎么也**推辞不了**liǎo，只好干了。［可能］（彼らは何が何でも私に班長をやれと言うので，どうしても断り切れず，引き受けるしかなかった。）
　　〈注〉この"不了"は「("推辞"という) 望んでいる動作ができない」という意味である。
3．经理**推辞**了**半天**，最后还是把礼物收下了。［時量］（社長はしばらく断っていたが，最後はやはりプレゼントを受け取った。）
4．他请我吃饭，我**推辞**了**几次也推辞不掉**。［時量/可能］（彼がご馳走しようと言うので，私は何度も断ったが断り切れなかった。）
　　〈注〉この"掉"は「なくなる」という意味で，"推辞了几次也推辞不掉"は「"推辞"（断る）という行為を何度おこなっても，彼の申し出を排除できない」ということを表している。

【推广】 tuīguǎng

1. 科学育苗的方法已经在全县**推广**开了。[方向]（科学的な苗の育成方法はすでに全県に普及している。）
2. 从那时起普通话就在全国各地**推广**起来了。[方向]（そのときから共通語は全国各地に普及し始めた。）
3. 新技术**推广**得很快。[程度]（新技術は普及するのがとてもはやい。）
4. 这种技术目前还**推广**不了liǎo。[可能]（このような技術は今はまだ普及しにくい。）
5. 这么好的经验应该**推广**到全国各地去。[介词]（こんなにすばらしい経験談は全国各地に広めるべきだ。）
6. 优良品种**推广**了好几年，产品提高了很多。[时量]（優良品種を何年もかけて普及させた結果、作物の品質はおおいに向上した。）
7. 你们的经验应该好好地**推广**一下。[时量]（君たちの経験から得られたノウハウはできるだけ広めるべきだ。）

【推荐】 tuījiàn

1. 他们要的是游泳运动员，不是举重运动员，你**推荐**错了。[结果]（彼らが欲しいのは水泳の選手であって、重量挙げの選手ではない。君は間違えて推薦したのだよ。）
2. 你**推荐**得很及时，我们正需要这样的人才。[程度]（いいタイミングで推薦してくれたね。こんな人材が欲しかったんだ。）
3. 我们班没有这样的人才，你让我推荐，怎么**推荐**得出来呢？[可能]（私たちのクラスにはそんな人材はいないので、推薦しろと言われても、推薦できるわけがない。）
4. 应该把年轻有为的人推荐到领导岗位上去。[介词]（若くて有望な人を指導者として推薦しなければならない。）
5. 这药疗效很好，可以**推荐**给患者。[介词]（この薬はよく効くので、患者に推薦しましょう。）
6. 他向我**推荐**了半天，我才买了这种产品。[时量]（彼が熱心に薦めたので、私はこの製品を買った。）

7．这样好的书应该向大家**推荐一下**。［时量］（こんなにいい本は皆に薦めるべきだ。）

【退】tuì

1．押金已经**退回**本人了。［方向］（敷金はもう本人に返しました。）
2．吃了药，烧**退下去**了。［方向］（薬を飲んだら，熱が下がった。）
3．你不用**退得那么远**，水泼不到你身上。［程度］（君はそんな遠くまで行かなくても，水はかかったりはしないよ。）
4．这毛衣弄脏了，**退不了**liǎo。［可能］（このセーターは汚れてしまったので，返品できない。）
5．应该把多收的钱**退给**顾客。［介词］（貰いすぎたお金はお客に返すべきだ。）
6．他**退过一次**学，现在又复学了。［时量］（彼は1度退学して，今また復学した。）
7．大水已经**退了好几天**了。［时量］（大洪水が去ってもう何日もたつ。）
8．大家往后**退一退**，要不车会碰着。［时量］（皆後ろに下がらないと，車にひかれてしまう。）

【吞】tūn

1．那么多药，他一口就**吞进去**了。［方向］（あんなにたくさんの薬を，彼は一口で飲み込んだ。）
2．浓雾**吞没了**远处的村庄。［结果］（濃霧で遠くの村が飲み込まれた。）
3．我想他一个人**吞不了**liǎo那么多公款。［可能］（そんなに多くの公金を彼1人では横領できないだろう。）
4．弟弟把枣整个儿**吞到**肚子里去了。［介词］（弟はナツメを丸ごと飲み込んだ。）

【托】tuō

1．他一用力，就把我**托起来**了。［方向］（彼は力を入れると，私を持ちあげた。）
2．把碟子**托稳**，别掉了！［结果］（お皿を落とさないようにしっかり持って。）

3．二传手的球**托得**真好！　[程度]（セッターのトスは見事だね。）
4．我把孩子**托给**姐姐照看。　[介詞]（姉に頼んで子供の面倒を見てもらうことにした。）
5．上次买火车票，我**托过**一回小张。　[時量]（列車の切符を買うのを，前に１度張さんに頼んだことがある。）

【拖】tuō

1．卡车把陷在泥里的小汽车**拖出来**了。　[方向]（トラックで泥にはまった車を引っ張り出した。）
2．我盼望着快点儿下雪，可是晴天却一直**拖下去**。　[方向]（私は雪がはやく降ってほしいと思っていたのに，ずっと晴れの日が続いた。）
3．毕业论文动笔了吗？再**拖下去**就来不及了！　[方向]（卒論は書き始めたか。これ以上遅れると間に合わなくなるよ。）
4．你想法**拖住**这个可疑的人，我去报警。　[結果]（何とかしてこの怪しい人を引き止めておいて。私が通報するから。）
　〈注〉この"住"は「動きがしっかり止まる」という意味で，"拖住"は「"拖"（時間を引き延ばす）という行為を通して，その人が引き止められる」ということを表している。
5．这件事**拖得**太久了。　[程度]（このことは延ばしすぎだ。）
6．你这么大了，还不结婚，要**拖到**什么时候？　[介詞]（こんな年になってもまだ結婚しないなんて，いつまでぐずぐずするつもりなの。）
7．那篇稿子我拖了好久都没写，这次真的**拖不下去**了。　[時量/可能]（その原稿を私は書かずにずっと棚上げにしていたが，今回は本当に引き延ばすわけにはいかなくなった。）
8．这个地方有点儿脏，再用墩布**拖一下**。　[時量]（ここがちょっと汚いから，もう１度モップで拭きましょう。）

【脱】tuō

1．把鞋**脱下来**再进屋。　[方向]（靴を脱いでから部屋に上がる。）
2．妈妈赶快给孩子**脱掉**了湿淋淋的衣服。　[結果]（母親は子供のびしょ濡れの服を急いで脱がせた。）

3．我最近头发**脱**得很厉害。[程度]（最近髪がよく抜ける。）
4．袜子湿了，**脱不下来**。[可能]（靴下が濡れて脱げない。）
5．把衣服**脱在床上**，不要随便放。[介词]（脱いだ服はベッドの上に置きなさい。あちこち放っておいたらだめよ。）
6．这孩子动作太慢，**脱了半天才把衣服脱下来**。[时量/方向]（この子はのろまなので，やっとのことで服を脱いだ。）
7．你帮孩子**脱一下**毛衣。[时量]（子供のセーターを脱がしてあげなさい。）

W

【挖】wā

1. 他们挖防空洞时，**挖出来**很多文物。[方向]（彼らが防空壕を掘ったとき，たくさんの文物が出てきた。）
2. 这条沟**挖得太宽**了。[程度]（この溝は広く掘りすぎた。）
3. 土都冻上了，**挖不动**。[可能]（土が凍って掘れない。）
   〈注〉この"不动"は「（"挖"という）動作を思うようにおこなうことができない」という意味を表している。
4. 你才**挖了几下**，怎么就累了？[時量]（君はほんの少し掘っただけなのに，もう疲れたのか。）
5. 那条排水沟，他们**挖了两个小时**就**挖好**了。[時量/結果]（その排水溝を，彼らはたった２時間で掘ったんだ。）

【歪曲】wāiqū

1. 领导的意思被他**歪曲得很厉害**。[程度]（上司の意図は彼によってひどくねじ曲げられた。）
2. 事实谁也**歪曲不了**liǎo。[可能]（事実は誰にも曲げることができない。）

【弯】wān

1. 做这节体操时，应该把上身**弯下去**。[方向]（この体操をするときは，上半身を前に倒さなければならない。）
2. 这个铁钩**弯得还不够**。[程度]（このフックは曲げ方がまだ足りない。）
3. 铁丝太粗，不用工具**弯不动**。[可能]（ワイヤーが太すぎて，工具なしでは曲げられない。）
   〈注〉この"不动"は「（"弯"という）動作を思うようにおこなうことができない」という意味を表している。
4. 你来回**弯几下**，这铁丝就能**弯断**。[時量/結果]（何度か折り曲げていると，このワイヤーは切れる。）

【玩儿】 wánr

1. 这孩子一**玩儿**起来就连吃饭都忘了。[方向]（この子は遊び出すとご飯を食べることさえ忘れる。）
2. 那种游戏我都**玩儿**腻了。[結果]（こんな遊びはもう飽きた。）
3. 祝你们**玩儿**得开心。[程度]（思う存分楽しんでください。）
4. 明天考试，我今天**玩儿**不了liǎo了。[可能]（明日テストなので，今日は遊べなくなった。）
5. 那天我在朋友家一直**玩儿**到晚上。[介詞]（その日私は友だちの家で夜までずっと遊んだ。）
6. 我以前去那座山上**玩儿**过一次。[時量]（以前あの山に遊びに行ったことがある。）
7. 妈妈，让我再**玩儿**一会儿吧！[時量]（お母さん，もうちょっと遊ばせて。）

【完善】 wánshàn

1. 我们这儿的各项规章制度正逐渐**完善**起来。[方向]（私たちの規則や制度は，改善されつつある。）
2. 你们应该把管理制度再**完善**一下。[時量]（管理制度をもう少し整えるべきだ。）

【挽】 wǎn

1. 他们俩准备比赛掰腕子，都把袖子**挽**起来了。[方向]（彼ら2人は腕相撲をしようと思って，袖をまくった。）
2. 你先把袖子**挽**上去，再干活。[方向]（まず袖まくりしてから，仕事をしなさい。）
3. 他把裤腿**挽**得很高，淌水过了小河。[程度]（彼はズボンの裾を上のほうまでまくりあげ，川を渡った。）
4. 我的裤腿太瘦，**挽**不上去。[可能]（ズボンが細すぎて，まくれない。）
5. 你得把裤腿**挽**到膝盖上边才行。[介詞]（ズボンの裾を膝の上までまくらなければならない。）
6. 我手上有面粉，你帮我**挽**一下袖子。[時量]（手に小麦粉がついているから，ちょっと袖をまくってちょうだい。）

【挽救】 wǎnjiù

1. 经过教育，终于把那个失足少年**挽救过来**了。[方向]（教育を通して，ついにその非行少年を更生させた。）

   〈注〉この"过来"は「本来あるべき状態になる」という意味で，"挽救过来"は「"挽救"という行為を通して，少年が非行をやめる」ということを表している。

2. 棋局已定，大势已经**挽救不回来**了。[可能]（局面はもう定まり，勝負の大勢を挽回できなくなった。）

【忘】 wàng

1. 我大概永远也不会**忘掉**这一年。[結果]（私はたぶんこの1年間をずっと忘れないだろう。）

2. 看一看盛开的花朵，人们常常会**忘掉**忧愁烦恼。[結果]（満開の花を見ると，人々はよく憂いや悩みを忘れてしまう。）

3. 以前学的英语我早就**忘光**了。[結果]（昔習った英語はとっくに忘れてしまった。）

4. 岁数大了，学点东西记得不快，**忘得倒快**。[程度]（歳をとると，何か学ぼうとしても，覚えるのが遅く，忘れるのがはやい。）

5. 放心吧，你托付的事情，**忘不了**liǎo。[可能]（安心して。君に頼まれたことは忘れたりしないから。）

6. 我把钥匙**忘在房间里**了。[介詞]（カギを部屋に忘れてきた。）

7. 你的雨伞**忘在什么地方**了？[介詞]（あなたはかさをどこに忘れたのですか。）

8. 哎呀！借你的钱又忘了带来。瞧我这记性，**忘了好几次**了。[時量]（あっ。借りたお金を持ってくるのまた忘れちゃった。私の記憶力ときたらひどいもんだ。もう何度も忘れている。）

【望】 wàng

1. 远处**望去**是一片大海。[方向]（遠くを眺めるとそこは一面の海だった。）

   〈注〉"去"には"飞去"（飛んで行く），"送去"（送って行く）のように，動作を通して「話し手のいるところから遠ざかる」という意味がある。"望去"は「"望"という動作を通して，視線が遠ざかる」ということを表している。

2．妈妈把眼睛都**望穿**了，还不见儿子回来。[結果]（お母さんは目を皿のようにして見たが，帰ってくる子供の姿はまだ見えない。）
   〈注〉この"穿"は「穴が開く」という意味で，"望穿"は「目に穴が開くほど遠くを見る」ということを表している。このような場合，日本語では「目を皿（のよう）にして見る」と言う点に注意。
3．站得越高就能**望**得越远。[程度]（高いところに立てばもっと遠くが見える。）
4．前面是一眼**望不到**边的麦田。[可能]（前方は見渡す限りの麦畑だった。）
   〈注〉この"到"は「到達」という意味で，"望不到"は「"望"（遠くのほうを見る）という動作をおこなっても，果てまで到らない」ということ表している。
5．他只是**望**了我一眼，没说什么。[時量]（彼は私をチラッと見ただけで，何も言わなかった。）

【围】wéi

1．工人把施工现场**围**起来了。[方向]（労働者が工事現場を囲んだ。）
2．外边冷，出去时把围巾**围**严一点！[結果]（外は寒いから，出かけるときはマフラーをもうちょっとしっかり巻きなさい。）
3．围观的人把出事地点**围**得水泄不通。[程度]（野次馬が事故現場をすき間なくびっしり取り囲んでいる。）
4．他一出门就把围巾**围**在脖子上。[介詞]（彼は外に出るとすぐにマフラーを首に巻いた。）
5．冬天只有最冷的时候才**围**几次围脖，平常不围。[時量]（冬の一番寒いときだけ何回かマフラーを巻くが，ふだんは使わない。）

【违背】wéibèi

1．你对上级的指示一直**违背**下去，不会有好结果的。[方向]（上司の指示に背き続けたら，いい結果にはならないよ。）
2．人民的意志，任何人也**违背**不了liǎo。[可能]（民衆の意志には，誰であろうと背くことはできない。）
3．他没有**违背**过一次自己的诺言。[時量]（彼は1度も自分がした約束を破ったことがない。）

【维持】wéichí

1．一定要**维持好**社会治安。［结果］（社会秩序をしっかり維持しなければならない。）
2．会场秩序**维持得不错**。［程度］（会場の秩序はよく保たれている。）
3．反动的统治**维持不下去了**。［可能］（反動的な統治は維持できなくなった。）
4．挣这么点钱，怎么能**维持得**liǎo全家的生活呢？［可能］（たったこれだけの稼ぎで，どうして一家の生活を支えられるだろうか。）
5．他的病最多能**维持到**年底。［介詞］（彼の病気では，長くて年末までしかもたない。）
6．这些钱还能**维持多久**呢？［時量］（このお金であとどれだけやっていける。）
7．请大家帮忙，**维持一下**秩序。［時量］（会場の秩序をお守りくださいますよう，皆様のご協力をお願い申し上げます。）

【违反】wéifǎn

1．这么好的学生怎么也**违反起**纪律**来**了？［方向］（こんなにいい学生までどうして規律に違反し出したのだろうか。）
2．社会发展的规律，谁也**违反不了**liǎo。［可能］（社会発展の法則には，誰も背けない。）
3．他**违反过一次**交通法规。［時量］（彼は1度交通違反したことがある。）

【喂】wèi

1．我**喂出来**的猪又肥又壮。［方向］（私が飼育したブタは太っているし肉付きもいい。）

〈注〉この"出来"は「結果の出現」という意味で，"喂出来"は「"喂"（えさをやる）という行為を通して，新しい性質を持つブタが出現する」ということを表している。

2．马都叫你**喂瘦了**。［结果］（ウマは君の育て方が悪かったせいで痩せてしまった。）

〈注〉"叫"は受身のマーカーで，"喂瘦""喂"という行為を通して，ウマが"瘦"という状態になる」ということを表している。

3．孩子太小，一次不能**喂得太多**。［程度］（子供が小さすぎるので，1度にたくさん食べさせてはいけない。）

4．这孩子怎么喂也喂不胖。[可能]（この子はどんなに食べさせても太らない。）

5．这鸡喂三个月就能喂肥。[時量]（このニワトリは3か月育てたら，肉が付く。）

6．我有点儿事，你帮我喂一下鸟。[時量]（ちょっと用事があるから，鳥にえさをやっといてね。）

【慰问】 wèiwèn

1．领导们慰问完节日值班的职工，又去慰问他们的家属。[結果]（指導者たちは祭日に当直の労働者を慰問した後，彼らの家族も慰問した。）

2．那么多灾民，一天慰问不过来。[可能]（被災者があんなに多いと，1日では慰問しきれない。）

〈注〉"一天慰问不过来"は「1日では（すべての被災者の範囲にわたって）"慰问"という行為をおこなうことができない」ということを表している。

3．节前应该慰问一下儿退休工人。[時量]（祝日の前には定年退職した労働者を慰問すべきだ。）

【温】 wēn

1．把酒温热了才好喝。[結果]（酒は温めるとおいしくなる。）

2．这酒温得够热的了，可以喝了。[程度]（このお酒は十分温まったから，もう飲める。）

3．这壶酒已经温过一次了，现在又凉了。[時量]（この酒は温めておいたのに，今また冷めてしまった。）

4．奶再温一分钟就可以了。[時量]（ミルクはあと1分温めればいい。）

【闻】 wén

1．饭烧糊了，我都闻出来了。[方向]（ご飯がこげてるよ，私はにおいでわかる。）

〈注〉この"出来"は「わかる；明らかになる」という意味で，"闻出来"は「"闻"という行為を通して，ご飯がこげたことが明らかになる」ということを表している。

2．一走进餐厅，我就闻到一种味儿——大蒜的味儿。[結果]（食堂に

入ると，何かにおいがしてきた——ニンニクのにおいだった。)

3．造纸厂的味真难闻，**闻**得我直恶心。［程度］（製紙工場は本当に臭くて，気持ち悪くなった。)

4．我怎么**闻**不出花香来呢？［可能］（私はどうして花の香りがわからないんだろう。)

5．我**闻**了半天也没**闻**出有什么异味。［時量/方向］（私はクンクンかいでみたけれど，何も異臭は感じなかった。)

6．你**闻**一下，这茶多香！［時量］（このお茶はいい香りだよ。ちょっとにおいをかいでみたら。)

【问】wèn
1．人家还没有说完，你怎么就**问**起问题来了？［方向］（人がまだ話してる最中なのに，君はどうして質問したりするんだ。)

2．一定要把日程安排**问**清楚。［結果］（スケジュールをはっきり聞いておかなければならない。)

3．他对药的性能、疗效等**问**得很仔细。［程度］（彼は薬の特性や効能等について細かく尋ねた。)

4．这个问题**问**得很有道理。［程度］（この質問は的を射ている。)

5．他嘴太严，从他嘴里什么也**问**不出来。［可能］（彼は口が堅いので，彼の口からは何も聞き出せない。)

6．老师**问到**他时，他老回答不上来。［介詞］（彼は先生に質問されても，いつも答えられない。)

7．**问**了半天，他一句话也不说。［時量］（何度も尋ねたけれど，彼は一言も答えなかった。)

8．我被**问**了多次以后才开始留心。［時量］（私は何度も尋ねられて，ようやく注意するようになった。)

9．你**问**一下，明天几点出发？［時量］（明日何時出発なのか，ちょっと尋ねてみて。)

【卧】wò

1. 大黄狗在门口**卧下来**。[方向]（柴犬は玄関先に横たわった。）
2. 他大声喊："**卧倒**dǎo！"[結果]（彼は大声で「伏せろ。」と叫んだ。）
3. 猫在那儿**卧了**半天，一动也不动。[時量]（ネコはそこで丸まったままで，ぜんぜん動かない。）
4. 猫**卧在**床上睡着了。[介詞]（ネコはベッドの上に丸まって寝た。）

【握】wò

1. 一见面，两人就**握起**手来。[方向]（会ってすぐに，2人は握手した。）
2. 老张紧紧地**握住**了我的手。[結果]（張さんはぎゅっと私の手を握り締めた。）
   〈注〉この"住"は「動きがしっかり止まる」という意味で，"握住"は「"握"（にぎる）という動作を通して，私の手がしっかり固定される」ということを表している。
3. 我手冻得都**握不住**笔了。[可能]（手はペンも握れないほど凍えた。）
4. 两个老朋友的手紧紧地**握在**一起。[介詞]（旧友2人は，お互い手を強く握り合った。）
5. 他轻轻地**握了**一下我的手。[時量]（彼は軽く私の手を握った。）

【污染】wūrǎn

1. 照这样**污染下去**，这条河的水就不能饮用了。[方向]（このまま汚染が続いたら，この川の水は飲めなくなってしまう。）
2. 这个城市空气**污染得**非常厉害。[程度]（この街の大気汚染は極めて深刻だ。）
3. 如加强管理，湖水就**污染不了**liǎo。[可能]（管理を強化すれば，湖水が汚染されることはない。）
4. 这条河已经**污染很久**了。[時量]（この川は，もうかなり前から汚染されている。）

【误】wù

1. 别着急，**误不了**liǎo飞机。[可能]（飛行機に乗り遅れることはないから，慌てなくていいよ。）

2．他没误过一次电影。[時量]（彼は１本も映画を見逃したことはない。）
3．因为大雾，飞机误点误了一个小时。[時量]（濃霧のため，飛行機が１時間遅れた。）

X

【吸】xī

1. 刚吃完饭，他就**吸起**烟**来**。[方向]（食事を終えると、彼は煙草を吸い出した。）

2. 他吸毒**吸上瘾了**。[結果]（彼は麻薬にはまった。）
   〈注〉"上瘾"（くせになる）は慣用的な表現で、「（"吸毒"という行為の）"瘾"という段階への到達」、つまり「中毒状態になってやめられない」ということを表している。

3. 他**吸足**一口气又潜进水里。[結果]（彼は大きく息を吸って、また潜っていった。）

4. 烟不能**吸得太多**。[程度]（煙草は吸いすぎてはいけない。）

5. 毒品万万**吸不得**。[可能]（ドラッグには、絶対手を出してはいけない。）

6. 他每天用吸尘器**吸两次**地。[時量]（彼は毎日2回、掃除機をかけている。）

【牺牲】xīshēng

1. 听说她父亲在那场战斗中**牺牲得很壮烈**。[程度]（彼女のお父さんはあの戦闘で壮絶な死をとげたそうだ。）

2. 你不要担心，他**牺牲不了**liǎo。[可能]（彼は死んだりしないから、心配しなくていいよ。）

3. 他**是牺牲在**抗洪第一线**的**。[介詞]（彼は第一線で洪水と戦ったときに亡くなった。）

4. 埋葬在这里的烈士们已经**牺牲五十年了**。[時量]（ここに埋葬されている英雄たちが殉死してもう50年になる。）

【吸收】xīshōu

1. 我们应该把别人的好经验都**吸收过来**。[方向]（私たちは他の人から成功の秘訣を取り入れるべきだ。）

2. 好东西吃得太多，身体也不一定都**吸收得了**liǎo。[可能]（いいものをたくさん食べても、体が吸収しきれるとは限らない。）

3. 应该尽量把人才**吸收到**我们这里**来**。[介詞]（人材をできるだけ私たち

のところに集めるべきだ。)

4．我们也可以**吸收**一下外国的管理方法。[時量]（私たちは外国の管理方法を取り入れてもいいだろう。)

【吸引】 xīyǐn

1．那边看足球看得热火朝天，把我这个不懂足球的人也**吸引**过去了。[方向]（向こう側の人たちが熱気をムンムンさせながら観戦していたので，私のようなサッカー音痴さえもが引き付けられた。)

2．我立刻被眼前的风景**吸引**住了。[結果]（私はたちまち目の前の風景に釘付けになった。)

〈注〉この"住"は「動きがしっかり止まる」という意味で，"吸引住"は「"吸引"（引き付ける）という動作を通して，私の動きが止められる」，つまり「釘付けになる」ということを表している。

3．光便宜货不好还是**吸引**不了liǎo顾客。[可能]（ただ安いだけで品質が悪ければ，やはり客を引き付けることはできない。)

【洗】 xǐ

1．这些照片一天就可以**洗**出来了。[方向]（これらの写真は1日で現像できる。)

〈注〉この"出来"は「結果の出現」という意味で，"洗出来"は「"洗"という行為を通して，現像された写真が出現する」ということを表している。

2．衣服上的血渍**洗**掉了吗？[結果]（洋服に付いた血痕は落ちましたか。)

3．在中国我**洗**惯了淋浴，初到日本时总是洗淋浴。[結果]（中国ではシャワーに慣れていたので，日本に来たばかりのときはいつもシャワーを使っていた。)

4．两只**洗**得干干净净的小手真可爱。[程度]（きれいに洗われた小さな手は本当にかわいい。)

5．这么多照片一天**洗**得出来吗？[可能]（こんなに多くの写真を1日で現像できるの。)

6．星期天，我**洗**了一天的衣服。[時量]（日曜日，私は1日中洗濯をした。)

【喜欢】xǐhuan

1. 我一看，就喜欢上它了。[方向]（私は一目見てそれが好きになった。）
   〈注〉この"上"は「("喜欢"という段階への) 到達」を表している。
2. 爷爷对小孙子喜欢得要命。[程度]（おじいさんは孫のことが可愛くて仕方がない。）
3. 他现在心情不好，对什么都喜欢不起来。[可能]（彼は今機嫌が悪いので，何に対しても興味がわかない。）

【洗澡】xǐzǎo

1. 人们洗完澡后喜欢在这屋里打个盹休息休息。[結果]（人々は入浴後，よくこの部屋で居眠りしたり休んだりする。）

【下】xià

1. 我到公园的时候，不巧下起了毛毛细雨。[方向]（公園に着いたとき，あいにくこぬか雨が降ってきた。）
2. 你下车下早了，还有一站呢。[結果]（バスを降りるのがはやすぎた。まだ1駅あるよ。）
3. 雨下得很大。[程度]（雨が激しく降っている。）
4. 你们班下课下得太晚了。[程度]（君たちのクラスは授業が終わるのが遅すぎるよ。）
5. 我怎么也下不了liǎo决心，怎么办呢？[可能]（どうしても決心ができない。どうしよう。）
6. 考试成绩明天下得来吗？[可能]（テストの成績は明日出ますか。）
7. 我们俩下过好几次棋了。[時量]（私たち2人は何度も囲碁を打ったことがある。）
8. 雪下了一夜。[時量]（雪は1晩中降った。）

【吓】xià

1. 差点儿出事故，真危险，我们都吓出了一身冷汗。[方向]（あやうく事故を起こすところだった。本当に危なかったので，皆ドキッとして冷や汗をか

いた。)
2. 看到他被汽车撞倒，我真吓坏了。[結果]（彼が車にはねられたのを見て，本当にびっくりした。)
3. 小孩子看到"红鬼""青鬼"都吓哭了。[結果]（赤鬼と青鬼を見て，子供たちは怖さのあまり泣き出した。)
4. 上次地震吓死我了。[結果]（この前の地震は死ぬほど怖かった。)
5. 他怕高，坐缆车爬山时吓得脸都白了。[程度]（彼は高所恐怖症で，ケーブルカーで山に登ったとき怖さのあまり顔面蒼白になった。)
6. 大黄狗冲我直叫，吓得我直多嗦。[程度]（大きな柴犬が私に吠えたてたので，驚いてブルブル震えた。)
7. 困难吓不倒dǎo英雄汉。[可能]（いかなる困難にも英雄はびくともしない。)
〈注〉"吓不倒"は「"吓"（脅かす）しても，英雄が"倒"（倒れる）という結果を引き起こすことはできない」ということを表している。

【下降】 xiàjiàng
1. 这几天水位下降得很快。[程度]（ここ何日か水位がどんどん下がっている。)
2. 别担心，下月存款利息下降不了liǎo。[可能]（大丈夫，来月は預金の利息は下がらないから。)
3. 气温下降到零下二十度。[介詞]（気温が零下20度まで下がった。)
4. 今年鸡蛋价格下降了两次。[時量]（今年は卵の価格が2回下がった。)

【掀】 xiān
1. 把锅盖掀开，看看饭还有多少。[方向]（ふたをあけて，ご飯がどれくらい残っているか見て。)
2. 明年要掀起一个读书新高潮。[方向]（来年は新しい読書ブームを起こしましょう。)
3. 这井盖真沉，我掀不动。[可能]（この井戸のふたは本当に重くて，私はあけられない。)

【显】 xiǎn
1．她脸上**显**出吃惊的表情。[方向]（彼女はびっくりした顔をした。）
2．她**显**得很年轻。[程度]（彼女はとても若く見える。）
3．这时候他的目光总是**显**得非常冷淡。[程度]（その頃，彼はいつも冷たい目つきをしていた。）
4．屋子里插上几枝鲜花，就会**显**得富有生气。[程度]（部屋に何本か花を飾ると，とても生き生きした感じになる。）

【显示】 xiǎnshì
1．战胜特大洪水，**显示**出军民团结的巨大威力。[方向]（大洪水に打ち勝って，軍民団結の巨大な力を見せつけた。）
2．图像**显示**出来了。[方向]（映像が現れた。）
3．他调了半天，汉字也**显示**不出来。[可能]（彼はいろいろ調整してみたが，漢字を表示することはできなかった。）
4．图像清晰地**显示**在荧光屏上。[介詞]（映像はくっきりとディスプレイに映っている。）
5．在这次汇报演出中要充分**显示**一下我们的水平。[時量]（今回の報告公演で私たちのレベルを存分に示しましょう。）

【陷】 xiàn
1．一不小心，汽车**陷**进泥里去了，大家推了半天才推出来。[方向]（うっかりして車が泥沼にはまってしまい，皆で懸命に押してやっと脱出できた。）
2．看来他已**陷**进去了。[方向]（どうやら彼はもうはまり込んでいるようだ。）
3．一下子来了很多客人，使我们**陷**入了恐慌状态。[結果]（いきなりお客がたくさんやってきて，私たちはパニック状態に陥った。）
4．这个贪污案，他**陷**得很深。[程度]（この汚職事件に，彼は深く関わっている。）
5．只要注意慢慢前进，就**陷**不进泥坑里去。[可能]（注意してゆっくり前に進めば，水たまりにはまることはない。）
6．我的双腿都**陷**到雪里了。[介詞]（私は両足とも雪にはまった。）

【献】 xiàn

1. 为了科学事业，他把自己的全部心血都**献出**来了。[方向]（科学事業のために，彼は自分の心血をすべて注いだ。）
2. 大家都踊跃捐款，向灾区人民**献上**自己的一份爱心。[方向]（皆で積極的にお金を寄付して，被災地区の人々に自分の少しばかりの思いやりを捧げる。）

   〈注〉この"上"は「上がって行く」という意味で，"献上"は「"献"という行為が上に向けてなされる」ということを表している。この場合の「上」とは「被災地区の人々」のことで，彼らに対する一種の「誠意；真心」が表されている。

3. 他有肝病，**献不了**liǎo血。[可能]（彼は肝臓病を患っていて，献血できない。）
4. 我要把自己的一切都**献给**祖国。[介詞]（私のすべてを祖国に捧げたい。）
5. 去年我**献过一次**血。[時量]（去年私は1回献血したことがある。）

【羨慕】 xiànmù

1. 你怎么也**羡慕起**那种无聊的生活**来**了？[方向]（君はどうしてそんなくだらない生活にあこがれたりするんだ。）
2. 看到人家住上新房子，她**羡慕得要命**。[程度]（新しい家に引っ越した人を見て，彼女はうらやましくて仕方がない。）
3. 对王丽去美国读研究生，他**羡慕了很久**。[時量]（アメリカの大学院へ行った王麗を，彼はずっとうらやましく思っていた。）

【限制】 xiànzhì

1. 你怎么**限制起**我的自由**来**了？[方向]（君はどうしてぼくの自由を制限しようとするんだ。）
2. 过去的政策对农民种什么**限制得很严**。[程度]（以前の政策では農民が何を植えるかまで制限が厳しかった。）
3. 我想穿什么就穿什么，谁也**限制不了**liǎo。[可能]（私は着たいものを着る。誰の制約も受けない。）
4. 你**限制了半天**，人家的烟吸得一根也没少。[時量]（君がどんなに口うるさく言っても，彼の煙草の量はちっとも減らない。）
5. 对孩子每月的零用钱应该**限制一下**。[時量]（子供の毎月のお小遣いは

制限するべきだ。)

【响】 xiǎng

1. 他的话还没说完，大厅里就**响起**了热烈的掌声。[方向]（彼の話が終わらないうちに，ホールでは熱烈な拍手がわき起こった。）
2. 整个下午电话铃一直**响个不停**。[程度]（午後中ずっと電話のベルが鳴りっぱなしだった。）
3. 说笑声一直**响到**深夜，吵得隔壁房间都没睡好。[介词]（おしゃべりの声が深夜まで響き渡って，隣部屋の人はよく眠れなかった。）
4. 修路的声音**响了一夜**。[时量]（道路工事の音が1晩中していた。）

【想】 xiǎng

1. **想开点儿**，这次没考上下次再争取。[方向]（くよくよするな。今回受からなくても，次また頑張ればいいじゃないか。）
   〈注〉この"开"は「気持ちが解きほぐされる」という意味で，"想开"は「"想"という心理動作を通して，気持ちが楽になる」ということを表している。
2. 这时候我又**想起**了老师的话。[方向]（そのとき私はまた先生のことばを思い出した。）
3. 我没**想到**他一来问题就解决了。[结果]（彼が来たらすぐに問題が解決するなんて思いもよらなかった。）
4. **想好**了，毕了业先去中国留学。[结果]（決めた。卒業したらまず中国に留学する。）
   〈注〉この"好"は動作の「完成」という意味である。"想"は「考える」という行為しか表さず，"好"のような補語がついてはじめて「考えた結果，結論が出る」という結果の意味を表すことができる。
5. 我**想死**你们了！[结果]（やっとあなたたちに会えたね。）
   〈注〉"死"（死ぬほど）は形式的には結果補語に分類されるが，意味的には「"想"（恋しい）の程度がはなはだしく高い」ということを表している。
6. 问题你**想通**了没有？[结果]（この問題について納得できたかい。）
7. 哼，你**想得倒美**！[程度]（フン，君の考えは甘すぎるよ。）
8. 实际上他**想得更多**的都是别人的事。[程度]（実は，彼がもっと真剣に考えていたのは，ほかの人のことだ。）

9. 没你**想**得那么好。[程度]（君が思ってるほどよくない。）
10. 你**想**问题**想**得真周到！[程度]（君の問題の考え方には抜かりがない。）
11. **想不到**这么难！[可能]（こんなに難しいとは思いもよらなかった。）
12. 这点儿小事，何必那么**想不开**呢。[可能]（こんなちっぽけなことで，何をそんなにくよくよしてるんだ。）
13. 这么简单的道理你怎么就**想不明白**？[可能]（こんな当たり前なことが，君はどうしてわからないんだ。）
14. 他**想**了半天才**想出**一个好办法。[時量/方向]（彼はあれこれ考えて，やっといい方法を思い付いた。）
15. 我**想**了半天也没有**想起来**他是谁。[時量/方向]（しばらく考えたが，彼が誰だか思い出せなかった。）
16. 这个问题我**想**了**很久**，怎么也**想不通**。[時量/可能]（この問題について私はずっと考えていたが，どうしても納得できない。）
17. 你再好好**想一下**儿，明天答复我。[時量]（もうちょっとよく考えて，明日返事をしてください。）

【享受】xiǎngshòu

1. 如今他已经富有了，也开始**享受起来**了。[方向]（今ではもう彼は裕福になり，贅沢をするようになった。）
2. 这么高的礼遇，我可**享受不起**。[可能]（こんなおもてなし，私にはもったいないです。）
   〈注〉この"不起"は「("享受这么高的礼遇"ということを) 資格がなくてできない」ということを表している。
3. 老人操劳了一辈子，晚年应该好好**享受一下**。[時量]（その老人は生涯苦労してきたので，晩年は十分楽しむべきだ。）

【想像】xiǎngxiàng

1. 这纯粹是你**想像出来**的，事实根本不是这样。[方向]（これは単なる君の想像だろう。事実はまったく違う。）
2. 不要把事情**想像**得那么复杂。[程度]（物事をそんなに複雑に考えちゃいけない。）

3．你想像得到他居然那么吝啬吗？［可能］（君は彼がそんなにけちだなんて想像できるかい。）
4．我想像了半天，也想像不出他到底是什么模样。［時量/可能］（いくら考えても，彼がいったいどんな感じなのか想像も付かない。）
5．可以想像一下儿，我们老的时候，社会会怎么样？［時量］（私たちの老後はどんな社会になっているか，想像してみてください。）

【削】 xiāo

1．他把削下来的茄子皮都扔了。［方向］（彼はむいたナスの皮を全部捨てた。）
〈注〉この"下来"は「分離した結果，話し手の領域に帰属する」という意味で，"削下来"は「"削"という行為を通して，ナスの皮がナスから分離して話し手の領域に入る」ということを表している。
2．把苹果皮削薄点儿。［結果］（リンゴの皮を薄くむいて。）
3．小明削铅笔不小心削到手上了。［介詞］（小明は鉛筆を削るとき，不注意で手を切ってしまった。）
4．你削了半天，怎么才削了这么几个土豆？［時量］（あんなに時間をかけたのに，ジャガイモはたったこれだけしかむけなかったのか。）
5．你帮我削一下皮。［時量］（皮をむくのを手伝って。）

【消除】 xiāochú

1．他的封建思想还没有消除掉。［結果］（彼の封建的な考え方はまだ完全にはなくなっていない。）
2．不沟通，他们之间的误会消除不了liǎo。［可能］（意思の疎通をしなければ，彼らの間の誤解は解けない。）
3．我的这种杂念已经消除很久了。［時量］（私のこうした雑念はかなり前になくなった。）

【消费】 xiāofèi

1．挣钱不容易，消费起来却很容易。［方向］（お金を稼ぐのは大変だが，遣うのは簡単である。）
〈注〉この"起来"は「("消费"という)動作を実行する」という意味で，特にこの

場合は「その動作に着目すれば」という意味が強調されている。
2．我一年**消费不了**liǎo那么多东西。[可能]（私は1年でこんなにたくさんのものを使い切れない。）
3．这些东西足够我**消费一年**的。[時量]（これだけあれば私が1年使うのに十分だ。）

【消耗】 xiāohào
1．煤炭不能再这样**消耗下去**了，应采取一些措施。[方向]（石炭はもうこれ以上このように消費してはいけない。何か措置を取るべきだ。）
2．还没到终点，他的体力就**消耗完**了。[結果]（まだゴールに着かないうちに、彼は体力を使い果たした。）
3．这几年木材**消耗得太多**了。[程度]（ここ何年か木材の消費が多すぎる。）
4．王教授的全部精力都**消耗在研究水稻新品种上**了。[介詞]（王教授は全精力を新種の水稲の研究に費やした。）

【消化】 xiāohuà
1．我吃的那些肉都**消化下去**了。[方向]（食べた肉はもう消化した。）
　　〈注〉この"下去"は「下りて行く」という意味で、"消化下去"は「"消化"という動作を通して、肉がお腹の中を下りて行く」ということを表している。
2．早上吃的饭都**消化完**了，现在有点饿了。[結果]（朝食べたご飯は消化したので、ちょっとお腹がすいてきた。）
3．小孩子的活动量大，自然**消化得快**。[程度]（子供はよく動くので、当然消化するのもはやい。）
4．吃那么多硬东西，**消化不了**liǎo。[可能]（そんなにたくさん硬いものを食べたら、消化できないよ。）
5．刚吃完饭，**消化一会儿**再睡觉。[時量]（ご飯を食べたばかりなんだからしばらく消化させてから寝なさい。）
6．应该让学生有时间**消化一下儿**老师讲的内容。[時量]（先生の話した内容を消化する時間を学生に与えるべきだ。）

【消灭】 xiāomiè

1. 要把这些害虫彻底**消灭光**。[结果]（この害虫を徹底的に駆除しなければならない。）

    〈注〉この"光"は「少しも残っていない」という意味で，"消灭光"は「"消灭"（消滅させる）という行為の結果，害虫がまったくいなくなる」ということを表している。

2. 山区的文盲**消灭得差不多**了。[程度]（山間部に字の読めない人はほとんどいなくなった。）
3. 贫富差别短期内**消灭不了** liǎo。[可能]（貧富の差を短期間でなくすことはできない。）
4. 那种病已经**消灭多年**了。[时量]（その病気は絶滅してもう何年にもなる。）

【消失】 xiāoshī

1. 刚才她脸上那种灿烂的笑容现在已**消失得无影无踪**。[程度]（彼女のあのきらきらしたさっきの笑顔は，今はもう影も形もなくなった。）
2. 他的音容笑貌在我的脑海里永远也**消失不了** liǎo。[可能]（彼の声や姿は私の頭の中で永遠に消えることはない。）
3. 他的身影慢慢**消失在人群中**。[介词]（彼の影は人ごみの中にゆっくりと消えていった。）

【笑】 xiào

1. 看见他的样子，大家都**笑起来**了。[方向]（彼の格好を見て，皆笑い出した。）
2. 他那滑稽样可把人**笑死**了。[结果]（彼のそのおかしな格好を見て，皆死ぬほど笑った。）
3. 老王的话**笑得大家前仰后合**。[程度]（王さんの話に，皆笑い転げた。）
4. 人们都说她**笑得很甜**。[程度]（彼女の笑顔は可愛らしいと皆言っている。）
5. 听到这么伤心的事，你还**笑得出来**？[可能]（こんな悲しいことを聞いて，それでも君は笑えるのか。）
6. 行了行了，别**笑个没完**了。[程度]（もういい，もういい。いつまでも笑うな。）
7. 你先别得意，走着瞧，看咱俩谁**笑到最后**。[介词]（いい気になるな。

今に見てろ。ぼくたち2人のうち最後に笑うのはどっちか。）

【歇】xiē
1. 这几天在家**歇够**了吗？［結果］（ここ2，3日家で十分休めたかい。）
2. 工厂那么忙，我在家怎么**歇得下去**呢？［可能］（工場がこんなに忙しいのに，どうして家で休んでいられるだろう。）
3. **歇了两天，歇过来**了。［時量/方向］（2日間休んで，疲れが取れた。）
   〈注〉この"过来"は「本来あるべき状態になる」という意味で，"歇过来"は「"歇"という行為を通して，本来の調子が戻る」，つまり「身体の疲れが取れる」ということを表している。
4. 太累了就**歇一下**再干。［時量］（疲れたら少し休んでからして。）

【协商】xiéshāng
1. **协商出**结果了吗？［方向］（話し合いは決着付きましたか。）
2. 如果没有诚意，再**协商下去**也**协商不出**结果。［方向/可能］（もし誠意がなかったら，これ以上話し合いを続けても結論が出るはずがない。）
3. 怎么分工，我们已经**协商好**了。［結果］（どう分担するか，もう話が付いた。）
4. 上次说的事，你们**协商得怎么样**了？［程度］（前回お話しした件，協議の行方はどうなりましたか。）
5. 虽然已经**协商了多次**，但还没有达成共识。［時量］（何度も協議したが，依然として共通の認識に至っていない。）

【协助】xiézhù
1. 很抱歉，我们对此是外行，**协助不了**liǎo你们。［可能］（申し訳ありませんが，私たちはこれに関しては素人なので，お力になれません。）
2. 请大家**协助一下儿**，维护好会场秩序。［時量］（会場の秩序維持に，皆さんのご協力をお願いいたします。）

【协作】xiézuò
1. 今后我们还要继续**协作下去**。［方向］（今後も私たちは引き続き協力して

2．我们**协作**得很顺利。[程度]（私たちの協力は順調に進んでいる。）
3．这两个单位**协作**不了liǎo。[可能]（この2つの部門は協力し合えない。）
4．这两个厂曾**协作**过好几次。[時量]（この2つの工場はかつて何度も協力したことがある。）
5．双方**协作**了很长时间。[時量]（双方長い間協力した。）

【写】 xiě

1．他看了看问题，一时没能**写**出答案。[方向]（彼は問題をちょっと見たが、すぐには答えを書けなかった。）
2．中国的小伙子说，把事实**写**上是诚恳的表现。[方向]（中国の青年は事実をちゃんと書くのが誠意の表し方だと言った。）
　〈注〉この"上"は「付着」という意味で、"写上"は「"写"という行為を通して、事実が紙に書かれる」ということを表している。
3．应该把你的所见所闻都**写**下来。[方向]（君の見聞きしたことを全部書くべきだ。）
　〈注〉この"下来"は「話し手の領域に残存する」という意味で、"写下来"は「"写"という行為の結果、見聞きしたことが話し手の領域に残る」ということを表している。
4．今天的作业我**写**完了。[結果]（今日の宿題を書き終えた。）
5．他的作文**写**得特别好。[程度]（彼は作文がとてもうまい。）
6．圆珠笔**写**不出来了。[可能]（ボールペンが書けなくなった。）
7．很多地方我没听懂，所以**写**不了liǎo感想。[可能]（何箇所も聞き取れないところがあったので、感想を書けない。）
8．孩子每天都有**写**不完的作业。[可能]（子供は毎日やりきれないほどの宿題に追われている。）
9．这张纸太小，**写**不下了。[可能]（この紙は小さすぎて、書ききれない。）
　〈注〉この"不下"は「場所に余裕がなく収納できない」という意味で、"写不下"は「"写"しようとしても、その紙の大きさではすべての字が入りきらない」ということを表している。
10．妈妈看了别人**写**给女儿的信，女儿很生气。[介詞]（母親が、娘宛に来た手紙を見てしまったので、娘は怒った。）

11. **写**到这里我突然想,那么男的怎么样呢?［介詞］(ここまで書いて,私はふと思った。それでは,男性ならどうだろうかと。)
12. 把这段话**写在本子上**。［介詞］(この話をノートに書いて。)
13. 老师叫我把生词**写十遍**。［時量］(先生は私に新出単語を10回ずつ書かせた。)

【卸】xiè

1. 不**卸开**找不出毛病。［方向］(分解しないとどこが故障しているかわからない。)

    〈注〉この"开"は「一体であったものが分かれる」という意味で,"卸开"は「"卸"(はずす)という動作を通して,一体であった事物が分かれる」,つまり「分解する」ということを表している。

2. 他准备把零件**卸下来**修理。［方向］(彼は部品を取りはずして修理するつもりだ。)

    〈注〉この"下来"は「分離した結果,話し手の領域に帰属する」という意味で,"卸下来"は「"卸"という行為を通して,部品が本体から分離して話し手の領域に入る」ということを表している。

3. 车上的煤都**卸完了**。［結果］(車両の石炭は全部おろした。)
4. 民工卸货**卸得挺快**。［程度］(労働者は荷おろしがとてもはやい。)
5. 螺丝都锈死了,**卸不下来**。［可能］(ボルトはさび付いてしまって,取りはずせない。)
6. 把这些砖都**卸在门口**吧。［介詞］(このレンガを全部入口のところにおろそう。)
7. 你帮我**卸一下**货。［時量］(荷おろしを手伝って。)

【谢】xiè

1. 这么**谢下去**,不用两天花就**谢没了**。［方向/結果］(このままいくと,2日もしないうちに花は全部散ってしまう。)
2. 他这几年谢顶**谢得好厉害**。［程度］(彼はここ何年かで頭のてっぺんがずいぶん薄くなった。)
3. 昨天一场大雨,花瓣树叶**谢得满地都是**。［程度］(昨日大雨が降ったせいで,あたり一面散った花びらと葉っぱだ。)

4．这花刚开了一天，一时还**谢不了**liǎo吧。［可能］（昨日咲いたばかりだから，すぐしおれることはないだろう。）

【辛苦】xīnkǔ

1．小王，**辛苦**你一下，去通知老张下楼开会。［时量］（王さん，面倒をかけるけれど，会議があるから張さんにおりてくるよう伝えてください。）

2．父母**辛苦**了一辈子，晚年该享享福了。［时量］（両親は人生苦労してきたので，晩年は楽しく暮らすべきだ。）

【欣赏】xīnshǎng

1．他在那儿入神地**欣赏**起一张名画来。［方向］（彼はそこで夢中になって名画を鑑賞し出した。）

2．我可**欣赏不了**liǎo现代音乐。［可能］（私にはモダンミュージックは楽しめない。）

3．今天晚上，你可以好好**欣赏**一下天津芭蕾舞团表演的芭蕾舞。［时量］（今晩，君は天津バレエ団公演のバレエを鑑賞できる。）

【信】xìn

1．他的话你**可信不得**！［可能］（彼のことばを信じちゃだめだ。）

2．你要是**信不过**我就算了。［可能］（私を信じられないなら，それでもかまわない。）

3．这是个老牌子，大家都**信得过**。［可能］（これは老舗なので，皆信用している。）

〈注〉この"过"は「最後までやり通す」という意味で，"信得过"は「"信"という行為を最後までやり通せる」，つまり「信用できる」ということを表している。

4．**信**了一辈子，结果还是**信错**了。［时量/结果］（この年までずっと信じていたが，信じたのは間違いだった。）

【行】xíng

1．学生向老师**行完**礼后走进教室。［结果］（学生は先生にお辞儀をしてから教室に入った。）

2．你这个办法在我们这里**行不通**。[可能]（君のこのやり方は私たちのところでは通用しないよ。）

3．学生们每天都要向国旗**行一次**礼。[時量]（学生たちは毎日1回国旗に向かって敬礼をする。）

【形容】xíngróng

1．他能把人的内心世界都**形容出来**。[方向]（彼は人の内面世界をことばに言い表すことができる。）

2．他把那群邪教徒**形容成**魔鬼。[結果]（彼はあの邪教徒たちを悪魔のように描いた。）

3．庐山的风景被他**形容得像**仙境一样。[程度]（廬山の風景は彼によってまるで仙境のように描かれている。）

4．我**形容不出**她是多么美。[可能]（私は彼女のあの美しさをことばで言い表せない。）

5．你**形容了**半天，我也想像不出他到底是个什么样的人。[時量]（ああだこうだと説明してくれたけれど，私はどうしても彼がどのような人なのか想像できない。）

6．你能把那个人的样子**形容一下**吗？[時量]（その人の特徴をちょっと説明してもらえますか。）

【行驶】xíngshǐ

1．这辆车**行驶起来**每小时可达二百公里。[方向]（この車は時速200キロで走れる。）

2．**行驶完**全程需要两个小时。[結果]（全行程を走るのに2時間かかる。）

3．雪天路滑，汽车不能**行驶得**太快。[程度]（雪の日は道が滑るので，車のスピードを出しすぎてはならない。）

4．这条河**行驶不了**liǎo大船。[可能]（この川は大きな船は通れない。）

5．万吨巨轮**行驶在**大海上很平稳。[介詞]（1万トン級の大型船は，大海をとても静かに航行できる。）

6．汽车**行驶**几年报废？[時量]（車は何年走ったら廃車になるの。）

7. 我的车在京津塘高速公路上**行驶无数次**了。[時量]（私の車は京津塘高速を数えきれないほど走った。）

【醒】xǐng

1. 伤员经过抢救**醒过来**了。[方向]（負傷兵は応急手当ての結果、意識を取り戻した。）

   〈注〉この"过来"は「本来あるべき状態になる」という意味で、"醒过来"は「"醒"（目覚める）というプロセスをへて、意識がある状態に戻る」ということを表している。

2. 我每天都**醒得很早**。[程度]（私は毎日とてもはやく目が覚める。）
3. 凌晨四点钟我可**醒不了**liǎo。[可能]（早朝4時なんて私は目が覚めない。）
4. 小明**醒了半天**了，还不起床。[時量]（小明はとっくに目が覚めているのに、まだ起きない。）
5. 妈妈说她夜里**醒了好几次**。[時量]（母は夜中に何度も目が覚めたと言った。）

【省悟】xǐngwù

1. 通过这件事，他要是能**省悟过来**就好了。[方向]（このことを通して彼が目を覚ましてくれればいい。）

   〈注〉この"过来"は「本来あるべき状態になる」という意味で、"省悟过来"は「"省悟"（悟る）というプロセスをへて、目覚めた状態に戻る」ということを表している。

【修】xiū

1. 这台电视机毛病太多，**修起来**比较麻烦。[方向]（このテレビは故障が多いので、修理が大変だ。）

   〈注〉この"起来"は「("修"という）動作を実行する」という意味である。

2. 沪杭高速公路去年年底就**修成**了。[結果]（滬杭高速は去年の年末に開通した。）
3. 到车站的路年底就可以**修通**。[結果]（駅までの道は、年末には開通する。）
4. 王师傅修自行车**修得很好**。[程度]（王さんは自転車の修理がとてもうまい。）
5. 我现在没有工具，**修不了**liǎo摩托车。[可能]（私は今道具がないので、

バイクを修理できない。)
6．听说这条路要一直**修**到我们村里。[介詞]（この道は私たちの村まで通るそうだ。)
7．他只**修**了十分钟就把收音机**修好**了。[時量/結果]（彼はたった10分で，ラジオを直した。)
8．手表坏了，明天让王师傅**修一下**。[時量]（腕時計が壊れたので，明日王さんに直してもらおう。)

【修改】 xiūgǎi

1．文章太长，**修改起来**需要一定的时间。[方向]（文章が長すぎて，修正にはある程度時間がかかる。)
   〈注〉この"起来"は「("修改"という)動作を実行する」という意味である。
2．那篇稿子已经**修改完**了。[結果]（その原稿はもう修正済みだ。)
3．他的小说被**修改得**面目全非。[程度]（彼の小説は修正されてまったく別物になってしまった。)
4．我还不如你，怎么**修改得**了liǎo你的文章？[可能]（ぼくは君にかなわないのに，どうして君の文章を直すことができるんだ。)
5．文章写完后，要多**修改**几遍。[時量]（文章を書いたら何度も修正しなければならない。)
6．那篇稿子我整整**修改**了半天。[時量]（その原稿をまるまる半日かけて手直しした。)

【修建】 xiūjiàn

1．这里很快就会**修建起**一座座小别墅**来**。[方向]（ここにはもうじき1戸建ての別荘が建ち並ぶことになる。)
2．体育馆年内就能**修建完**。[結果]（体育館は年内には竣工できる。)
3．这座大桥**修建得**真漂亮。[程度]（この橋は本当に見事だ。)
4．今年这座剧院可能**修建不起来**。[可能]（この劇場は今年中には竣工できないかもしれない。)
5．纪念馆就**修建在**山脚下。[介詞]（記念館は麓に建てられている。)

6．这项工程大概要修建三年。[時量]（このプロジェクトが完成するのに3年かかるでしょう。）

【休息】xiūxi

1．他睡了一天一夜，已经**休息**过来了。[方向]（彼はまる1日寝たので、もう疲れが取れた。）

　　〈注〉この"过来"は「本来あるべき状態になる」という意味で、"休息过来"は「"休息"という行為を通して、本来の調子が戻る」、つまり「身体の疲れが取れる」ということを表している。

2．今天晚上大家要**休息**好，明天好去爬山。[結果]（明日の山登りに備えて、今晩は皆しっかり休もう。）
3．我在这儿**休息**得很好。[程度]（私はここでちゃんと休めた。）
4．外边那么吵，你**休息**得好吗？[可能]（外があんなに騒がしくても、君はちゃんと休めるかい。）
5．已经**休息**十分钟了，该上课了。[時量]（10分間の休憩はもう終わりだ。授業が始まる。）
6．累了，你就**休息**一下。[時量]（疲れたら、休憩しなさい。）

【休养】xiūyǎng

1．老板再**休养**下去，公司怎么办啊！[方向]（社長がこれ以上休んだら、会社はどうなるんだ。）
2．**休养**好了再回来。[結果]（ちゃんと休養してから戻ってください。）
3．工作这么忙，我怎么**休养**得了liǎo？[可能]（仕事がこんなに忙しいのに、休めるわけがない。）
4．他要**休养**到什么时候才恢复工作啊？[介詞]（彼はいつまで休養したら仕事に復帰するつもりなんだ。）
5．他去**休养**了一个月，**休养**得红光满面，精神好极了。[時量/程度]（彼は1か月休養した結果、顔色もよくなり、とても元気になった。）

【修正】xiūzhèng

1．王主任把文章中错误的观点**修正**过来了。[方向]（王主任は文章中の

誤った観点を修正した。)
2．案子的结论已经报上去了，**修正不了**liǎo了。[可能]（事件の結論はすでに上に報告されたので，修正できない。）
3．统计数字有的不对，你们再**修正**一下。[時量]（統計値に誤りがあるので，もう1度修正してください。）

【修筑】 xiūzhù
1．拦洪大坝已经**修筑完**了。[結果]（ダムはもう完成した。）
2．这一段江堤**修筑**得非常结实。[程度]（ここの堤防は頑丈に作られている。）
3．资金不到位，飞机场**修筑不了**liǎo。[可能]（資金が目標額に達しなかったので，空港を建設することができない。）
4．他们计划把旅馆**修筑在半山腰上**。[介詞]（彼らの計画は，ホテルを山の中腹に建築することだ。）
5．六十年代我也参加**修筑**过一次防空洞。[時量]（60年代，私も防空壕の工事に参加したことがある。）
6．这道大堤他们整整**修筑**了一个冬天。[時量]（この堤防を彼らはまるまる一冬かけて建設した。）

【锈】 xiù
1．自行车总也不骑，闸都**锈住**了。[結果]（自転車は長いこと乗っていなかったので，ブレーキがさび付いてしまった。）
　　〈注〉この"住"は「動きがしっかり止まる」という意味で，"锈住"は「锈」（さびる）というプロセスを通して，ブレーキが動かなくなる」ということを表している。
2．这把剪刀怎么**锈**得这么厉害？[程度]（このはさみはどうしてこんなにひどくさびてしまったの。）
3．把刀擦干净放起来就**锈不了**liǎo了。[可能]（ナイフをきれいに磨いてしまっておけばもうさびない。）

【需要】 xūyào
1．这方面的人才现在**需要**得很多。[程度]（この方面の人材はこのところ需要が多い。）

【宣布】 xuānbù

1. 大会主席团名单**宣布**完了。[結果]（大会議長団名簿の発表が終わった。）
2. 会议日程**宣布**得有点晚了。[程度]（会議日程の発表は少し遅すぎた。）
3. 调整方案还没有最后确定，**宣布**不了liǎo。[可能]（修正案はまだ最終的に確定していないので，発表できない。）
4. 会前，主持人**宣布**了一下会场注意事项。[時量]（会議の前に，司会者が会場の注意事項を発表した。）

【宣传】 xuānchuán

1. 新的交通法规前几天就宣布了，你们这儿**宣传**晚了。[結果]（新しい交通法規は数日前に発表されたのに，あなたたちのところでは宣伝が遅れていますね。）
2. 这件好人好事**宣传**得很及时。[程度]（この善人善行キャンペーンはタイミングがとてもよかった。）
3. 我嗓子都哑了，**宣传**不了liǎo了。[可能]（私はのどが枯れてしまって，呼び込みできなくなった。）
4. 计划生育已经**宣传**了十年了。[時量]（計画出産のキャンペーンはもう10年も続いている。）
5. 媒体应该多**宣传**一下助人为乐的事。[時量]（マスメディアは人助けについてたくさん報道すべきだ。）

【旋转】 xuánzhuǎn

1. 杂技演员可以用一根长棍儿顶住碟子，让它**旋转**起来。[方向]（曲芸師は，棒の先で皿を支えて，回すことができる。）
2. 今天没电，所以旋转木马自然也**旋转**不了liǎo了。[可能]（今日は停電なので，メリーゴーランドも当然停止している。）
3. 地球围绕太阳**旋转**一周是一年。[時量]（地球が太陽を1周する周期は1年である。）

【选】xuǎn

1. 被**选为**班长也是一种荣誉。[結果]（グループリーダーに選ばれるのも一種の栄誉だ。）
2. 这个厂长**选得太好**了。[程度]（この工場長を選んで正解だった。）
3. 从这些稿件中我真**选不出**可以采用的。[可能]（これらの原稿の中からは採用できるものを選び出せない。）
4. 大家**选了半天**才**选出**一个小组长。[時量/方向]（皆でじっくり考えて、やっと班長を選出した。）
5. 她**选了半天**也没**选中**zhòng称心的皮鞋。[時量/結果]（彼女は時間をかけたけれど、気に入った革靴は見つからなかった。）
6. 新校址还得重新**选一下**。[時量]（新しい学校用地は改めて選びなおさなければならない。）

【选修】xuǎnxiū

1. 中国文化课你**选修对**了。[結果]（中国文化の授業を履修したのは正解だ。）
2. 这学期的课你**选修得太多**了，精力够吗？[程度]（今学期の授業を君は履修しすぎだ。大丈夫かい。）
3. 我没有时间，**选修不了**liǎo那么多课。[可能]（時間がないので、そんなにたくさんの授業を履修できない。）

【学】xué

1. 玛丽**学起**太极拳**来**了。[方向]（メアリーは太極拳を習い始めた。）
2. 母亲从自己的儿子身上**学到**很多东西。[結果]（母親は自分の息子からたくさんのことを学んだ。）
3. 要**学好**外语，在语法、发音等方面都要下工夫。[結果]（外国語をマスターしたいなら、文法や発音も頑張らなければならない。）
4. 我很快就**学会**了。[結果]（私はすぐにマスターした。）
5. 这本书下学期就能**学完**。[結果]（この本は後期で終わる。）
6. 这孩子学老头儿走路**学得真像**。[程度]（この子は、本当に年寄りそっくりにまねて歩くことができる。）

7. 孩子们都在外边玩，让小明在屋里学习，他**学得进去**吗？［可能］
（子供たちは皆外で遊んでいるのに，小明に家で勉強させたって，頭に入るかな。）
〈注〉"进去"は「入って行く」という意味で，"学得进去"は「"学"という行為を通して，知識が頭に入る」ということを表している。

8. 要**学到**和她们一样，不知还要**学**多少**年**呢。［介詞/時量］（彼女たちと同じレベルに到達するには，あと何年かかるかわからない。）

9. 现在看来，我还没**学到家**，还要继续努力。［介詞］（今のところ，私はまだ高いレベルに達していないので，さらなる努力が必要なようだ。）

10. 我们要活到老**学到老**。［介詞］（私たちは生きている限り勉強しなければならない。）

11. 我打算在中国**学两年**汉语。［時量］（私は中国で2年間中国語を勉強するつもりだ。）

12. 这些生词他**学一遍**就能记住。［時量］（これらの単語を彼は1度勉強しただけで全部覚えられる。）

【训】 xùn

1. 我给老师**训了一顿**，真泄气。［時量］（先生にこっぴどく叱られて，本当に嫌になっちゃった。）

【训练】 xùnliàn

1. 只有这样，才能**训练出**世界冠军。［方向］（このように訓練しなければ，世界チャンピオンは出ない。）

2. 我**训练完**就去找你。［結果］（トレーニングが終わったら，君のところに行く。）

3. 战士们**训练得**非常刻苦。［程度］（兵士たちは過酷な訓練に励んでいる。）

4. 今天下雨，**训练不了**liǎo了。［可能］（今日は雨なので，トレーニングできなくなった。）

5. 我们每天都**训练到**晚上七点。［介詞］（私たちは毎晩7時までトレーニングする。）

6. 刚**训练了一会儿**，他就累了。［時量］（ちょっと訓練しただけで，彼はもう疲れてしまった。）

Y

【压】yā

1. 他努力了半天才把心中的怒火强压下去。[方向]（彼はやっとのことで心の中の怒りを抑え付けた。）
2. 挑了一担水就把肩膀压红了。[結果]（水を1回担いだだけで，重みで肩が赤くなった。）
3. 给我盖那么多东西，压得我都翻不了liǎo身。[程度]（私にそんなにたくさんかぶせたら，重くて寝返りもできない。）
4. 这事闹大了，想压也压不住。[可能]（これが大事になったら，抑えたくても抑えられない。）
5. 那么重的工作都压在我身上怎么行？[介詞]（そんなに重大な仕事をすべて私に押し付けるなんて，それでいいのか。）
6. 这批货都压了半年了，得赶快脱手。[時量]（この品物はもう半年も置きっぱなしだから，急いで売り払わないと。）

【押】yā

1. 为了借款，他把房子押出去了。[方向]（借金のために，彼は家を担保にした。）
2. 警察把小偷押走了。[結果]（警察は泥棒を連行した。）
3. 那件皮大衣一直押在当铺里。[介詞]（あの革のコートは，質屋にずっと入れたままだ。）
4. 他被警察局押了两天，昨天刚放出来。[時量]（彼は警察に2日間拘束され，昨日出てきたばかりだ。）

【压迫】yāpò

1. 这个肿瘤对视神经压迫得很厉害。[程度]（この腫瘍は視神経をひどく圧迫している。）
2. 解放了，地主再也压迫不了liǎo贫苦农民了。[可能]（自由だ。地主は2度と貧困農民を圧迫できないぞ。）

3．他被老板压迫了一辈子。[時量]（彼は生涯，店主に抑圧されてきた。）

【压缩】 yāsuō
1．文章写起来难，**压缩**起来也不容易。[方向]（文章は書いてみると難しく，削ろうとするのも容易ではない。）
　　〈注〉この"起来"は「（"压缩"という動作を実行する」という意味で，特にこの場合は「その動作に着目すれば」という意味が強調されている。
2．企业的各项开支**压缩**得还不够。[程度]（企業の各支出はまだ削減が不十分だ。）
3．科研经费**压缩**不了liǎo了。[可能]（科学研究費はもうこれ以上削減できない。）
4．**压缩**了半天，人员也不见减少。[時量]（人員をずいぶんと削減したのに，減った感じがしない。）

【压制】 yāzhì
1．这个经理对不同意见**压制**得很厉害。[程度]（この社長は反対意見に対する抑え付けが厳しい。）
2．我**压制**不住心中的怒火，跟他吵了起来。[可能]（私は心の中の怒りを抑え切れず，彼と口げんかを始めた。）
3．那些反对派被**压制**了很多年。[時量]（あの反対派の人たちは何年も抑圧されていた。）

【轧】 yà
1．地上被**轧**出两道深深的车辙。[方向]（地面には2本の深いわだちができた。）
2．那只狗被汽车**轧死**了。[結果]（あのイヌは車にひかれて死んでしまった。）

【淹】 yān
1．像这样**淹**下去，房子非塌不可。[方向]（こんなふうに浸水し続けたら，家が倒れてしまう。）
2．一九五四年闹大水**淹死**很多人。[結果]（1954年，大洪水が起こって多く

の人が溺死した。)

3．我不想学游泳，我怕**淹死**。[結果]（溺れ死ぬのが怖いから，水泳は習いたくない。)

4．去年水灾，我们村**淹得最厉害**。[程度]（去年の水害では，私たちの村の浸水が最もひどかった。)

5．他会游泳，**淹不着**zháo。[可能]（彼は泳げるから，溺れっこない。)
　〈注〉"着"は自動詞や形容詞の後に付いて，「よくない状況に陥る」という意味を表すことがある。"淹不着"は「溺れるという状況に陥ることはない」ということを表している。

6．大水都**淹到房顶**了。[介詞]（洪水でもう家の屋根まで水が来た。)

7．前年这个村子被水**淹过一次**。[時量]（一昨年この村は1度水害に遭った。)

8．去年大水一直**淹了半个月**才退。[時量]（去年の洪水は半月してやっと水が退いた。)

【腌】yān

1．这些菜还没**腌透**，再等一天吧。[結果]（この野菜はまだよく漬かっていないから，もう1日待ちましょう。)

2．只**腌一夜**的白菜、黄瓜、苤蓝又脆又鲜。[時量]（一夜漬けの白菜やキュウリやカブは歯ざわりもよく，おいしい。)

【延长】yáncháng

1．我很喜欢那条向远处一直**延长下去**的林荫大道。[方向]（私は遠くまでまっすぐ延びているあの並木道が好きだ。)

2．看来比赛还要**延长下去**。[方向]（どうやら試合は更に延長されるようだ。)

3．明年四十五路将一直**延长到我家附近**。[介詞]（来年45番のバス路線が私の家の近くまで延長される。)

4．这条公路可以再往前**延长一下**。[時量]（この道路はもう少し先まで延長できる。)

【研究】yánjiū

1．王教授又**研究起**明清小说**来了**。[方向]（王教授はまた明清小説を研究し

始めた。）
2．你的调动问题领导**研究完**了。［結果］（君の転勤について，上層部は検討し終えた。）
3．对减员增效问题，大家**研究得**非常认真。［程度］（リストラについて，皆真剣に検討している。）
4．负责人不在，这个问题**研究不了** liǎo。［可能］（責任者がいないので，この問題は検討できない。）
5．这个问题都**研究两天**了，怎么还没结果？［時量］（この問題はもう2日間も検討したのに，どうしてまだ結論がでないんだ。）
6．我们应该好好**研究一下**节水问题。［時量］（節水についてしっかり検討すべきだ。）

【延续】yánxù
1．这个传统一直**延续到**现代，看样子还会继续**延续下去**。［介詞/方向］（この伝統は現在までずっと続いてきたが，この先も続いていきそうだ。）
2．这种现象不知还要**延续多久**？［時量］（こうした現象は，あとどれくらい続くのだろうか。）

【研制】yánzhì
1．新型建筑材料**研制成功**了。［結果］（新型の建築材料の開発に成功した。）
2．科研人员最近**研制出来**一种特效减肥药。［方向］（研究スタッフは最近ダイエットの特効薬を開発した。）
3．这种产品目前还**研制不了** liǎo。［可能］（そのような製品は今のところまだ開発できない。）
4．治愈艾滋病的药已经**研制很久**了，但还没**研制出来**。［時量/方向］（エイズ治療薬の研究は長い間おこなわれているが，まだ開発されていない。）

【演】yǎn
1．雨不大，戏可以继续**演下去**。［方向］（雨はひどくないから，劇は続けられる。）

2．她决心一定要**演好**虎妞这个角色。[結果]（彼女は虎妞の役を絶対に演じきると決めた。）

3．他演康熙皇帝**演得真棒**。[程度]（彼が扮する康熙帝は実にすばらしい。）

4．我怕**演不好**林黛玉这个人物。[可能]（私は林黛玉という人物をうまく演じきれるか心配だ。）

5．这出戏一直要**演到**正月十五。[介詞]（この劇は1月15日までずっと上演される。）

〈注〉この"到"は「到達」という意味で，"演到"は「"演"という行為が1月15日までおこなわれる」ということを表している。語順が日本語と異なるので，特に注意が必要である。

6．剧团每年都要去农村**演几次**戏。[時量]（劇団は毎年農村へ行って何度か公演する。）

7．这个舞剧大概要**演三个小时**。[時量]（このバレエの公演時間はおよそ3時間だ。）

【演出】 yǎnchū

1．《雷雨》**演出半年了**，看的人还那么多。[時量]（『雷雨』は公演初日から半年たったが，観客は依然多い。）

2．这个剧已经**演出好几场**了。[時量]（この劇はすでに何度も上演されている。）

【咽】 yàn

1．小心别把桃核**咽进**肚子里！[方向]（モモの種を飲み込まないように気を付けて。）

2．你把东西**咽下去**再说话！[方向]（口の中のものを飲み込んでから話しなさい。）

3．吃东西一点一点地咽，一次不要**咽得太多**。[程度]（何か食べるときには少しずつ飲み込みなさい。1度にたくさん飲み込んではいけません。）

4．这大药丸子太难吃，我**咽了半天**就是**咽不下去**。[時量/可能]（この大きな丸薬はとても飲みにくいので，私は何度やっても飲み込めない。）

【扬】yáng

1. 她的头发被风吹得**扬**了起来。［方向］（彼女の髪は風に吹きあげられた。）
2. 这些麦子都**扬**干净了，可以入库了。［結果］（このムギはもうモミガラを飛ばしたので，倉庫に入れられる。）
3. 大风一吹，灰尘**扬**得很高。［程度］（強風が吹いたかと思うと，ほこりが高く舞いあがった。）
4. 我没注意，把雪**扬**到小王身上了。［介詞］（私はうっかりして，雪を王さんの体にかけてしまった。）

【养】yǎng

1. 我朋友养牛赚了大钱，他想继续**养**下去。［方向］（友人はウシの牧畜で大もうけしたので，牧畜を続けたいと思っている。）
2. 母亲一个人把我们**养**大不容易。［結果］（女手１つで私たちを育てあげるのは大変だったはずだ。）
3. 我已经**养**成习惯了。［結果］（もう習慣になった。）
4. 这些猪**养**到年底就可以卖了。［介詞］（これらのブタは年末まで飼えば売れるようになる。）
5. 我**养**过好几次金鱼，但总也过不了夏天。［時量］（私は何度も金魚を飼ったことがあるが，夏を越せたことがない。）

【邀请】yāoqǐng

1. 最好把足迹专家**邀请**过来帮助我们破案。［方向］（足跡の専門家に来てもらって事件の解決に協力してもらうのが１番いいでしょう。）
2. 该邀请的人我都**邀请**到了，不会漏掉。［結果］（招待すべき人は，漏れなく招待した。）
3. 他们**邀请**到很多专家学者来参加研讨会。［結果］（彼らは多くの専門家や研究者をシンポジウムに呼ぶことができた。）
4. 你**邀请**得太晚了，人家已经有安排了。［程度］（君が招待するのが遅すぎたから，あの人にはもう予定が入ってしまった。）
5. 这样的大明星我们**邀请**不动。［可能］（こんな大スターは私たちでは呼べない。）

6．我们**邀请**他**两次**了，他都没来。［時量］（私たちは彼を2回招待したが，2回とも来なかった。）

【摇】yáo

1．昨天地震，**摇得真厉害**。［程度］（昨日の地震はものすごく揺れた。）
2．导游**摇**了**几下**手中的小旗，叫大家集合。［時量］（ガイドは手に持った旗を振り，全員に集合をかけた。）
3．这种药吃以前要**摇一下**。［時量］（この薬は飲む前に振ってください。）

【咬】yǎo

1．他一口就把面包**咬下去**一半。［方向］（彼はパクッとパンを半分かみちぎった。）
   〈注〉この"下去"は「分離した結果，話し手の領域から離れる」という意味で，"咬下去"は「"咬"という動作を通して，パンの半分が全体から分離する」ということを表している。
2．狗把他的腿**咬破**了。［結果］（イヌは彼の足にかみ付いてけがをさせた。）
3．这个演员咬字**咬得真清楚**。［程度］（この俳優は滑舌がすごくはっきりしている。）
4．这块肉太硬了，**咬不动**。［可能］（この肉は硬すぎて，かみ切れない。）
5．他被狗**咬**了**一口**。［時量］（彼はイヌにかまれた。）

【移】yí

1．两个人互相盯着看了半天，他终于忍受不了，**移开**了视线。［方向］（2人は長いことにらみ合っていたが，とうとう彼は我慢できなくなって，視線をそらした。）
2．三郎把视线**移向**大海，等他把视线**移回来**时，女孩儿已经不见了。［介詞/方向］（三郎は視線を大海原に移し，視線を戻したときには，女の子の姿はすでに見えなくなっていた。）

【移动】yídòng

1．再稍微**移动一下**就可以看见里面了。［時量］（もう少し移動すれば中が

見える。）

【译】yì
1. 芭蕉的几首俳句已经**译成**了中文。[结果]（芭蕉の俳句はすでに何句か中国語に翻訳されている。）
2. 这句话**译得对**吗？[程度]（この訳文は合っていますか。）

【议论】yìlùn
1. 刚一散会，大家就**议论开**了。[方向]（会が終わると，みんなはすぐに議論し出した。）
   〈注〉この"开"は「("议论"という行為を）わっとやり出す」という意味である。
2. 对男女同工同酬问题，大家**议论得很热闹**。[程度]（男女の雇用機会均等について，皆で白熱した議論を展開した。）
3. 这个话题大家不感兴趣，**议论不起来**。[可能]（この話題には皆興味がないので，議論になりにくい。）
4. 对宿舍被盗案件，大家**议论了很长时间**了。[時量]（この宿舎での盗難事件について，皆長い間うわさをしていた。）

【意识】yìshí
1. 我**意识到**这里最宝贵的是空间和时间。[结果]（ここで最も大切なのは空間と時間だということに気付いた。）
   〈注〉この"到"は「到達」という意味で，"意识到"は「"意识"という心理動作の結果，あることに思い至る」，つまり「気付く」ということを表している。"意识"は"意识到"となってはじめて目的語をとることができる。

【意想】yìxiǎng
1. 在那儿你会碰到**意想不到**的事。[可能]（あそこでは予想外のことに出くわすかもしれない。）

【引】yǐn
1. 用什么办法可以把蛇**引出来**呢？[方向]（どうすればヘビをおびき出せ

るだろうか。)
2．这种技术早就该**引进**了。［方向］（こういう技術はもっとはやく取り入れるべきだった。)
3．这段名人语录**引**得很恰当。［程度］（この偉人語録の引用は適切だ。)
4．农民们把水**引**到山上浇地。［介詞］（農民たちは山の畑に水を引いた。)
5．他的论文被**引**过很多次。［時量］（彼の論文は何度も引用されたことがある。)

【隐瞒】yǐnmán
1．因为那时候乱，没人过问这件事，所以就**隐瞒**下来了。［方向］（あの頃は混乱していたし，誰もこの件について問題にしなかったので，今まで事実が隠蔽されてきた。)
2．他把这事**隐瞒**得一字不漏。［程度］（彼はそのことについて一言も漏らさなかった。)
3．你快说实话吧，这事**隐瞒**不下去了。［可能］（はやく本当のことを話しなさい。このことはもう隠し通せないぞ。)
4．涉及到那么多人的事，你**隐瞒**得了liǎo吗？［可能］（あんなに大勢の人に関わることを，君は隠し通せるのか。)
5．他想这件事如果能一直**隐瞒**到人们都淡忘了就好了。［介詞］（彼はこのことを人々が忘れるまでずっと隠し続けられたらいいと思っている。)
6．这件事**隐瞒**了二十年！［時量］（この事件は20年間も隠蔽されていたんだ。)

【印】yìn
1．虽然是学生办的报，**印**出来一看还真像样。［方向］（学生が作った新聞なのに，印刷できたのを見てみるとなかなか様になっている。)
2．这个图案**印**反了吧？［結果］（この模様は逆さまに印刷したでしょう。)
3．早报凌晨两点就**印**好了。［結果］（朝刊は早朝2時には印刷し終わった。)
4．讲义**印**得不够。［程度］（プリントが足りない。)
    〈注〉日本語訳は「足りない」という「結果」にしか言及していないが，中国語はそのような結果が引き起こされた「原因」を表す動詞 "印"（印刷する）を用いていることに注意。

5．这一页的字能不能再**印**得清楚一点？［程度］（このページの文字をもっとはっきり印刷してもらえませんか。）

6．这个机器一天**印不了**liǎo这么多资料。［可能］（このプリンターでは1日でこんなにたくさんの資料を印刷できない。）

7．你可以把这句话**印在T恤衫上**。［介詞］（このことばをTシャツにプリントしたらどうですか。）

8．她的笑脸像夏天的太阳一样强烈地**印在我脑子里**。［介詞］（彼女の笑顔は夏の太陽のように強烈に私の脳裏に焼き付いた。）

9．这么多材料得**印一个小时**。［時量］（こんなに多くの資料をコピーするには1時間かかる。）

【迎】yíng

1．他殷勤地把客人**迎进**屋里。［方向］（彼は丁重に客を家の中へ招き入れた。）

2．我怀着很大的抱负**迎来**了新年。［方向］（私は大きな抱負を胸に抱いて新年を迎えた。）

【赢】yíng

1．他们想把上次输掉的球**赢回来**。［方向］（彼らは前回負けた雪辱を期している。）

2．这场球甲队**赢定了**。［結果］（この試合は甲組の勝ちが決まった。）
〈注〉この"定"は「確定する」という意味で，"赢定"は「"赢"（勝つ）ということが確定する」ということを表している。

3．昨天的比赛**赢得比较顺利**。［程度］（昨日の試合は比較的楽に勝てた。）

4．你们**赢得了**liǎo那个队吗？［可能］（あなたたちはあのチームに勝てますか。）

5．中国乒乓球队在世界杯比赛中连**赢**了好几年。［時量］（中国卓球チームはワールドカップでここ何年も連続優勝している。）

【迎接】yíngjiē

1．他**迎接完**外宾就回来。［結果］（彼は外国のお客様を出迎えたらすぐに戻ってくる。）

2．这么简陋的条件怎么**迎接得了**liǎo客人？［可能］（こんな粗末な部屋に

3．客人快来了，我们去**迎接**一下。[時量]（お客様がもうすぐ見えるので，お出迎えしましょう。）

【应酬】 yìngchou

1．这么多的客人，我可**应酬**不过来。[可能]（お客さんがこんなにたくさんいたら，私には応対しきれない。）

〈注〉"应酬不过来"は「(すべての客の範囲にわたって)"应酬"という行為をおこなうことができない」ということを表している。

2．客人来了，你去**应酬**一下儿。[時量]（お客さんが来たので，お相手してください。）

【应付】 yìngfù

1．大家都觉得困难的事，他**应付**起来得心应手。[方向]（皆が無理だと思っていることを，彼はいとも簡単にやってしまう。）

2．对这种复杂的局面，小张**应付**得很自如。[程度]（こんな複雑な状況にも，張さんは自在に対処した。）

3．那么多客人，我一个人可**应付**不了liǎo。[可能]（お客さんがこんなにたくさんいたら，私1人では対応できない。）

4．我有事得出去，有什么事你**应付**一下儿吧。[時量]（用事で出かけなければならないので，何かあったら適当に処理しておいて。）

【应用】 yìngyòng

1．新的高精技术他**应用**得很熟练。[程度]（新しいハイテクを彼はうまく活用している。）

2．你的那套方法在我们这儿**应用**不上。[可能]（君のそのやり方はここでは通用しない。）

3．应该把先进技术及时**应用**到生产中。[介詞]（先進技術をすぐに生産に導入するべきだ。）

【用】yòng

1. 这个词为什么容易**用**错，你想过吗？［結果］（この単語がなぜ誤用されやすいか，考えたことがありますか。）
2. 纸巾已经**用完**了。［結果］（ティッシュはもう使い切った。）
3. 她洗衣服洗衣粉**用得太多**。［程度］（彼女は洗濯するのに洗剤を使いすぎる。）
4. 这样的词**用得太多**，文章就不容易懂了。［程度］（このような単語を使いすぎると，文章がわかりにくくなる。）
5. 这些东西你原来是**用在什么地方**的？［介詞］（これらのものをあなたはもともとどこに使っていたのですか。）
6. 这个台灯是他结婚时买的，一直**用到现在**。［介詞］（この電気スタンドは結婚したときに買ったもので，今でも使っている。）
7. 世界的资源也是有限的，能供我们**用多久**呢？［時量］（世界の資源も限りあるものだから，いつまでも使えるわけではない。）
8. 这台热水器已经**用了五年**了。［時量］（この湯沸し器はもう5年も使っている。）
9. 我**用一下**你的词典可以吗？［時量］（あなたの辞典を使わせてもらえませんか。）

【游】yóu

1. 这些鱼就要**游回大海里去**了。［方向］（ここの魚はもうすぐ海に戻る。）
2. 他渐渐地**游远**了。［結果］（彼はだんだん遠くまで泳いで行った。）
   〈注〉"游远"は「"游"という動作を通して，どんどん"远"になる」という意味である。この語順は出来事が発生する順序と同じであるが，日本語では「遠くまで泳いで行った」となる点に注意。
3. 他**游得不太好**。［程度］（彼は泳ぎがあまり得意ではない。）
4. 别**游得太远**了，危险。［程度］（遠くまで泳いではいけないよ。危ないから。）
5. 我累了，**游不动**了。［可能］（疲れて泳げなくなった。）
   〈注〉この"不动"は「("游"という）動作を思うようにおこなうことができない」という意味を表している。
6. 你能从这儿**游到对岸**吗？［介詞］（ここから向こう岸まで泳げますか。）

【游览】 yóulǎn
1. **游览**完颐和园，我们去**游览**香山。[結果]（頤和園観光のあと，私たちは香山に向かう。）
2. 大家可以在龙门石窟**游览到五点**。[介詞]（皆様には龍門石窟で5時まで見学していただけます。）
3. 我以前**游览**过**一次**长城。[時量]（私は以前1度，万里の長城を観光したことがある。）

【犹豫】 yóuyù
1. 朋友**犹豫**了**一下**就答应了。[時量]（友達はちょっとためらってからOKした。）

【遇】 yù
1. 他们不幸**遇上**了那史无前例的运动。[方向]（彼らはよりによって歴史上前例のないその運動に出会ってしまった。）
2. 我想起四岁时**遇到**的一件事。[結果]（私は4歳のときに偶然経験したことを思い出した。）
   〈注〉"遇到"は「偶然出会う」という意味であるが，この文は過去の経験について述べているので，「偶然経験した」と訳してある。この文では"遇到"の"到"を省略することはできない。
3. 他在路上**遇见**一位老爷爷。[結果]（彼は道で，あるおじいさんに出会った。）
4. 这样好的机会，以后可能再也**遇不到**了。[可能]（こんな絶好のチャンスには，もう2度とめぐり合えないだろう。）

【预备】 yùbèi
1. 她的路费我都**预备出来**了。[方向]（彼女の交通費は，もう私が用意してある。）
2. 旅游要带的东西你都**预备好**了吗？[結果]（旅行に持っていくものは全部準備できましたか。）
3. 过年的东西你们**预备得真全**。[程度]（お正月用の品々を本当によく揃えましたね。）

4．这么多人的饭，我一个小时**预备不出来**。[可能]（こんなに多くの人の食事を，私は1時間では準備できない。）

5．你**预备一下**明天开会的文件。[時量]（明日の会議資料を準備しておいてください。）

【预防】 yùfáng

1．由于**预防得早**，水灾没给我们造成太大的损失。[程度]（対策がはやかったので，水害でそれほど大きな損害をこうむることはなかった。）

2．我看火灾完全**预防得了** liǎo。[可能]（火災は完全に予防できると思う。）

3．听说禽流感已经在南方流行了，我们北方要及早**预防一下**。[時量]（南方では鳥インフルエンザが流行っているそうなので，北方でも早目に対策を立てよう。）

【郁结】 yùjié

1．这样可以把**郁结在心头**的烦闷都吐到风中去。[介詞]（こうすれば心に溜まった悩みをすべて風の中に吐き出すことができる。）

【预习】 yùxí

1．应该预习第二课，你怎么**预习起第三课来了**？[方向]（第2課の予習をしなければならないのに，君はなぜ第3課を予習しているんだ。）

2．第五课的课文我**预习完**了。[結果]（第5課の本文の予習が終わった。）

3．她每次都**预习得很充分**。[程度]（彼女は毎回しっかり予習をする。）

4．昨天你**预习到几点**？[介詞]（昨日は何時まで予習してたの。）

5．生词我已经**预习一遍**了。[時量]（新出単語はすでに一通り予習してある。）

【冤枉】 yuānwang

1．这个作家的冤案终于平反了，他整整被**冤枉了十年**。[時量]（この作家はやっと名誉回復されたが，彼はまるまる10年間無実の罪を着せられていた。）

2．他**冤枉我好几次**了。[時量]（私は何度も彼に誤解された。）

【怨】yuàn
1. 我根本不知道这件事，你**怨不着**zháo我！［可能］（私はぜんぜんそのことを知らなかったんだから，私を恨むのは筋違いだ。）
2. 你怎么**怨到**我头上来了？［介詞］（なんで私にまで文句言うの。）
3. 因为他的车半路抛锚没赶上演唱会，她**怨**了他**半天**。［時量］（彼の車が途中で故障してコンサートに間に合わなかったので，彼女はさんざん彼に文句を言った。）

【约】yuē
1. 我们**约好**明天下午五点见面。［結果］（私たちは明日午後5時に会う約束をした。）
   〈注〉この"好"は動作の「完成」という意味である。"约"という動詞は「約束する」という行為しか表さず，"好"のような補語がついてはじめて「約束が成立する」という結果の意味を表すことができる。
2. 这个时间**约得不好**，改一下吧。［程度］（この時間は都合が悪いので，時間を変えてください。）
3. 我**约**她**好几次**了，她都说没时间。［時量］（私は何度も彼女を誘ったが，暇がないといつも言われた。）

【晕】yūn
1. 他被汽车撞得**晕过去**了。［方向］（彼は車にはねられて気を失った。）
2. 今天早上起来，我的头**晕**了**半天**。［時量］（今朝起きたら，しばらくめまいがした。）

【运】yùn
1. 那批进货不合格，经理又让他们**运回去**了。［方向］（その品物は不合格だったので，社長は彼らに送り返させた。）
2. 这么多东西，一车可**运不走**。［可能］（そんなに多くの荷物は，車1台では運べない。）
3. 这车蔬菜下午能**运到**北京吗？［介詞］（このトラックの野菜は午後には北京まで運べますか。）

【晕】yùn

1. 他晕车晕得厉害，不能让他坐车。[程度]（彼は車酔いがひどいので，車に乗せたらダメだよ。）

【熨】yùn

1. 她把衣服从阳台上收进屋里，立刻熨了起来。[方向]（彼女はベランダから部屋の中に服を取り込んで，すぐにアイロンをかけ出した。）
2. 衣服熨好了吗？[結果]（アイロンかけは終わったの。）
3. 这件衣服熨得不好，再熨一次。[程度/時量]（この服はちゃんとアイロンがかかってないので，もう1度お願いします。）

Z

【砸】zá
1. 窗户的玻璃被冰雹**砸**破了。[結果]（窓ガラスはひょうが当たって割れた。）
2. 这个东西不能放在高的地方，掉下来会**砸**伤人的。[結果]（こういったものは，高いところにおいてはいけない。落ちてきたら，ぶつかってけがをしますよ。）
3. 我砸核桃不小心**砸**到手上了，手被**砸**得疼死了。[介詞/程度]（クルミを割ろうとしたら手をたたいてしまい，とても痛かった。）
4. 你放心，**砸**不到你。[可能]（あなたには当たらないから，安心して。）

【栽】zāi
1. 我们**栽**完这棵树就休息。[結果]（私たちはこの木を植えたら休憩する。）
2. 他们栽树**栽**得比我们快。[程度]（彼らは私たちより木を植えるのがはやい。）
3. 我把这些花**栽**到花盆里了。[介詞]（これらの花を鉢に植えた。）
   〈注〉この"到"は目的語である"这些花"の「帰着点」を導くものである。

【攒】zǎn
1. 把零零碎碎的钱**攒**起来还真不少。[方向]（小銭をためたら，結構な金額になった。）
2. 钱**攒**够了，我就去中国留学。[結果]（お金がたまったら，中国に留学します。）

【遭】zāo
1. 他**遭**到了预想不到的不幸。[結果]（彼は思いがけない不幸に遭遇した。）

【造】zào
1. 这些词都是新**造**出来的。[方向]（これらの単語はどれも新しく作られたものだ。）

2．万吨级轮船已经**造好了**，明天下水。[结果]（１万トン級の船は完成し，明日進水する。）

3．这个句子**造得很好**。[程度]（この文はとてもよくできている。）

4．凭我们的技术，还**造不了**liǎo那种汽车？[可能]（私たちの技術では，この手の自動車はまだ作れないと言うのか。）

【扎】 zhā

1．他们已经在那儿**扎下**根来，不愿离开了。[方向]（彼らはすでにそこに根付いているので，離れたくないのだ。）

【炸】 zhá

1．买了冷冻虾，回到家里我就**炸了起来**。[方向]（冷凍エビを買って，家に帰るとさっそく揚げ始めた。）

2．**炸成**黄色就是**炸好**了。[结果/結果]（きつね色になったら，ちゃんと揚がっている。）

3．我觉得冷冻虾好像**炸得不好**。[程度]（冷凍エビはちゃんと揚がっていないようだ。）

4．做中国菜常常要先**炸一下**。[時量]（中華料理は，まず油通しすることが多い。）

【眨】 zhǎ

1．他只是**眨了几下**眼睛，什么都没说。[時量]（彼はちょっと瞬きをしただけで，何も言わなかった。）

【摘】 zhāi

1．进屋以后，他立刻**摘下**了黑眼镜。[方向]（部屋に入ってから，彼はすぐにサングラスをはずした。）

2．我们把草莓**摘下来**放进袋子里。[方向]（私たちはイチゴを摘んで，袋に入れた。）

3．每天要把变黄了的叶子**摘下去**。[方向]（毎日黄色くなった葉を摘み取る。）

〈注〉この"下去"は「分離した結果，話し手の領域から離れる」という意味で，"摘下去"は「"摘"という行為を通して，黄色くなった葉が草木から分離されて捨てられる」ということを表している。

4．这些人**摘**茶**摘得真快**。[程度]（この人たちはお茶の葉を摘むのが本当にはやい。）

5．这些豆角一上午**摘不完**。[可能]（ここインゲンマメは午前中だけでは摘み終わらない。）

6．我们去那里**摘过一次**苹果。[時量]（私たちはそこへリンゴ狩りに行ったことがある。）

【粘】 zhān

1．妈妈的大衣上**粘上了**很多猫毛。[方向]（お母さんのコートにネコの毛がたくさん付いている。）

2．**粘得不牢**，一会儿会掉下来的。[程度]（しっかり貼り付けないと，すぐ取れるよ。）

3．**粘不上去**，怎么办？[可能]（くっつかない。どうしよう。）
  〈注〉この"上去"は「話し手から離れたところにあるものに付着する」という意味で，"粘不上去"は「"粘"（くっつける）しようとしても，何かにくっつけることができない」ということを表している。

4．你照镜子看看，什么东西**粘在**你脸**上**了。[介詞]（鏡を見てみて。何か顔に付いているよ。）

【展现】 zhǎnxiàn

1．美好的前景在我们的眼前**展现出来**。[方向]（美しい光景が私たちの目の前に広がった。）

2．**展现在**我眼**前**的是一条宽阔的河。[介詞]（私の目の前に広がっているのは1本の大河だ。）

【站】 zhàn

1．不同意的**站出来**！[方向]（反対の人は前に出なさい。）

2．**站起来**！[方向]（立ちなさい。）

3. 他听见有人叫他，就站下来等着。[方向]（彼は誰かが自分を呼ぶ声が聞こえたので，立ち止まった。）
4. 请站好！[结果]（ちゃんとお立ちください。）
5. 站住！[结果]（止まれ。）
6. 瞧！值勤的士兵站得多直。[程度]（見て。番兵さんが直立不動だよ。）
7. 站得高，看得远。[程度]（高いところに立てば，遠くまで見える。）
8. 他在餐馆打工，站得腿都肿了。[程度]（彼はレストランでアルバイトしていて，立ちっぱなしで足がむくんだ。）
9. 我累死了，站不动了。[可能]（死ぬほど疲れて，もう立っていられない。）
10. 她喝醉了，都站不稳了。[可能]（彼女は酔っ払って，しっかり立っていられなくなった。）
11. 这个阁楼太矮了，站不直。[可能]（この屋根裏は天井が低すぎて，まっすぐ立てない。）
12. 你别站在门口，快进来！[介词]（玄関に立ってないで，はやく中に入っておいで。）
13. 你怎么这么说，你究竟站在谁的一边？！[介词]（そんなことを言ったりして，君はいったいどっちの味方なんだ。）
14. 我站了一天，腿都站酸了。[时量/结果]（私は1日中立っていたので，足がだるくなった。）
   〈注〉"站酸"は「"站"という動作を通して，足が"酸"（だるい）という状態になる」ということを表している。
15. 这个工作很辛苦，常常要站一整天呢。[时量]（この仕事はきつくて，1日中立ちっぱなしのことがよくある。）

【张】zhāng
1. 请张开嘴，说"啊—"。[方向]（口を大きくあけて，「あー」と言ってください。）
2. 小鸟吃东西时嘴张得多大！[程度]（小鳥はえさを食べるときすごく大きな口をあけるんだね。）
3. 要向他借钱，真张不开口。[可能]（彼から金を借りたいが，本当に言い出しにくい。）

〈注〉"张口"はもともと「口を開ける」という意味であるが，この文では「借金の話をもちかける」という意味である。"张不开口"は「借金の話をもちかけられない」ということを表している。"张口"は"张嘴"とも言うこともある。

【长】 zhǎng

1．几年没见，你**长**聪明了。[结果]（何年も会わないうちに賢くなったね。）
   〈注〉日本語訳は「賢くなった」という「結果」にしか言及していないが，中国語はそのような結果が引き起こされた「原因」を表す動詞"长"（成長する）を用いていることに注意。

2．人**长**大以后再学外语，困难就比较多了。[结果]（大人になってから外国語を勉強するとかなり大変だ。）

3．工作那么忙，你怎么还**长**胖了？ [结果]（仕事があんなに忙しいのに，どうして太ったんだ。）

4．那时他只有三岁，**长**得非常可爱。[程度]（そのとき，彼はわずか3歳で，とても可愛らしかった。）

5．他已经**长**得和妈妈一样高了。[程度]（彼はもう母親と同じくらいまで背が伸びた。）

6．这个孩子**长**得真快！[程度]（この子は背が伸びるのが本当にはやいね。）

7．给他吃点钙片吧，他怎么老**长**不高呢。[可能]（彼はどうしていつまでも背が伸びないのだろう。カルシウムを摂らせましょう。）

【招待】 zhāodài

1．把最后一批客人**招待**完送走，已经是半夜十二点了。[结果]（最後のお客様の接待が終わってお見送りをしたとき，もう真夜中の12時だった。）

2．如果有**招待**得不周到的地方，请原谅。[程度]（もし行き届かないところがありましたら，ご容赦ください。）

3．这一次他把客人**招待**得非常满意。[程度]（今回彼はお客を十分にもてなすことができた。）
   〈注〉"招待得非常满意"は程度補語の形式であるが，意味的には「主語の"他"が"招待"という行為をおこなった結果，"客人"が"非常满意"という心理状態になった」ということも表している。

4．快来帮帮忙，客人太多，我们几个**招待**不过来。[可能]（はやく手

伝いに来て。お客様が多すぎて，私たち数人では手が回らない。）

5．这个公司的客人我们每年要**招待**好几次。[時量]（この会社の顧客を私たちは毎年何度も接待する。）

6．你先帮我**招待**一下，我马上就来。[時量]（先にお相手してて。私もすぐ行くから。）

【找】 zhǎo

1．我们去**找**过那个地方，但是没有**找到**。[方向/結果]（私たちはそこを探したが，見つからなかった。）

2．现在卡拉OK的机器越来越完善。**找好**自己要唱的曲子，一按按钮，伴奏就会出来。[結果]（最近のカラオケの機械は，ますます便利になってきた。自分が歌いたい曲が見つかったら，ボタンを押すだけで，伴奏が流れ出す。）

3．不卸开**找**不出毛病。[可能]（分解しないとどこが故障しているかはわからない。）

4．她谈的时候却怎么也**找**不到合适的中国话来代替这个英文词。[可能]（彼女は話しているとき，この英単語にぴったりの中国語がどうしても思い付かなかった。）

5．我的一位同事，一句日语也不会，到日本的第三天就看着地图**找到**我家来了。[介詞]（私のある同僚は，一言も日本語ができなかったが，日本に来て3日目にして地図を見ながら私の家にやってきた。）

〈注〉この"到"は主語である"我的一位同事"の「帰着点」を導くものである。

6．他**找**了半天才**找到**一家小餐馆。[時量/結果]（彼はあちこち探し回ってようやく1軒の小さなレストランを見つけた。）

【照】 zhào

1．你把灯**照**过来让我好好看看。[方向]（灯りをこちらに向けて，私によく見せてちょうだい。）

〈注〉この"过来"は「話し手の正面に向きを変える」という意味で，"照过来"は「灯りを話し手のほうに向ける」ということを表している。

2．给老人祝寿时，近亲远亲都要来拜寿，再热热闹闹地**照**上一张全家福。[方向]（長寿のお祝いをするときは，近い親戚も遠い親戚も皆お祝いにやっ

てきて，にぎやかに一族の写真を撮る。)
3. 孩子像阳光一样**照亮**了我的生活。[結果]（子供は太陽の光のように私の暮らしを明るく照らしてくれた。）
4. 这张照片**照得**真好。[程度]（この写真は本当によく撮れている。）
5. 站在这里脸上**照不到**光。[可能]（ここに立ったら顔に光が当たらない。）

【照顾】zhàogù
1. 说是要照顾全局所以不改动计划，可是这么**照顾下去**问题不是越积越多吗？[方向]（全体に気を配りたいから計画を変えないと言うけれど，そんなことしてると問題はますます山積みになっていきませんか。）
2. **照顾好**孩子是母亲的责任。[結果]（子供の面倒を見るのは母親の責任だ。）
3. 对孩子们她们**照顾得**无微不至。[程度]（子供たちに対して彼女たちは，とても行き届いた世話をしている。）
4. 父母离得这么远，想照顾也**照顾不到**。[可能]（両親がこんなに離れて暮らしていると，世話をしたくてもできない。）
5. 你帮我**照顾几天**我的猫好吗？[時量]（2，3日ネコの面倒を見てもらえませんか。）

【召集】zhàojí
1. 把人都**召集来**了。[方向]（人を全員呼び集めた。）
2. 把对中文有兴趣的同学**召集起来**组织一个学习会吧。[方向]（中国語に興味のある学生に声をかけて勉強会を作りましょう。）
   〈注〉この"起来"は「事物が統御下に置かれる」という意味で，"召集起来"は「"召集"という行為を通して，分散している学生が1つの組織にまとめあげられる」ということを表している。
3. "**召集够**了？""还差几个。"[結果]（「十分集まった。」「まだ何人か足りない。」）
4. 大家都没有兴趣，**召集不来**几个人。[可能]（皆興味がないので，声をかけても何人も集まらない。）
5. 老师有时候把学生**召集到**自己家里，给他们补课。[介詞]（先生はときどき，学生を自分の家に集めて，補習をしてあげる。）

【照应】 zhàoying
1. 我出去一趟，麻烦你给**照应**一下。[时量]（ちょっと出かけてきますので、留守中よろしくお願いします。）

【遮】 zhē
1. 窗外的树太多了，把阳光都**遮住**了。[结果]（窓の外は木が多すぎて、日光をさえぎってしまっている。）
2. 乌云**遮不住**太阳，他总有一天要失败的。[可能]（黒雲は太陽を隠しきれるものじゃないと言うから、彼はいつか失敗するだろう。）

【折腾】 zhēteng
1. 刚赚了一点儿钱就被他**折腾出去**了。[方向]（少し金を稼いだと思ったら、奴が遣い果たしてしまった。）
2. 他**折腾**了一夜没睡着。[时量]（彼は1晩中苦しんで、眠れなかった。）

【震】 zhèn
1. 我坐在屋里，忽然房屋家具都**震**了**起来**，门也被**震开**了。[方向/方向]（部屋の中で座っていると、突然家や家具が揺れ出し、揺れでドアもあいてしまった。）
2. 几乎所有的房屋都被**震倒**dǎo了。[结果]（家屋のほとんどが揺れで倒壊した。）
3. **震得**我们谁也动不了liǎo。[程度]（皆、地震で動けなくなった。）
4. **震得**很厉害，但是**震**了一下就停下来了。[程度/时量]（揺れはすごかったが、すぐやんだ。）

【镇定】 zhèndìng
1. 为了使心情**镇定下来**，我自言自语地说："还有时间，还有时间。"[方向]（気持ちを静めるために私は「まだ間に合う、まだ間に合う」とつぶやいた。）

【睁】 zhēng

1. 他怕做出可笑的动作来，赶快**睁**开了眼。［方向］（彼はおかしな動作をしてしまうのではないかと心配し，すぐに目をあけた。）
2. 太阳照得他**睁**不开眼。［可能］（太陽がまぶしくて彼は目もあけられない。）

【蒸】 zhēng

1. 螃蟹要**蒸**透才能吃。［結果］（カニはちゃんと蒸しあがってからでないと食べられない。）
2. 今天的鱼**蒸**得怎么样？［程度］（今日の魚の蒸し具合はどうですか。）
3. 一锅**蒸**不下，要蒸两锅。［可能］（1回では全部蒸しきれないので，2回蒸しましょう。）
   〈注〉この"不下"は「場所に余裕がなく収納できない」という意味で，"蒸不下"は「"蒸"しようとしても，鍋1つではすべての材料を収納しきれない」ということを表している。
4. **蒸**到什么时候才能蒸好？［介詞/結果］（どれくらい蒸せばいいんですか。）
5. 这是什么呀，怎么**蒸**了半天也蒸不软啊？［時量/可能］（これ何。どうしていくら蒸しても柔らかくならないんだ。）
6. 连着**蒸**了好几次包子，蒸出经验啦！［時量/方向］（包子〔バオズ〕を続けて何度も蒸したのでコツがわかった。）
7. **蒸**十五分钟就蒸熟了。［時量/結果］（15分蒸したら蒸しあがる。）

【争吵】 zhēngchǎo

1. 他们怎么**争吵**起来的？［方向］（彼らはどうして口論を始めたの。）
2. 什么事啊，**争吵**得这么厉害？［程度］（何そんなにひどく言い争ってんの。）
3. 你让着一点，不就**争吵**不起来了吗？［可能］（君が譲れば，口論にならなくなるんじゃないか。）

【争论】 zhēnglùn

1. 他们意见不一致，**争论**起来了。［方向］（彼らは意見が合わず，言い争いを始めた。）

2．这个问题很重要，要讨论甚至**争论清楚**才行。[結果]（この問題はとても重要なので，話し合いで解決できない場合は，議論をして決着を付けなければならない。）

3．我们虽然**争论**得很激烈，但过后还是好朋友。[程度]（激しく言い争っても，過ぎてしまえばやはり親友だ。）

4．就此问题会上已经**争论**了**两次**了。[時量]（この問題について会議でもう2回議論した。）

5．大家**争论**了一整天才得出了结论。[時量]（皆でまる1日議論してやっと結論が出た。）

【争取】zhēngqǔ
1．如**争取不**了liǎo主动的话，情况就会变得更加严峻。[可能]（主導権を得られないのであれば，状況はもっと深刻になるだろう。）

2．还是请他来吧，你再**争取**一下。[時量]（やはりあの方をお呼びしましょう。もう一押ししてみてください。）

【整理】zhěnglǐ
1．昨天整理书架，**整理出来**好多白本子。[方向]（昨日本棚を整理していたら，使っていないノートがたくさん出てきた。）

2．东西都**整理好**了吗？ [結果]（荷物はもう片付きましたか。）

3．房间**整理**得井井有条。[程度]（部屋はきちんと整理されている。）

4．你一个人**整理**得过来吗？ [可能]（君1人で整理できますか。）

5．为搬家做准备，我昨晚**整理到两点**才睡。[介詞]（引越しの準備で，昨晩は夜中の2時まで整理してからやっと寝た。）

6．家里的房子改建后，**整理**了好几个月才整理干净。[時量/結果]（家を改築してから，何か月もかかってやっときれいに片付いた。）

【挣】zhèng
1．他想**挣开**绳索逃走。[方向]（彼は縄を振りほどいて逃げようとした。）

2．钱是辛苦工作**挣来**的。[方向]（お金は苦労して稼ぐものだ。）

3. 我虽然能**挣到**一些钱，但是我并不满足。[結果]（少しは金を稼げるが，私は決して満足していない。）
4. 这个月**挣得**不多，可是够用了。[程度]（今月は稼ぎが少なかったが，十分間に合った。）
5. 这里工作机会少，**挣不到**钱。[可能]（ここは仕事にめぐり合う機会が少なく，あまり稼げない。）
6. 扣了税又扣保险，**挣到**手里没多少钱。[介詞]（税金や保険が天引きされ，手元にはいくらも残らない。）

【织】zhī
1. **织出来**会是什么样子，现在还看不出来。[方向]（編みあがったらどんな感じになるか，今はまだわからない。）
2. 这件毛衣可能**织大**了。[結果]（このセーターは大きく編みすぎたかもしれない。）
3. 这缎子**织得**精致极了。[程度]（この緞子は極めて緻密に織られている。）
4. 孩子们都要穿我织的毛衣，弄得我织也**织不完**。[可能]（子供たちは皆私の手編みのセーターを着たがっているので，編んでも編んでもきりがない。）
   〈注〉"弄得我织也织不完"は程度補語の形式であるが，その中に"织不完"という可能補語の形式が含まれている。
5. 这是**织给**男朋友穿的。[介詞]（これはボーイフレンドに編んであげたものだ。）
6. 把这种颜色的毛线**织在**领口和袖口上。[介詞]（この色の毛糸で襟と袖を編んでください。）
7. **织了**两年还没织好。[時量/結果]（2年かかってもまだ編みあがらない。）

【指】zhǐ
1. "他上了一辆出租车跑了！"说着，他向车站的方向**指去**。[方向]（「タクシーに乗って逃げましたよ！」と言いながら，彼は駅のほうを指差した。）
2. 丁字路口有一个牌子，上面画着两个箭头，一个**指向**左边，一个**指向**右边。[介詞/介詞]（T字路のところの標識には2つの矢印があり，1つは左を指し，1つは右を指している。）

【治】zhì

1. 让这个庸医这么**治**下去，要把人**治**死了！［方向/結果］（このやぶ医者にこのままかかっていたら，死んでしまう。）
2. 只要坚持练气功，有病也可能**治好**。［結果］（気功をやり続けさえすれば，病気も治る可能性がある。）
3. 他的病**治**得怎么样了？［程度］（彼の病気の治り具合はどうですか。）
4. 他在这家医院**治**了一段时间，后来换了一家医院。［時量］（彼はこの病院にしばらくかかっていたが，その後病院を代わった。）

【致力】zhìlì

1. 吴老师终身**致力**于推广普通话的事业，她培养的学生已经桃李满天下。［介詞］（呉先生は終生共通語の普及に尽力されたので，教え子が至るところにいる。）

【置身】zhìshēn

1. **置身**于二十一世纪，每个人都应该关心环境问题。［介詞］（21世紀を生きる者として，1人1人が環境問題に関心を持つべきだ。）

【肿】zhǒng

1. 他走得太多了，脚都**肿**起来了。［方向］（彼は歩きすぎて，足がむくんできた。）
2. 手冻坏了，**肿**得像个红薯。［程度］（しもやけで，手がサツマイモのようにはれた。）
3. 还好**肿**在脖子上，要是**肿**在脸上就难看了。［介詞/介詞］（はれたのが首でまだよかった。もし顔だったら格好悪かった。）
4. 你已经**肿**了三天了，应该去看看。［時量］（もう3日もはれているのだから，お医者さんに見てもらうべきだ。）

【煮】zhǔ

1. 饺子已经**煮**上了。［方向］（ギョーザはもうお湯に入れた。）
   〈注〉この"上"は「（"煮"という段階への）到達」を表している。

2．哎呀，没煮烂。[结果]（あっ，まだ柔らかくなってない。）
3．鸡蛋煮得太老了不好吃。[程度]（卵はゆですぎるとまずい。）
4．煮了半天了，还没好吗？[时量]（もうずいぶん煮ているけれど，まだできあがらないの。）

【住】zhù
1．除了寺院以外，到处都**住进**了一般居民。[方向]（寺院以外は，どこも皆一般の住民が住んでいる。）
2．他们**住上**了自己盖的房子。[方向]（彼らは自分で建てた家に住むことができた。）
3．上小学的时候，我们**住得很近**，每天一起上学，一起回家。[程度]（小学校の頃，私たちはとても家が近かったので，毎日一緒に登校し，一緒に下校した。）
4．他**住在**离我家不远的地方。[介词]（彼は私の家から遠くないところに住んでいる。）
5．他们在大岛**住了一个星期**。[时量]（彼らは大島に1週間滞在した。）

【抓】zhuā
1．他**抓起**一块石头扔了过去。[方向]（彼は石ころを1つつかんで投げた。）
2．凶手被**抓起来**了。[方向]（凶悪犯が捕まった。）
3．**抓紧**时间把这件事赶快办了吧。[结果]（今のうちに，さっさとこの件を片付けてしまおう。）
4．我们得**抓紧**了。[结果]（もう急がなければ，……）
〈注〉"抓紧"とは"抓紧时间"のことで，「時間をしっかりつかんで行動する」，つまり「急ぐ」という意味である。結果補語の"紧"（しっかり）は，"抓"（つかむ）という動作の仕方について述べている。
5．你总算**抓住**他说这话的意思了。[结果]（やっと彼がその話をした意図がつかめたね。）
6．请**抓住**扶手！[结果]（手すりにおつかまりください。）
7．**抓得不紧**等于不抓。[程度]（しっかりつかまなければ，つかんでいないのと同じだ。）

8．猫把他手上**抓**得一道一道的。[程度]（ネコは彼の手を引っかき傷だらけにした。）
9．你要得这么急，我一下子**抓**不到人来做这件事。[可能]（そんなに急に頼まれても，そんなことができる人はすぐには捕まらない。）

【转】 zhuǎn
1．她**转**过脸去，不让在场的人看见自己的眼泪。[方向]（その場の人に涙を見せまいと，彼女は顔を背けた。）
2．他**转**回身向我走过来。[方向]（彼は振り向いて私のほうに近付いてきた。）
3．大厅里挤得要命，连身都**转**不过来。[可能]（ホールは身動きがとれないくらい大勢の人でごった返していた。）
> 〈注〉この"过来"は「話し手の正面に向きを変える」という意味で，"转不过来"は「"转"（方向を変える）という動作をおこなおうとしても，話し手の方向に体を向けられない」，つまり「身動きがとれない」ということを表している。

【转告】 zhuǎngào
1．我请她**转告**一下，请先生回个电话。[時量]（先生に折り返し電話をくださるよう，彼女に伝言をお願いした。）

【转】 zhuàn
1．他在市内**转**来**转**去**转**了一天也没有客人坐他的车。[方向/時量]（彼は1日中市内を走り回ったが，1人も乗客を拾えなかった。）
2．倒片组**转**不动了，是胶卷已经**转**完了吧。[可能/結果]（巻き戻しのつまみが動かなくなった。フィルムはもう巻き戻しが終わったのだろう。）
3．在市内随便**转**一**转**吧。[時量]（市内を適当に回ってください。）

【赚】 zhuàn
1．能**赚**回路费来就行了。[方向]（交通費が戻ってくればいい。）
> 〈注〉"赚回来"は「"赚"（もうける）という行為を通して，すでに遣ってしまった交通費が手元に戻ってくる」ということを表している。

2．钱被黑心的商人**赚**走了。[結果]（お金は悪徳商人に騙し取られた。）

3．赚得够了我就退休。[程度]（十分稼いだら引退する。）
4．卖得太便宜了赚不回本儿来。[可能]（安く売りすぎると，もとが取れない。）
5．你单身一个人，这么多钱都赚给谁用呢！[介詞]（君は独り身なのに，こんな大金，誰のために稼いでいるんだい。）

【装】zhuāng
1．他装出害怕的样子。[方向]（彼は怖がっているふりをした。）
2．他们把要带的玩具都装进了自己的背包。[方向]（彼らは持って行きたいおもちゃを全部自分のリュックに入れた。）
3．有时他装成个好人，装得挺像。[結果/程度]（彼はときどき善人のふりをするが，なかなか様になっている。）
4．听说日本人一年喝掉的酒可以装满几个东京室内棒球场。[結果]（日本人が1年間に飲むアルコールで，東京ドームをいくつかいっぱいにできるのだそうだ。）

【撞】zhuàng
1．他们撞上台风了吧？[方向]（彼らは台風と鉢合わせしただろうな。）
2．那个人把我手里的东西都撞掉了。[結果]（あの人がぶつかってきたせいで，私は持っていたものを全部落としてしまった。）

【准备】zhǔnbèi
1．我有点事马上就来，你先准备起来。[方向]（用事を済ませたらすぐ行くから，先に準備してて。）
2．准备好了吗？[結果]（準備はできましたか。）
3．她为你准备得好仔细，可能需要的东西都带上了。[程度]（彼女は君のためにきめ細かく準備してくれて，必要と思ったものはすべて入れてあるよ。）
4．时间太紧，材料准备不齐。[可能]（時間がなさすぎて，材料を全部揃えられない。）

〈注〉この"齐"は「（欠けることなく）すべて揃っている」という意味で，"准备不齐"は「"准备"という行為をおこなっても，材料をすべて揃えられない」ということを

表している。)
5. 怎么**准备**到现在还没准备好？ [介詞/結果]（まだ準備できてないなんて，今まで何やってたの。）
6. 为了这次研讨会，我足足**准备了一年的时间**。[時量]（今回のシンポジウムのために，まる1年かかって準備した。）

【捉】 zhuō
1. 把他给我**捉来**！ [方向]（彼を捕まえてこい。）
2. 那片树林里的独角仙都**捉没**méi了。[結果]（あの林のカブトムシは全部採られてしまった。）
    〈注〉"捉没"は「"捉"（捕まえる）という行為を通して，カブトムシが"没"（いない）状態になる」ということを表している。
3. 捉知了**捉得中**zhòng**了暑**。[程度]（セミ採りをしていて熱中症になった。）
4. 在城市里怕是已经**捉不到**萤火虫了。[可能]（街ではもうホタルは捕まえられないだろう。）

【总结】 zǒngjié
1. 大家**总结出**了很多好经验。[方向]（皆で経験から得たノウハウをまとめた。）
2. **总结完**了写个报告！ [結果]（総括が終わったら報告書を書いてください。）
3. 这个问题**总结得很及时**。[程度]（この問題はちょうどいい時期に総括できた。）
4. 有**总结不到**的地方请各位补充。[可能]（まとめきれなかったところは，皆さんに補足していただきましょう。）
5. 你可**总结到**点子上了。[介詞]（要領よくまとめましたね。）
6. 我来简单地**总结一下**。[時量]（簡単に総括してみます。）

【走】 zǒu
1. 他还没**走出**食堂门口，你去追他吧。[方向]（彼はまだ食堂から出てないと思うから，はやく追いかけたら。）
2. 您是跟一个大歌星一起**走出来**的！ [方向]（あなたは大物歌手と一緒に

3. 她喝完冰咖啡就**走出去**了。［方向］（彼女はアイスコーヒーを飲み終えると出て行った。）
4. 我**走过**垃圾场的旁边儿，看到垃圾堆成了山。［方向］（ゴミ置き場の横を通ると，ゴミが山のように積まれているのが見えた。）
5. 服务员**走过来**问我吃什么。［方向］（ウエイトレスが私のところにやってきて注文を聞いた。）
6. 他不知不觉地向公园**走了过去**。［方向］（彼は無意識に公園のほうに歩いて行った。）

   〈注〉"走了过去"は"走过去了"とも言える。"走过去"は移動の過程がより強調されるのに対し，"走过去了"のほうは移動がすでに過ぎ去ってしまったことが強調される。

7. 他**走进**书店去买书。买完书，他**走出**商店，碰到一个朋友。［方向/方向］（彼は本屋に入り本を買った。買い終わって店を出ると，ある友人に出会った。）
8. 那个人却若无其事地**走开**了。［方向］（その人は何もなかったかのように去って行った。）
9. 我们很快从屋里**走了出去**。［方向］（私たちはさっさと部屋を出た。）
10. 我买了票，**走上**电车。［方向］（私は切符を買って，電車に乗った。）
11. 我**走下**堤岸，来到河边。［方向］（私は土手をおりて，川辺までやってきた。）
12. 他关闭引擎，拉下侧闸，但没**走下**汽车，却打开地图看了起来。［方向］（彼はエンジンを切ってサイドブレーキを引いたが，車から降りずに，地図を広げて見始めた。）
13. 就是剩下一个人也要继续**走下去**。［方向］（たとえ1人だけになっても，歩き続けなければならない。）
14. 看我**走近**，他一点儿也没有吃惊。［結果］（私が近付いても，彼は少しも驚かなかった。）
15. 周围的人都**走**得飞快。［程度］（周りの人は歩くのが飛ぶようにはやい。）
16. 他**走到**门口，碰到了一个朋友。［介詞］（彼が入口に行くと，友達に出くわした。）
17. 现在有越来越多的妇女**走向**社会。［介詞］（最近，ますます多くの女性

が社会進出している。)

〈注〉"向"は一部の単音節動詞の後ろに用いられて,動作の方向を表す。"向社会走"とは言えない。

18. 有人说,我们都是**走在**叫作人生之路**上**的行人。是这样的话,我们就在相同的路上**走了四年**了。[介詞/時量]（我々は皆人生という名の道の通行人だという人がいる。だとすると,私たちは一緒に歩いて4年になる。)

19. 梅雨季节行人都打着伞,从上面看就好像雨伞**走在路上**一样。[介詞]（梅雨の季節,歩行者は皆かさをさしており,上から見るとまるでかさが道を歩いているようだ。)

20. **走在最前面**的人撒白色的纸钱。[介詞]（先頭を歩いている人が白い紙錢をまいている。)

21. 在高速公路上**走了不到半小时**,天便阴得像傍晚一样了。[時量]（高速で30分も走らないうちに,空は夕方のように暗くなった。)

22. **走了一会儿**,我走进一个亭子里。[時量/方向]（しばらく歩いて,私はあるあずまやに入って行った。)

【奏】zòu

1. 那里风景又美,空气又好,高山流水还**奏出**动听的音乐,真是和天堂一样。[方向]（そこの風景はすばらしく,空気もよく,その上高山から流れる水が心動かされるような音楽を奏で,まさに天国のようだ。)

2. **奏完**一曲又一曲,他一会儿也没有休息。[結果]（彼は次から次へと演奏し,1度も休まなかった。)

〈注〉「次から次へと演奏する」ということを中国語で表現する場合,"奏"という動詞の後ろに結果補語の"完"を加える必要がある。

3. 这个破乐器**奏不出**好听的音乐。[可能]（この楽器はよくないからいい音を出せない。)

【租】zū

1. 这个电影很有人气,DVD都**租出去**了。[方向]（その映画はすごい人気で,DVDはすべて貸し出し中だ。)

2. 这个房子地点好,不愁**租不出去**。[可能]（この家は場所がいいから,

3．你住的房子能租到什么时候？［介詞］（あなたの家はいつまで借りられるの。）
4．你真傻，怎么能把房子**租给**这种人住呢？［介詞］（ばかだね。なんでそんな奴に家を貸したんだ。）
5．**租**一天多少钱？［時量］（1日レンタルしたらいくらですか。）

【组织】 zǔzhī
1．把民工**组织起来**，共同维护自己的合法权益。［方向］（出稼ぎ労働者を組織して，協力して自分たちの合法的権益を守る。）
2．要赶快把**组织到**的那批帐篷送往灾区。［結果］（用意したそれらのテントを今すぐ被災地に届けなければならない。）
3．这个版面**组织得**很好。［程度］（この紙面の構成はよくできている。）
4．民工的流动性太大了，**组织不起来**。［可能］（出稼ぎ労働者は流動性が大きすぎて，組織しにくい。）

　〈注〉この"起来"は「事物が統御下に置かれる」という意味で，"组织不起来"は「"组织"という行為を通して，労働者を一つにまとめあげることができない」ということを表している。

【钻】 zuān
1．我只好又打开伞**钻进**树丛，向路的另一边走去。［方向］（私は仕方なくまたかさをさし，生け垣の間を通って，道の反対通りに歩いて行った。）
2．那个孩子不知为什么总喜欢把头**钻到**桌子下面去。［介詞］（その子はどういうわけだか頭を机の下に突っ込むのが好きだ。）

【攥】 zuàn
1．他接过老师给他的纪念品，紧紧地**攥在**手里。［介詞］（彼は先生から記念品を受け取ると，その手にしっかりと握り締めた。）

【作】 zuò
1．听说他**作上**主任了。［方向］（彼は主任になったそうだ。）

〈注〉この"上"は「("作主任"という段階への) 到達」を表している。

2. **作完**报告他就走了。[結果]（講演を終えると，彼はすぐに帰った。）
3. 是我**作得不对**。[程度]（私が間違っていました。）
4. 这件事我们**作得没有问题**。[程度]（そのことなら私たちはちゃんとやりました。）
5. 这个工作我准备**作到**明年就辞掉。[介詞]（この仕事は来年までやってやめるつもりだ。）

【坐】 zuò

1. 他睡着了，**坐过**站了。[方向]（彼は眠ってしまい，駅を乗り過ごした。）
2. 车开过来，他第一个**坐了进去**。[方向]（車が来ると，彼は真っ先に乗り込んだ。）
3. 她在一个靠窗的桌子旁边**坐了下来**，叫了一杯冰咖啡。[方向]（彼女は窓際のテーブルに腰かけ，アイスコーヒーを頼んだ。）
4. 他的病好得很快，今天早上已经能**坐起来**了。[方向]（彼は回復がはやく，今朝にはもう起きあがれるようになった。）

〈注〉この"起来"は，"坐"（座る）という動詞に付いているが，「動作が下から上に向かってなされる」という意味で，"坐起来"は「ベッドに寝ていた状態から上半身だけ起きあがる」ということを表している。

5. 他们一**坐上**，车就开了。[方向]（彼らが乗車すると，すぐに発車した。）

〈注〉"坐上"の"坐"は「座る」という原義ではなく，「乗車する」という意味で，"上"は「("坐"という目的への) 到達」を表している。

6. 我们找到一个桌子**坐下**，和大家分享了一会儿那安逸欢乐的气氛。[方向]（私たちはテーブルを見つけて座り，そののんびりとして楽しい雰囲気を皆で一緒に味わった。）
7. 你小心点儿，别**坐错**了车。[結果]（乗り間違えないように気をつけてよ。）
8. 哎呀！我们**坐反**了，快下车吧！[結果]（あっ。反対方向に乗ってしまった。はやく降りなきゃ。）

〈注〉"坐反"は「"坐"（乗車する）したものの，乗った列車が予定の方向とは"反"（反対）である」ということを表している。

9. 你现在就走啊？板凳还没**坐热**呢。[結果]（まだ座ったばかりなのに，もう行くの。）

〈注〉"坐热"は「"坐"（座る）という動作の結果，腰掛が"热"（温かい）という状態になる」という意味で，この文は「来たばかりなのにもう行くのか？」ということを言いたいのである。

10. 我等了半天，屁股都**坐疼**了，还没有人来。[結果]（私は長い間待たされて，お尻まで痛くなったというのに，まだ誰も来ない。）

11. 大家还没有**坐稳**，他就说起来。[結果]（皆がちゃんと座らないうちに，もう彼は話し出した。）
    〈注〉"没有坐稳"は"没有坐"（座っていない）とは意味が異なり，「"坐"という動作はおこなったが，"稳"（安定している）の状態になっていない」ということを表している。

12. 一个吵吵闹闹的姑娘**坐到**了**胡师傅的右边儿**。[介詞]（1人の騒がしい女性が胡さんの右側に座った。）

13. 小学的时候**坐在最后一排**，所以黑板上的字有时候看不清楚。[介詞]（小学生の頃，1番後ろの席に座っていたので，黒板の字がはっきり見えないことがあった。）

14. 回家的时候还要再**坐一次**电车。[時量]（帰るときもう1度電車に乗らなければならない。）

15. 我家离学校比较远，**坐一个小时**的电车才能到。[時量]（私の家は学校から比較的遠く，電車で1時間かかる。）

16. 要想知道日本的生活节奏是什么样的，就请你**坐一下**高峰时间的电车吧。[時量]（日本の生活リズムがどのようなものか知りたければ，ラッシュアワーの電車に乗ってみてください。）

【做】zuò

1. 电视台的人们在揭露社会问题方面不断**做出**新的努力。[方向]（テレビ局の人は社会問題を暴こうと絶えず努力している。）

2. 他还没有**做出**决断。[方向]（彼はまだ決断できずにいる。）

3. 菜**做多**了，都剩下了。[結果]（料理を作りすぎて，残ってしまった。）
   〈注〉結果補語は「過分義（〜しすぎ）」を表すことがある。"做多"は「料理を必要な分量より多く作りすぎる」ということを表している。

4. 想**做好**工作，同时又想**做好**家务是非常难的。[結果/結果]（仕事をちゃんとしながら，家事もこなそうとするのは難しい。）

5. 我不知道他们**做得对不对，合理不合理**。[程度]（あの人たちのすることが正しいかどうか，理にかなっているのかどうか，私にはわからない。）
6. 她做菜**做得很香**。[程度]（彼女が作った料理はおいしい。）
7. 我总要担心自己**做得是不是对**。[程度]（私は自分がしていることが間違っていないか不安だ。）
8. 这些菜肴**做得真讲究**。[程度]（これらの料理はとても手が込んでいますね。）
9. 男老师**做不好**的事可以由女老师干，女老师**做不好**的事可以由男老师干，这不是很好吗？[可能/可能]（男の先生がうまくできないことは女の先生がして，女の先生がうまくできないことは男の先生がするというのはいいことじゃないですか。）
10. **做得到**的事情比以前多了。[可能]（実現できることが前より多くなった。）
11. 我怎么就**做不出**这么好吃的菜呢？[可能]（どうしてこんなおいしい料理が作れないんだろう。）

日本語索引

あ

愛す[爱]17
アイロンをかける[熨]326
会う[会客]131[见]143,144
　[见面]145[接见]153
仰向けにする[躺]256
上がる[上]229[上升]230[提高]260
揚がる[炸]328
明らかになる[査]34
飽きる[玩儿]280
あく[打]55[揭]152[开]163
　[拧]192
握手する[握]286
あける[拆]35[打]56[翻]80
　[让]219[推]273[掀]291
　[张]330[睁]335
あげる[给]107
上げる[举]160[抬]253
揚げる[炸]328
あこがれる[羡慕]293
味がする[尝]36
味がわかる[吃]42
足踏みする[踏]253
味見する[尝]36
味わう[尝]36[分享]93[感受]105
預ける[存]53
遊ぶ[玩儿]280
与える[分]89[封]93
温まる[温]284
温める[烫]257[温]284
頭に入る[看]166[学]310

当たる[打]56[烤]168[砸]327
　[照]333
熱い[烧]230
圧迫する[压迫]311
アップにする[盘]197
集まる[集中]135[聚]161[聚集]161[团结]273[召集]333
集めてくる[积累]134
集める[汇集]130[集合]134
　[收]240[收集]241[搜集]
　250[吸收]289[召集]333
当てにする[拜托]20
充てる[贴补]266
当てる[猜]31,32[估计]111
暴く[揭露]153
油通しする[炸]328
溢れ出る[流]182
編む[织]337
洗い落とす[冲]43
洗う[刷]244[洗]289
争う[斗]67
あらわす[露]183
表す[表示]27
現れ出る[体现]262
表れる[表现]28
現れる[表现]28[出现]46[反映]83[改变]100[冒]187[显示]292
ある[出]44[落]184
歩いて行く[走]343
歩く[走]343,344
合わせる[并]28[凑]52[加]138
暗唱する[背]24

い

言い争う[争论]335,336
言い表す[表达]27[形容]303
いい加減に過ごす[混]132
言い出す[说]248[张]330
言いふらす[散布]226
言い負かす[吵]38
言う[摆]19[称]39[讲]146
　[说]247,248[谈]254[提]259
家が近い[住]339
生かす[发挥]76[利用]176
行かせる[派]196
息が合う[配合]202
息ができなくなる[喘]49
行き詰まる[碍]203
生きていく[活]132[生活]235
行き届く[招待]331
息抜きをする[放松]86
生きる[活]132,133[生活]235
　[置身]338
行く[赶]103[开]163[跑]199
　[去]217,218[退]276[走]
　343
行く手をさえぎる[拦]173
生ける[插]34
意識がなくなる[昏]131
意識が戻る[清醒]214
意識不明に陥る[昏迷]132
　[死]249
意識を取り戻す[醒]304

維持する[維持]283
いじめる[欺負]209
いじる[弄]193[调整]264
急いでやる[赶]104
急ぐ[抓]339
依存症になる[喝]118
痛い[碰]203[砸]327
痛くなる[坐]347
痛む[疼]259
痛める[伤]229[摔]245
炒める[炒]38
1浪する[耽误]59
1周する[旋转]308
一生忘れない[感激]104
一緒にいる[陪]200
一緒にする[搅]150
一緒になる[接触]152
一緒にやる[合作]120
一掃する[清除]213
一体となる[连接]177
一致する[统一]269
一致団結する[团结]273
行ってしまう[开]163
いっぱいだ[摆]19[爬]195
いっぱいにする[挑]263[装]341
移動する[移动]317
移入する[倾注]214
射抜く[射]232
違反する[违反]283
今のうちに[抓]339
慰問する[慰问]284
いる[呆]57,58
煎る[炒]38
入れ替える[倒]60[调整]264
入れる[办]20[编]25[打]55[放]85[拐]114[添]262[投]270[装]341
祝う[纪念]138[庆祝]215
引火する[点]62

印刷する[印]319,320
隠蔽する[隐瞒]319
引用する[引]319

う

ウェーブをかける[烫]257
植える[栽]327
迂回する[绕]220
伺いを立てる[请示]215
浮かぶ[浮现]95[冒]187[漂]205
受かる[考]167
受け入れる[发展]79[接受]153
受け継がれていく[流传]182
受け取る[接]151[接受]153[领]181
受ける[接]151[考]167[受]242[听]266
動かす[发动]76[激动]134[挪]194
動く[动]65[堵]69[开动]163
失う[撤]38[失]237
薄くなる[谢]301
うずめる[埋]185
歌う[唱]36,37
疑いを抱く[怀疑]124
疑う[怀疑]124
打ち合わせする[见面]145
打ち勝つ[打]55
打ち立てる[建立]145[树立]244
打つ[下]290
移す[移]317
うつ伏せになる[伏]94[趴]195
映る[显示]292
うなだれる[低]62
うなり声をあげる[哼]120
奪い去る[夺]73

奪い取る[抢]211,212
うまくいく[弄]193[实行]238
埋まる[埋]185[填]263
生まれる[出生]46[生]234
産む[生]234
埋める[埋]185
裏付けになる[说明]249
恨む[怨]325
うらやましい[羡慕]293
売り切れる[卖]187
売る[分割]90[卖]187
うるさい[吵]37,38
うわさをする[议论]318
運営する[开办]163
運転する[开]163
運動する[活动]133
運搬する[拉]172
運用する[利用]176

え

描く[描写]188[形容]303
えさをやる[喂]284
会釈する[点]63
選び出す[选]309
選ぶ[挑]263[选]309
得る[得]61[争取]336
延期になる[推]274
演じきる[演]315
エンジンがかかる[发动]76
演奏する[奏]344
延長する[延长]313
遠慮し出す[客气]169
遠慮する[客气]170

お

お相手する[应酬]321[招待]332
追い越す[超]37
追い出す[赶]103
追いつく[跟]108

追い払う［赶］103
お祝いをする［庆祝］215
押収する［封］93
応じる［答应］54
応対する［应酬］321
横領する［吞］276
終える［动］65［作］346
覆う［蒙］187
大きくする［放］84,85
大損する［赔］200
オープンする［开放］164
大目に見る［可怜］169［饶］220
おおやけになる［公开］109
お返しをする［还］125
起きあがる［爬］195［坐］346
置き去りにする［留］182
起きる［起］209
置く［放］85［挂］114［挪］194
　　［设］231［压］311
遅らせる［推迟］274
送り返す［运］325
贈る［送］250
送る［发］75［寄］137［送］250
　　［投］270
遅れる［落］173［来］173［推迟］
　　274［拖］277［误］287
起こす［扶］94［弄］193［掀］291
おこなう［开］163［干］105
起こる［出现］46［打］56［发生］
　　77,78
怒る［骂］185［气］210
抑え付ける［压］311［压制］312
抑える［压］311［压制］312
押さえる［按］18
おさげにする［梳］243
納める［交］148
押し合いへし合いする［挤］
　　135
教えてもらう［请教］215
教える［教］149［通知］268

お辞儀をする［行］302
押し込む［放］84［积压］135
　　［塞］225
押し付ける［顶］64［推］274
　　［压］311
押し流す［冲］43
おしゃべりする［聊］180
おしゃれする［打扮］56
おしゃれだ［穿］48
押す［按］18［推］273［争取］336
お世辞を言う［奉承］94
汚染される［污染］286
おだてる［捧］202
穏やかになる［缓和］126
陥る［陷］292
お近付きになる［搭］54
落ちくぼむ［塌］253
落ち着く［沉］39
落ちぶれる［堕落］74
落ちる［掉］64［落］184［抹］189
　　［刷］244［摔］245［洗］289
追い払う［打发］56
お手本になる［树立］244
音がする［响］294
落として割る［碰］203［摔］245
落とす［掉］64［刷］244［撞］341
訪れる［访问］84
大人になる［长］331
お腹いっぱいになる［吃］41
お腹を壊す［吃］41
お願いする［求］216
おびき出す［引］318
お開きになる［散］226
覚える［背］23,24［记］136
溺れ死ぬ［淹］313
溺れる［淹］313
思い返す［回想］129［回忆］129
思い出す［回想］129［回忆］129
　　［记］136［想］294,295
思い付く［想］295［找］332

思い出がよみがえる［回忆］
　　129
思いとどまる［劝］218
思いもよらない［想］294,295
思う［当］60
泳ぐ［游］322
及ぶ［进行］158
折り曲げる［弯］279
おりる［走］343
降りる［下］290［走］343
織る［织］337
おろす［卸］301
下ろす［取］216
降ろす［请］214
おろそかにする［放松］86
終わる［翻］80［放学］87［结束］
　　154［开］163［弄］193［散］226
　　［下］290［学］309

か

開演する［开演］164
改革していく［改革］100
改革する［改革］100
開館する［开放］164
会議にかける［摆］20
開業する［开办］163
解決する［解决］156［啃］170
　　［破］207
会見する［会见］131
解析する［分解］90
改善する［改革］100［改善］101
　　［改进］101［完善］280
改装する［改装］101
改造する［改造］101
買い揃える［买］186
会談が進む［会谈］131
開通する［连接］177［修］304
改定する［调整］264
解答する［解答］155
回答する［回答］128

開発する[开发]164[培育]201
　[试制]239[研制]314
回復する[恢复]127
改編する[改编]99
開放する[开放]164
解放する[解放]155
解明する[探索]256
買い物をする[挑]263
買う[买]186
飼う[养]316
返す[还]125[退]276
帰って行く[回去]128
帰ってくる[回来]128[劝]218
返る[收]240
帰る[放学]87[回]127[回去]129
変える[变]26[改]99[建议]145[要]244
替える[替]262
顔をする[透]271[显]292
掲げる[举]160
輝く[闪烁]228
かかる[费]88[加]138[浇]148
　[披]204[治]338
関わる[牵涉]211[陷]292
かきあげる[撩]179
カギがかかる[锁]252
書き記す[记载]138
書き留める[记]136
かき混ぜる[搅]150
かき回す[掏]257
カギをかける[锁]251
カギを閉める[锁]251
かく[铲]35
欠く[缺]219[少]231
書く[写]300,301
描く[画]123,124
かぐ[闻]285
隠す[藏]33[封锁]93[蒙]187
　[隐瞒]319[遮]334

拡大する[放]85
確認する[看]165
確保する[保护]22
確立する[树立]244
隠れる[藏]33[躲]73,74
かけ合う[交涉]150
駆け下りてくる[跑]199
かけ違える[扣]170
駆けつける[赶]103
かける[戴]58[盖]102[挂]114
　[架]139[铺]208[洒]224
　[吸]288[扬]316
駆ける[跑]199
影を潜める[翘]212
加工する[加工]139
囲む[围]282
飾り付ける[布置]30
賢くなる[长]331
貸し出す[借]156[租]344
かじる[啃]170
科す[罚]80
貸す[借]156[租]345
数が合う[数]243
稼ぐ[挣]337[赚]341
風邪をひく[感冒]104,105
～風を吹かす[摆]19
数える[点]63[数]243
肩が凝る[缩]251
片付く[收拾]241[整理]336
片付ける[处理]47[弄]194[清
　除]213[收]240[收拾]
　241,242
語り合う[交流]150[聊]180
　[说]248
語る[说]248
勝ちが決まる[赢]320
勝ち取る[夺]73[奋斗]93
担ぎあげる[扛]167[捧]202
担ぐ[扛]167[挑]263

滑舌がはっきりする[咬]317
勝つ[斗]67[赛]225[踢]259
　[赢]320
買ってくる[买]186
活動する[活动]133[活跃]133
活用する[应用]321
かなう[竞争]159
奏でる[奏]344
かぶせる[盖]102
かぶる[戴]58
我慢する[憋]28[克服]169
　[忍]221[忍耐]221[忍受]
　221[受]242[挺]268
かみ切る[啃]170[咬]317
かみちぎる[咬]317
かむ[咬]317
通う[念]192[上]229
からかう[逗]67
借りて行く[借]156
借り手に困る[租]344
借りる[借]156[欠]211[租]345
刈る[割]107[砍]165[推]273
狩る[摘]329
軽くなる[减轻]142
枯れる[烧]230
乾かす[烤]168
乾く[烤]168[晾]179[晒]227
代わりになる[代表]59[代替]59
替わる[替]262
考え出す[创立]50
考える[猜]32[发明]77[估计]
　111[考虑]168[想]295[想
　像]295
歓迎する[欢迎]125
歓呼する[欢呼]124,125
観光する[游览]323
監査で発覚する[审查]233
がんじがらめにする[束缚]

244
監視する[监视]141
感じ取る[感觉]104
感じになる[显]292
かんしゃくを起こす[惹]221
感謝する[感激]104
感謝にたえない[感谢]105
鑑賞する[欣赏]302
勘定する[算]251
感じる[感觉]104[感受]105
　　[闻]285
歓声があがる[欢呼]124
完成する[盖]102[建]144[建
　造]146[拼]206[铺]208[修
　建]306[修筑]307[造]328
鑑定する[鉴定]144
感動する[感动]104[激动]134
監督する[监督]141
頑張る[奋斗]93[坚持]140
　　[挺]268
看病する[守]242
緩和する[缓和]126

き

聞いてくる[打听]57
消える[灭]188[散]226[消失]
　298
気が合う[谈]254
着替える[换]126
気が済む[闹]191
気がめいる[堵]69
聞き入れる[听]266
聞き出す[套]258
聞き漏らす[漏]183
危機を脱する[救]160
効く[杀]227
聞く[打听]57[听]266[问]285
聴く[听]267
機嫌が悪くなる[闹]191
聞こえてくる[传]48

聞こえる[听]266
着こなす[穿]48
築く[建筑]146[树立]244
傷付く[刺]51
傷付ける[伤]228
気絶する[打]56
競う[斗]67
鍛える[锻炼]70
気付く[发觉]76[发现]78[觉]
　162[觉察]162[认识]222[意
　识]318
来てもらう[邀请]316
気に入る[呆]57
気にする[看]166
記入する[填]263
決まる[决定]162[取决]217
決める[固定]113[决定]162
　　[商量]229[想]294
気持ちが高ぶる[激动]134
疑問だ[怀疑]124
逆切れする[反]82
却下される[批]204
キャッチする[接]152
キャンペーンをする[宣传]
　308
ぎゅうぎゅう詰めの状態だ
　　[挤]136
休憩する[休息]306
吸収する[吸收]288
休養する[修养]306
教育をおこなう[教育]151
協議する[协商]299
供給する[供]108[供应]109
　　[提供]261
今日中にやる[等]62
競争する[竞争]159
競走する[赛]225
強調する[强调]211[突出]271
興味がわく[喜欢]290
協力が進む[协作]300

協力し合う[合作]120[协作]
　300
協力していく[协作]299
協力する[合作]120[联合]177
　　[协助]299[协作]300
拒絶する[拒绝]161
切り落とす[剪]141[砍]165
　　[切]213
切り取る[截]154
切り離す[分]89
切る[断]70[分割]90[割]107
　　[挂]114[关]115[划]122
　　[剪]141,142[截]154[砍]
　164[理]175[弄]193[切]
　212,213[弯]279[削]296
議論する[讨论]258[争论]336
議論を展開する[议论]318
気を失う[昏]131[晕]325
気を配る[照顾]333
気を付け[立]176
気を悪くする[惹]220
禁止する[禁止]158

く

食い倒れだ[吃]41
くい止める[顶]64
偶然経験する[遇]323
釘付けになる[吸引]289
くくりつける[捆]171
くぐり抜けてくる[生活]235
くくる[捆]171[拴]246
櫛が通る[梳]243
駆除する[消灭]298
ぐずぐずする[拖]277
崩れる[塌]253
口うるさく言う[限制]293
口が軽い[守]242
口が滑る[说]248
口ずさむ[唱]36[哼]120
口に出してみる[叫]150

ぐちゃぐちゃにする[翻]80
口を出す[干渉]103
くつがえす[翻]80
靴擦れができる[磨]189
くっつく[挨]17[捏]192[粘]329
くねくねする[扭]192
配る[撒]224
首をすぼめる[缩]251
区別する[区别]216
組み合わせる[配]201[拼]206
組み込む[安排]17
汲み出す[排]196
組み立てる[搭]54
くよくよする[想]294,295
暮らす[生活]235
比べる[比]24
繰りあげる[提前]261
繰り返し出す[重复]43
繰り返して言う[重复]43
繰り返す[复述]97
来る[赶]103[来]173[爬]195[上]229
狂う[打]55
苦しむ[折腾]334
ぐるになる[勾结]111
苦労する[辛苦]302
くわえる[叼]63
加える[放]84
訓練する[训练]310
訓練に励む[训练]310

け

経営する[经营]158
計画する[打算]57[计划]137
計画を立てる[计划]137,138
軽減する[减轻]142,143
経験を積む[闯]50
警告する[警告]159
計算する[算]251

継続していく[进行]158
契約する[签]210
係留する[拴]246
敬礼をする[行]303
ゲーゲーやる[吐]273
激戦だ[赛]225
消し止める[扑]207
化粧をする[打扮]56
消す[抹]189[涂]272
削る[删]228[压缩]312
結婚する[结]153
結託する[勾结]111
決定する[决定]162
ける[踢]259
限界だ[坚持]140
見学する[游览]323
けんかする[吵]38
研究する[研制]314
献血する[献]293
検査する[查]34[检查]142[检验]143
研修を受ける[进修]158
研修する[进修]158
建設する[建设]145[修筑]307
現像する[冲]43[洗]289
建築する[修筑]307
見当が付く[猜]31
検討する[研究]314

こ

考案する[发明]77
合意する[谈]254
公演する[演]315[演出]315
後悔する[后悔]121
公開する[公开]109
効果がある[活跃]133
合格する[考]167
交換してくる[换]126
交換する[换]126
航行する[行驶]303

工事する[铺]208[修筑]307
交渉がまとまる[交涉]150
交渉していく[交涉]150
構成する[组织]345
更正教育を受ける[改造]101
更正する[变]26[教育]151[挽救]281
拘束する[押]311
公表する[公布]108
公布する[公布]108
口論する[吵]37[争吵]335
超える[超]37
声をかける[召集]333
声を出して読む[读]68
凍る[结]153
誤解する[冤枉]324
こぎ出す[划]122
呼吸する[呼吸]121
こぐ[划]122
告訴する[告]106,107
克服する[克服]169
凍える[冻]66
心ゆくまで楽しむ[畅游]37
腰かける[坐]346
こする[磨]189[揉]223
答え合わせをする[对]71
答える[答]54[回答]128[解答]155
こだわりがある[讲究]147
ご馳走する[请]214
ご馳走になる[吃]42
ご馳走を出す[改善]101
ごちゃ混ぜにする[翻]80
ごちゃ混ぜになる[融]223
こっそり教える[透露]271
こっそり持ち出す[偷]270
ごった返す[转]340
固定する[固定]113[架]139
ことばが出る[说]248[讲]146
断る[拒绝]161[推辞]274

こなす[做]347
こねる[揉]223
コピーする[复印]97,98[印]320
こぼす[弄]193[碰]203
こぼれる[溅]144[洒]224
混み合う[挤]135
こもる[躲]73
誤用する[用]322
こらえる[忍]221
来られる[过]117
こりごりだ[受]242
孤立する[孤立]112
凝る[讲究]147
凝るようになってきた[讲究]147
転がり落ちてくる[滚]116
転がる[滚]116
殺す[毒]68[杀]227
転んでけがする[摔]245
怖い[吓]291
壊す[刺激]52[毁]129[闹]191[弄]193[骑]209[摔]245
壊れる[毁]130

さ

サークル活動をする[活動]133
再会する[聚]161
催促して返済させる[催]52
催促する[催]52
栽培する[培育]201
採油する[采]32
再利用する[利用]177
さえぎる[挡]59[遮]334
さえる[清醒]214
差がある[差]35
探し回る[找]332
探し求める[探索]256
探す[挑]263[找]332

下がる[降]147[降低]147[披]204[退]276[下降]291
削減する[压缩]312
削除する[删]227
探る[摸]189
避ける[避]25[躲]73[绕]220
下げる[撤]38[低]62[降]147
支える[顶]65[扶]95[架]139[维持]283
捧げる[贡献]110[献]293
差し込む[塞]225[射]231,232
差し出す[伸]232
さす[插]34
刺す[刺]51
指す[指]337
差す[点]63
さする[揉]223
誘う[约]325
撮影する[拍]195
去って行く[走]343
里帰りする[探]255
さび付く[锈]307
さびる[锈]307
サボる[逃]258
様になる[装]341
さらう[捞]174
さらけ出す[端]69
去る[退]276
騒ぐ[吵]37[闹]191
さわる[摸]189
参加する[参加]32,33
散会する[散]226
残業する[干]106
惨敗する[输]243
散髪する[理]175

し

試合をする[赛]225
仕上げる[突击]271
飼育する[喂]283

仕送りする[供]108
しおれる[谢]302
仕掛ける[设]231
叱る[骂]185[批]204[批评]205[说]247[训]310
しきる[隔]107
敷く[垫]63[铺]207
刺激する[刺激]52
自己紹介する[认识]222
仕事をする[工作]109[作]346
自己批判する[检讨]143
視察をおこなう[考察]168
指示する[吩咐]89
指示を仰ぐ[请示]215
沈む[沉]39[落]184
静める[镇定]334
下を向く[低]62
試着する[试]239
質屋に入れる[押]311
失脚する[打]55
実現する[实现]238[做]348
実験していく[试验]239
実験する[实验]239
実行していく[实行]238
実施する[实施]237,238[实行]238
実習する[实习]238
じっとする[蹲]72
失敗する[闹]191[失败]237
質問する[问]285
しでかす[干]105
指摘する[批判]204
指導する[领导]181
しとめる[打]195
死ぬ[死]249[治]338[牺牲]288
しのぐ[对付]71
支配する[控制]170
支払う[付]96[交]148
縛る[捆]171[拴]246

自分のことばで話す[复述]96
しぼり出す[挤]136
しまい込む[埋]185[收藏]240
しまう[放]85[收藏]241
しまっておく[存]53
閉まらなくなる[关]115
閉まる[关]115
しみ込む[渗]234
示す[显示]292
締め出す[排斥]196
締める[戴]58[拧]192
閉める[盖]102[拧]192
しめる[杀]227
しゃがみ込む[蹲]72
しゃがむ[蹲]72
釈放する[释放]239
しゃべる[说]248
邪魔する[干涉]103
ジャンプする[跳]265
収穫する[采]32[收]240
集金する[收]240
集合する[集合]134,135
収集する[收集]241[搜集]
  250,251
修正する[纠正]159[修改]305
  [修正]307
修正をへて完成する[改]99
渋滞する[堵]69
渋滞に巻き込まれる[堵]69
集中する[集中]135[突击]271
シュートを決める[踢]259
  [投]270
修理する[收拾]241[修]
  304,305
終了する[进行]158
修業する[锻炼]70
祝賀行事をおこなう[纪念]
  138
縮小する[缩小]251
熟睡する[沉睡]39

熟練する[耍]245
出身だ[毕业]25
出題する[出]44
出発する[出发]45
出版する[出版]44,45
需要がある[需要]307
竣工する[盖]102[修建]305
殉死する[牺牲]288
順番が回ってくる[轮]183
準備が済む[安排]17
準備ができる[准备]341,342
準備する[布置]30[预备]
  323,324[准备]341,342
背負い込む[背]23
上映する[放映]87
上演する[演]315[演出]315
紹介する[介绍]157
消化する[消化]297
乗車する[坐]346
小食だ[吃]42
勝訴する[告]107
招待する[邀请]316,317
承知しておく[承认]41
消費する[消耗]297
丈夫になる[锻炼]70
食事をする[吃]42
所属する[分布]89
処分する[处分]46,47[处理]
  47
署名する[签]210
処理する[处理]47[应付]321
知らせる[通知]268,269
調べていく[办]20
調べてわかる[审查]234
調べる[查]34[检查]142[了
  解]180[审查]234[探]255
知り合う[接触]152[认识]222
知れ渡る[公开]109
しわだらけになる[弄]193
死をとげる[牺牲]288

侵害する[侵犯]213
審査する[审查]233,234
進出する[走]344
人事不省に陥る[昏迷]132
信じる[信]302
浸水する[淹]312
申請して認められる[申请]
  233
申請する[申请]233
親戚だ[攀]197
新調する[添]262
心配だ[愁]44
侵犯する[侵犯]213
信服する[服]95
辛抱する[忍受]221
進歩する[提高]260
信用する[信]302
信頼する[靠]168
尽力する[致力]338

す

吸いあげる[抽]44
水害に遭う[淹]313
推薦する[推荐]275
スイッチを切る[关]115
吸う[吸]288
据え付ける[架]139
スキーに行く[滑]123
スキーを始める[滑]122
好きになる[爱]17[喜欢]290
過ぎる[流]182
救い出す[救]160
すくう[捞]174
救う[救]160
スケートをする[滑]122,123
過ごす[过]117
すし詰めになる[挤]136
進む[进行]158
進める[开展]164
薦める[推荐]276

357

進んでやる[冲]43
すっきりさせる[清醒]214
捨てる[倒]60,61[丢]65[废]88[抛]198[扔]222
スパイクする[扣]170
スピードを出す[行驶]303
ずぶ濡れになる[淋]180
滑りおりる[滑]122
滑り込む[滑]122
済ませる[结]153
スマッシュする[扣]170
住む[住]339
済む[办]21
ずらす[错]53
すり落とす[刮]113
すりむく[剐]114
する[划]122[输]243[做]347,348
座ったばかりだ[坐]346
座る[坐]346,347

せ

正解する[算]251
制御する[控制]170
制限する[控制]170[限制]293,294
成功する[成]40
生産する[生产]235
生存していく[生存]235
生存する[生存]235
贅沢をする[享受]295
成長する[成长]41
せいにする[怪]115[归咎]116
制約を受ける[限制]293
整理する[理]176[收拾]241[整理]336
成立する[成立]40
整列する[排]196
背負う[背]23
背負って行く[背]23

背が伸びる[长]331
せきが出てくる[咳嗽]169
せき込む[喘]49
せきたてる[催]52
責任を負う[负责]98
責任を取る[负责]98
せきをする[咳嗽]169
接客する[会客]131
設計する[设计]232
接見する[接见]153
雪辱を期す[赢]320
接待する[接待]152[招待]331,332
切断する[截]154
設置する[分布]89
設定する[调节]264
窃盗する[抢]212
説得する[劝]218
説明する[讲]146[交代]149[解释]156[介绍]157[描写]188[说]247[说明]249[形容]303
絶滅する[消灭]298
節約する[节省]154[省]236
設立する[成立]40[创立]50[设]231
背伸びをする[翘]212
世話をする[伺候]51,52[照顾]333
選出する[选]309
煎じる[煎]140
洗濯をする[洗]289

そ

増加する[加]138
総括して盛り込む[概括]102
総括する[概括]102[总结]342
送金する[寄]137
遭遇する[遭]327
操作する[操作]33

創作する[创作]50
掃除する[打扫]56[扫]226
装飾する[布置]30
創設する[创立]50
想像する[想像]295,296
相談する[商量]229
相当する[抵]62
削ぐ[分散]92
束縛する[束缚]244
組織する[组织]345
注ぐ[灌]116[倾注]214[献]293
育つ[成长]41[生长]236
育てる[培养]200[培育]201[喂]284[养]316
卒業する[毕业]25[读]68
続行可能だ[实施]237
袖まくりする[挽]280
備える[防]83
その通りだ[说]248
そのままにする[锁]252
背く[违背]282[违反]283
背ける[转]340
染める[染]219
そらす[移]317
剃る[刮]113
揃う[聚]161[买]186
揃えて置く[顺]247
揃える[并]28,29[供]108[收集]241[顺]247[预备]323[准备]341
損をする[赔]200

た

ダイエットする[减肥]142
対応する[办]21[对付]71[接待]152[应付]321
退学する[退]276
滞在する[停留]267[住]339
対策を立てる[预防]324

対処する[応付]321
抱いてあがる[抱]23
大変な目にあう[害]118
対立する[対立]72
耐え抜く[忍]221
耐える[吃]42[顶]64[忍]221
　[受]242[挺]268
倒す[弯]279
倒れる[病]29[倒]60[刮]113
高いレベルに達する[学]310
高くなる[上升]230
抱き合う[抱]23
抱きあげる[抱]23
抱きしめる[抱]23
たくしあげる[卷]161
足す[加]138[贴补]266
出す[变]26[出]44[发]75[供
　给]109[供应]109[交]148
　[拿]190[弄]193[派]196
　[伸]232[生产]234[探]255
　[提]259[贴]265[奏]344
助ける[扶]95[救]160[拉]172
　[贴补]266
尋ねる[打听]57[问]285
たたく[砸]327
正す[纠正]159
漂う[飘]206
漂って行く[漂]205
立ちあがる[动员]66[发动]76
断ち切る[断]70
立ち止まる[站]330
立ち直る[恢复]127
建ち並ぶ[修建]305
たつ[放]85[隔]107[过]117
　[泡]199
立つ[站]330
抱っこする[抱]23
脱獄する[逃]257
脱線させる[扯]38
立て替える[垫]63

立てかける[靠]169[立]176
立てる[插]34[立]176[设计]
　232
建てる[建]144[建造]146[建
　筑]146[修建]305
たどり着く[爬]195
棚上げにする[抱]277
棚おろしをする[盘]197
楽しむ[玩儿]280[享受]295
　[欣赏]302
頼む[求]215,216[托]277
旅をする[旅行]183
食べさせる[喂]284
食べつくす[吃]41
食べてみる[吃]41
食べる[吃]41,42
騙し取る[骗]205[赚]340
騙す[骗]205
溜まる[郁结]324
試す[试]239[实验]240
ためらう[犹豫]323
ためる[存]53[攒]327
保つ[维持]283
堕落する[堕落]74
だるくなる[站]330
誰も困らない[拿]190
たれる[垂]51
探求する[探索]256
団結する[团结]273
断水する[断]70
担保にする[押]311

ち

チェックする[盘]197[审查]
　233[挑]263
近付く[挨]17[划]122[靠]168
　[离]175[走]343
力仕事をする[劳动]175
力になる[协助]299
力を合わせる[配合]201,202

ちぎる[揪]159
蓄積がある[积累]134
蓄積する[积累]134
遅刻する[迟到]42,43
縮まる[拉]172
縮む[抽]44[缩]251
着手する[动]65
着陸する[降]147
注意する[提醒]261
仲裁する[劝]218
注文する[点]62
調査する[考察]168[了解]180
調整する[调整]264
調節する[调节]264
貯金する[存]53
直立不動だ[站]330
散らかす[扔]222
ちらちらする[闪]228
散る[谢]301
鎮火する[灭]188

つ

追加する[补充]29
付いてくる[陪]200
費やす[消耗]297
通行する[走]344
通訳する[翻译]81
通用する[行]303[应用]321
使い切る[用]322[消费]297
遣い切る[花]121
使い果たす[消耗]297
遣い果たす[折腾]334
使う[消费]297[用]322
遣う[花]122[消费]296
捕まえる[捉]342
つかまる[拉]172[抓]339
捕まる[抓]339,340
つかむ[拉]172[摸]189[抓]
　339
漬かる[腌]313

疲れが取れる[歇]299[休息]306
付き合いがある[打]56
突き動かす[动]65
突き刺さる[刺]51
つく[搞]106「闪烁]228[烧]230
付く[跟]108[粘]329
着く[攀登]197
つぐむ[闭]24
作りあげる[树立]244
造りだす[建造]146
作り話だ[编]25
作る[抽]44[捏]192[拼]206[烧]230[搣]254[修筑]307[造]328[做]347,348
つくろう[补]29
付け加える[加]138
付け足す[添]262
つける[并]28[点]62[钉]64[浸]157
付ける[缝]94[裹]116[记]136[扑]207
漬ける[泡]199[腌]313
都合が悪い[约]325
伝えていく[传]48
伝えられてくる[传]48
伝える[传]48[传达]49[反映]83[交代]149
伝わってくる[传]48
伝わる[表达]27[传]48,49[带]58
続く[继续]138[通]268[拖]277[延续]314
続ける[保持]22[搞]106
突っ込む[钻]345
突っ込んで行く[闯]50
包む[包]21[裹]116
勤める[干]106
つながる[打]55[接]151,152

[连]177[连接]177[联系]178
つなぎ合わせる[拼]206
つなぐ[穿]48[接]152[连]177[拴]246
つねる[捏]192
つぶす[麻烦]185[杀]227
詰まる[塞]225
積みあげる[堆]71
摘み取る[摘]328
摘む[采]32[摘]328,329
積む[堆]71
詰め込む[塞]225
詰める[挨]17
釣り合う[攀]197[配]201
吊りあげる[吊]63[抬]253
釣る[钓]63
つるす[吊]63[挂]114
連れ出す[领]180
連れて帰ってくる[领]181
連れて帰る[带]58
連れて出かける[带]58
連れて入る[拉]172

て

出会う[遇]323
提供する[供给]109[提供]260
提携する[合作]120
締結する[签订]210
停止する[旋转]308
提出する[交]148
提唱する[提倡]260
泥酔する[喝]119
停泊する[停]267
出かける[出去]45
手が込む[做]348
手が届く[够]111
手が回る[招待]332
できあがる[建造]145[配]201
適応する[适应]240

溺死する[淹]313
できている[拍]195[造]328
できる[建]144[建立]145[交]148[轧]312
テストがある[考]168
テストする[考]168
テストを受けてくる[考]167
でたらめを言う[胡说]121
撤退する[撤]38
出て行く[走]343
出てくる[出来]45[走]343
手直しする[修改]305
手に入れる[拿]190[搜集]250
手に負えない[惹]220
テニスをする[打]56
手に取る[拿]190
手配する[安排]17
手放す[离]175
出番だ[轮]183
出迎える[迎接]320,321
手元に残る[挣]337
照らす[照]333
出る[出]44[出来]45[发]75[离]175[露]183[跑]198[上]229[下]290[走]342,343
手を出す[搭]54[吸]288
手をつく[扶]95
手を伸ばして取る[掏]257
展開する[开展]164
点検する[点]63[检查]142
伝言する[转告]340
点在する[散布]226
纏足する[裹]117
伝達する[反映]83
点滴する[输]243
転入してくる[插]34
転売する[炒]38
点滅する[闪烁]228
転落する[翻]80

と

統一する[统一]269
倒壊する[塌]253
動悸が激しい[跳]265
統計が出る[统计]269
統計を取る[统计]269
投稿する[投]270
どうしても[免]187
同情する[可怜]169
到着する[开]163
どうってことない[算]251
導入する[应用]321
動揺する[动摇]66
どうりで[怪]115
討論する[讨论]258
通す[穿]48[透]271
通って行く[绕]220
通り過ぎる[错]53[开]163
通る[穿]48[行驶]303[修]305
 [走]343[钻]345
とかす[梳]242,243
どかす[挪]194
とがめる[怪]115
ドキッとする[吓]290
とぐ[磨]189
どく[让]219
独立する[独立]68
溶け込む[融]223
解けてくる[放松]86
とける[化]123
解ける[消除]296
閉じ込める[锁]252
閉じる[闭]24[合]119
トスする[托]277
嫁ぐ[嫁]140
取ってある[留]182
取っている[保存]22
取っておく[保存]22[保留]22
 [留]182

取ってくる[拆]35[拉]172
突入する[闯]50
突破する[闯]50[杀]227
届く[传]49[够]111[寄]137
 [收]240
届ける[送]250
整う[顺]247
整える[完善]280
留まる[停留]267
飛ばす[发射]77[踢]259[跳]
 264[扬]316
飛びあがる[跳]265
飛び越える[跳]265
飛び込む[冲]43[闯]50[扑]
 207[跳]264
飛び去る[飞]87
飛び付く[扑]207
飛び出る[溅]144
飛び乗る[跳]265
飛ぶ[飞]87,88
止まる[停]267[停留]267[站]
 330
止める[挡]60[截]154[拦]173
 [停]267
ともす[点]62
取りあげる[孤立]112[提]259
取り入れる[融]223[吸收]
 288,289[引]319
取り替える[换]126
取り囲む[包围]21[围]282
取り消す[取消]217
取り込む[收]240
取り壊す[拆]35
取り出す[摸]188,189[拿]190
 [取]216[掏]257
取り付ける[安装]18
取りに行く[取]216
取り除く[除]46[清除]
 213,214
取りはずす[卸]301

取り戻す[夺]73
取る[得]61[递]62[揭]152
 [抢]211[请]214
採る[采]32[捉]342
摂る[补]29
撮る[拍]195[照]333
トレーニングする[锻炼]70
 [训练]310
飛んで行く[飞]87[射]232

な

ないがしろにする[忽视]121
泣いて目がはれる[哭]171
ないまぜにする[混]132
直す[改]99[修]305
治る[调整]264[治]338
流す[冲]43
仲違いする[闹]191
眺める[望]281
流れ込んでくる[灌]116
流れてくる[漂]205
流れるようにする[掏]257
泣く[哭]171
鳴く[叫]151
なくす[丢]65[赔]200[丧失]
 226[消灭]298
なくなる[丢]65[消除]296[消
 失]298
亡くなる[过去]117[牺牲]288
投げ捨てる[扔]223
投げる[抛]198[扔]223[套]
 258
なだめる[劝]218
捺印する[盖]102
納得する[想]294,295
習う[练]178[学]309
鳴らす[放]85
並ぶ[摆]20[排]196
並べる[摆]19[摊]254
鳴りっぱなしだ[响]294

なる[编]25[变]26[成]40[当]59[得]61[化]123[汇]130[结]151[养]316[作]345
鳴る[叫]151[敲]212
なれなれしくする[套]258
慣れる[适应]240[洗]289
縄跳びをする[跳]265
何でもない[算]251
何とも言えない[拿]191

に

似合う[配]201
においがする[闻]285
においでわかる[闻]284
握り締める[握]286[攥]345
握る[捏]192[握]286
憎む[恨]120
逃げ出す[溜]181
逃げる[躲]74[跑]199[逃]257
入荷する[进]157
入浴する[洗澡]290
煮る[煮]339
人気がある[欢迎]125
任期が切れる[当]59
認識する[认识]222

ぬ

縫い付ける[缝]94
縫う[缝]94
脱がす[脱]277,278
抜く[拔]19[放]85
脱ぐ[脱]277,278
抜け落ちる[掉]64
抜け出す[溜]181
抜ける[穿]47[脱]278
盗む[偷]270
濡らす[喷]202
塗る[抹]189[染]219[上]230[刷]244[涂]272
濡れる[浸]157[淋]180

ね

ねじ曲げる[歪曲]279
寝過ごす[睡]246
寝そべる[躺]256
寝たきりだ[躺]256
根付く[扎]328
熱だ[发烧]77
寝まくる[睡]246
眠る[沉睡]39[睡]246
寝る[睡]246
練る[考虑]168
燃費がよい[费]88

の

逃す[错]53[独立]68
残す[保留]22[留]181,182[剩]236
残る[留]182[欠]211[剩]236
のぞく[露]183
ノックする[敲]212
のどを通らない[吃]42
ののしる[骂]185
伸ばす[伸]232,233[抵]268
延ばす[推迟]274[拖]277
伸びる[伸]232,233[挺]268
延びる[延长]313
述べる[发表]76[交代]149
上る[上]229
昇る[升]234
登る[爬]195[攀]197[攀登]197
飲み込む[吞]276[咽]315
飲み屋に入る[喝]119
飲む[吃]41[服]95[喝]118,119
乗り遅れる[误]286
乗り換える[换]126
乗り込む[坐]346
乗り過ごす[坐]346

乗る[骑]209[上]229[走]343[坐]347
のんびりする[放松]86

は

把握する[理]175
パーマがとれる[烫]257
パーマをかける[烫]257
廃止する[取消]217
排斥する[排斥]196
配属する[分配]91,92
配達する[送]250
入って行く[参加]33[闯]50[打]55[拐]114[走]344
入ってくる[进]157[透]271
入ってもらう[请]214
倍になる[翻]80
排便する[拉]172
入り込む[打]54
入る[进]157[跨]171[採]223[渗]234[套]258[走]343
配列する[布置]30
はう[爬]195
生えてくる「牛长]235
はおる[披]204[套]258
破壊する[冲]43
はがす[揭]152[撕]249
測ってみる[试]239
バカにする[看]166
バカになる[呆]57
測る[测]33[量]179
量る[称]39
吐き出す[吃]41[吐]273
掃き出す[扫]226
吐き散らかす[吐]272
はく[穿]48
吐く[吐]272,273
掃く[扫]226
拍手が起こる[鼓掌]112
拍手する[鼓]112[鼓掌]112

暴露する[揭露]153
派遣する[派]196
運び出す[搬]20[拉]172
運ぶ[带]58[端]69[扛]167
　[抬]253,254[挑]263[运]
　325
挟む[插]34[夹]139
走って行く[跑]199
始まる[举行]160[开演]164
始める[搞]106
走り回る[转]340
走る[开]163[跑]199[骑]209
　[行驶]303,304[走]344
はずす[解]155[摘]328
パスする[传]49[过]117
果たす[尽]157
はためく[飘]206
働きかける[动员]67
働きをする[工作]110
働く[工作]110[劳动]175
鉢合わせする[撞]341
発揮する[发挥]76[释放]239
はっきりさせる[明确]188
　[弄]193
はっきりしてくる[明确]188
はっきりする[比]24[表示]27
罰金でとられる[罚]80
バックする[倒]61
発見する[发觉]76[发现]78
発言する[发言]79
発行する[补]29[发行]78,79
発酵する[发]75
発散する[撒]224
発射する[发射]77
罰する[罚]80
発生する[发生]78
発送する[发]75[送]250
発展してくる[发展]79
発展する[发展]79
発熱する[发烧]77

発表する[发表]75[发言]79
　[公布]108[宣布]308
発明する[发明]77
話し合う[会谈]131[商量]229
　[讨论]258[协商]299
話が合う[说]248
話しかけてくる[搭]54
話が付く[协商]299
話し出す[扯]38[谈]254
話になる[提]259
話に花が咲く[谈]254
話の中に引きずり込む[编]25
話をそらす[扯]38
放す[撒]224
話す[复述]97[讲]146[交流]
　150[聊]180[说]248[谈]255
　[通]268
放つ[发]75
離れて行く[离]175
離れ離れになる[分别]89[分
　离]91
離れる[离]175
花輪にする[穿]47
跳ね返る[弹]255
はねる[带]58[溅]144[翘]212
はまり込む[陷]292
はまる[吸]288[陷]292,293
はめる[戴]58,59
早死にする[死]249
払い落とす[抖]67
払う[付]96
腹が立つ[气]210
ばらまく[散布]226
バランスを取る[摆]19
バリカンを使う[推]273
貼り出す[贴]265
貼り付ける[贴]265[粘]329
張る[挺]268
貼る[贴]265
はれる[肿]338

反映する[反映]83
挽回する[挽救]281
反撃する[反击]82
反抗する[反抗]82
晩餐会がおこなわれる[吃]42
繁殖する[繁殖]81
繁殖に成功する[繁殖]81
反省する[检讨]143
反対する[反对]82
判断する[判断]198
判断を誤る[判断]198
番になる[轮]183
搬入する[搬]20

ひ

冷える[冻]66
被害がひどい[破坏]207
比較する[比]24
ひかれて死ぬ[轧]312
引かれる[通]268
引きあげる[提高]260
引き裂く[分裂]91[撕]249
引き出す[勾]110[取]216
引き継ぐ[交代]149
引き付ける[吸引]289
引き止める[揪]159[留]182
　[拖]277
引き取る[接]151
引き延ばす[拖]277
引き離す[拉]172
引く[查]34[减]141[通]268
　[引]319
弾く[拉]172[弹]255
びくともしない[吓]291
飛行機で向かう[飞]88
ビザが下りる[批]204
浸す[浸]157
引っかく[抓]340
引っかける[剐]114
びっくりする[吓]291

引っ越しが済む[搬]20
引っ越してくる[搬]20
引っ越す[搬]20
引っ込める[缩]251
引っ張って行く[揪]159
引っ張ってくる[拉]172
引っ張り出してくる[翻]80
引っ張り出す[揪]159[拖]277
引っ張る[扯]38
否定する[否定]94
ひどい目にあう[骗]205
一言で言う[概括]102
一仕事終える[劳动]175
人違いだ[认]222
1つにする[统一]270[并]28
1つになる[合]119
ひねる[扭]193
批判する[批判]204,205
響き渡る[响]294
病気になる[憋]28[病]29
表現する[表现]28[描写]188
　[体现]262
表示する[标]26[显示]292
描写する[交代]149
病状が重い[病]29
表彰する[表扬]28[奖励]147
表装する[裱]26,27
表明する[表达]27[表示]27
拾う[拣/捡]141[拾]237
広がる[打]55[展现]329
広げる[摊]254
拾って行く[拾]237
広まる[传]48[传播]49[散布]
　226
広める[推广]275

ふ

封鎖する[封锁]93
封をする[封]93
増える[添]263

深く立ち入る[深入]233
深く掘り下げる[深入]233
吹きあげる[扬]316
吹きかける[喷]202[撒]224
不規則だ[安排]17
吹き出す[喷]202
吹き飛ばす[吹]51[卷]161
拭き取る[擦]31
吹き抜ける[吹]50
普及する[传播]49[普及]208
　[推广]275
吹く[吹]51
拭く[擦]31[抹]189[拖]277
復習する[复习]97
複製が済む[复制]98
複製する[复制]98
服用する[吃]42[服]95
膨れあがってくる[膨胀]202
ふさがる[封]93
ふさぐ[堵]69[塞]225
防ぐ[防]83[防止]84
伏せる[趴]195[卧]286
不足する[缺]218
ぶち壊す[捅]269
ぶちまける[吐]272
ぶつかってけがをする[砸]
　327
ぶつける[碰]203
太る[长]331
踏み出す[踩]32
踏む[踩]32[踏]253
ふやけて柔らかくなる[泡]
　199
増やす[发展]79
振りあげる[甩]245
振りほどく[挣]336
振り向く[回]127[转]340
ふりをする[装]341
プリントする[印]320
振る[挥]126[要]245[摇]317

降る[下]290
奮い立たせる[鼓]112[鼓动]
　112
振るう[砍]165
震えがおさまる[哆嗦]72
震え出す[颤抖]35[哆嗦]72
震える[颤动]35[哆嗦]73
振る舞う[理]175
触れる[碰]203
分解して壊す[拆]35
分解する[分解]90[卸]301
分割する[分割]90
分散する[分散]92
扮する[演]315
分析して導き出す[分析]92
分析する[分析]92
分担する[分工]90
分担を決める[分工]90
踏んで壊す[踩]32
奮闘する[奋斗]93
分配する[分配]91
分与される[划]123
分離する[分离]91[划]123
分裂する[分裂]91

へ

へこむ[塌]253
別々にする[分]88
減らす[减少]143
減らず口をたたく[要]245
減る[少]231[减少]143
勉強する[读]68[学]310
便宜をはかる[提供]261
変更する[变]26[改]99[改变]
　100
返済する[还]125
弁償する[赔偿]200
返信する[回]127
編成しなおす[改编]99
編成する[改编]100

返品する[退]276
変貌する[変]26

ほ

放棄する[放弃]86
縫合する[缝]94
報告する[反映]83[告]107[汇报]130
縫製する[缝]94
放置する[积压]135
放っておく[抛]198
報道する[宣传]308
訪問する[访问]84
放り出す[抛]198[甩]245
ほえる[吼]120
ボーッとする[呆]57
ボート遊びをする[划]122
牧畜する[养]316
補講をおこなう[补]29
保持する[保持]21
補習する[辅导]96
補充する[补]29[补充]30
干す[晾]179[晒]227
補足する[补充]30
補足説明する[补充]30
保存する[保存]22[存]52
ほったらかしにする[蹲]72[扔]222
没頭する[深入]233
ほどく[解]155
程遠い[差]35
ほめ出す[夸]171
ほめる[表扬]28[称赞]40
保留する[保留]22
彫る[刻]169
掘る[掏]257[挖]279
彫るのに失敗する[刻]169
ほろほろだ[破]207
翻訳する[翻]80[翻译]81[译]318

ま

舞いあがる[扬]316
舞い落ちてくる[飘]206
舞う[飘]206
前倒しにする[提]259
前に出る[站]329
任せる[包]21[交]148
曲がる[拐]115
巻きあげる[卷]161
巻き戻す[转]340
紛らわしい[搞]106
紛れ込む[混]132
まく[喷]202[泼]206[洒]224[撒]224[甩]245
巻く[挂]114[卷]161[绕]220[围]282
まくりあげる[挽]280
まくる[挽]280
負ける[输]243
曲げる[歪曲]279[弯]279
マスターする[学]309
混ぜる[对]71[搅]150
またがる[跨]171[跳]265
間違う[唱]36[拿]190
間違える[错]53[答]54[当]60[作]346
待ち焦がれる[盼]198
待ちに待った〜が来る[盼]197,198
待ちぼうけをくわせる[蹲]72
待つ[等]61,62[盼]198
真っ赤になる[泡]199
マッチする[配]201
まとめる[概括]102[汇集]130[总结]342
学ぶ[学]309
間に合う[赶]103
招き入れる[迎]320
まねる[模仿]189[学]309

瞬きをする[眨]328
守り通す[坚持]140
守る[保护]22[守]242[维持]283
迷う[动摇]66[拿]190
丸まる[卧]286
回す[抖]67[绕]220[旋转]308[转]340

み

見える[看]165,166[望]282[显]292
見送る[送]250
見落とす[放]84
味覚を体験する[尝]36
味方だ[站]330
見事だ[修建]305
見込む[看]165
水をまく[浇]148
水をやる[浇]148
見せつける[表現]28[显示]292
満たす[填]263
見た目は〜だ[看]165
見つかる[得]61[捞]174[挑]264[选]309[找]332
見つける[查]34
見て楽しむ[看]165
見て回る[检查]142
見通す[估计]111
認める[承认]41[批]203
見直す[对]71
身に付く[练]178
身に付ける[巩固]110
見抜く[看]165
見逃す[误]287
耳かきする[掏]257
耳に入る[传]48[打听]57
見破る[看]165
見る[看]165,166,167[望]282

見分ける[分]88
見渡す限り[望]282
身をもって知る[体会]262

む

迎えに行く[接]152
迎える[迎]320[迎接]321
むく[削]296
向く[回]127
むくむ[肿]338
向ける[照]332
向こうに渡る[挤]136
蒸しあがる[蒸]335
無視する[忽視]121
無実の罪を着せる[冤枉]324
蒸す[蒸]335
結び付ける[結合]154
結ぶ[連]177[签订]210[梳]242
無駄遣いする[費]88
無駄にする[浪費]174
無駄になる[廃]88

め

目新しい[設計]232
明確にする[明確]188
目が合う[碰]203
目隠しする[蒙]187
目が覚める[睡]246[醒]304
めぐってくる[等]61
めぐり合う[遇]323
目障りだ[看]166
めちゃくちゃにする[毀]130[揽]150
めちゃめちゃになる[弄]193
目つきをする[显]292
目に入れても痛くない[捧]202
めまいがする[晕]325
目を覚ます[省悟]304

面会する[会客]131
面倒をかける[麻煩]185[辛苦]302
面倒を見る[照顧]333

も

もう1度言う[重复]43[复述]97
もう1度話す[复述]97
設ける[設]231
申し込む[申请]233
申し付ける[吩咐]89
燃え尽きる[燃烧]219
燃える[燃烧]219[生]234
潜る[潜]211
もたらす[帯]58
持ちあげる[端]70[挙]160[捧]203[托]276
持ち帰る[拿]190
持ち出す[拿]191
もつ[保持]22[対付]71[守]242[維持]283
持つ[帯]58[拿]190,191[捏]192[捧]202[提]259[托]276
もったいない[享受]295
持ってあがる[抱]23
持って行く[帯]58[抢]212[取]216
持って入る[帯]58
もてなす[招待]331
もとが取れる[划]122[賺]341
戻す[移]317
戻ってくる[回]127[賺]340
もとに戻す[恢復]127
戻る[回]127[回来]128[泡]199[绕]220[游]322
ものまねをする[模仿]189
貰う[給]107[領]181[拿]191[请]214[娶]217
漏らす[透]271[隐瞒]319

貰ってくる[娶]216
盛る[盛]40
漏れる[漏]183[散布]226
文句を言う[批评]205[怨]325

や

焼いてしまう[烧]230
焼き付く[印]320
焼く[煎]140[攤]254
訳出する[翻訳]81
訳す[翻訳]81
約束をする[說]247[約]325
火傷して水ぶくれができる[烫]257
火傷する[烫]256
焼け残る[烧]230
焼ける[烤]168[晒]227
休みが明ける[放假]85
休みがある[放假]86
休みだ[放]85[放假]86
休む[放假]86[缺]218[歇]299[休养]306[休息]306
やっていく[工作]110[維持]283
やっている[当]59
やってくる[等]62[来]173[找]332[走]343
やってみる[干]105
雇う[雇]113
破る[打]55[撕]249[违背]282
山積みになる[堆积]71
山盛りだ[盛]40
辞める[辞]51[免]187
やらかす[干]106
やり通す[坚持]140
やりとげる[干]105
やりとりをする[通]268
やる[处]46[丢]65[赶]104[干]105[交]148[理]176[应付]321[作]346

柔らかくなる[蒸]335[煮]339
和らぐ[緩和]125

ゆ

優秀だ[表現]28
優勝する[得]61[贏]320
郵送する[寄]137
Uターンする[掉]64
雪かきをする[铲]35[扫]226
輸出する[出口]45
譲り合う[让]219
譲る[让]219
ゆでる[煮]339
輸入する[进口]158
指差す[指]337
湯船につかる[泡]199
揺らさずに運ぶ[端]69
揺るがす[动摇]66
許す[饶]220
緩む[闭]24[合]119
揺れる[颤动]35[摇]317[震]334

よ

酔う[灌]116[晕]326
用意する[预备]323[组织]345
様子をうかがう[探]255
抑圧する[压迫]312[压制]312
よける[躲]73[让]219[闪]228
横たわる[卧]286
横になる[躺]256
汚れる[碰]203
よじ登る[攀登]197
予習する[预习]324
よそう[盛]40
予想外だ[意想]318
予想が付く[估计]111
予想する[估计]111
酔っ払う[喝]119
世に送り出す[培养]200

呼び集める[召集]333
呼び起こす[勾]110
呼びかける[鼓动]112[号召]118
呼び込む[宣传]308
呼ぶ[叫]151[邀请]316
予防する[防治]84[预防]324
読み取る[猜]31
読む[打]55[读]68[估计]111[看]165,166[念]191,192
嫁に行く[嫁]140
予約を取る[包]21
より分ける[分]89

り

理解する[搞]106[看]165[理解]176[体会]262
離婚する[离]175
履修する[选修]309
留置する[扣]170
両替する[破]207
利用する[利用]176,177
料理運びをする[端]70
旅行する[旅行]183
離陸する[飞]87

れ

礼儀正しい[客气]170
冷凍する[冻]66
レベルに到達する[学]310
連係を取る[联系]177
連行する[押]311
練習する[练习]178
連想する[联想]178
レンタルする[租]345
連絡する[联系]177[通知]269
連絡を取る[联系]177,178

ろ

朗読する[读]68[朗读]174[朗诵]174

わ

和解する[联合]177
分かち合う[分享]92
わかる[比]24[标]26[猜]31[懂]65[感觉]104[搞]106[看]166[了解]180[认]222[认识]222[体会]261[听]266[想]295[找]332
別れる[分别]89
わき起こる[响]294
沸く[开]163
わけがわからなくなる[说]248
分ける[分]89[划]123
患う[病]29[患]126
忘れてしまう[忘]281
忘れる[落]172[抛]198[忘]281
話題にする[说]247
渡る[过]117
笑い転げる[笑]298
笑う[笑]298,299
割り切れる[除]46
割り振る[分配]92
割る[掰]19[打]55[破]207
悪いことをする[破坏]207
悪くする[看]165

［主編者］

陳　文芷（ちん　ぶんし／Chen Wenzhi）
元日本大学教授

陸　世光（りく　せいこう／Lu Shiguang）
元天津師範大学教授，元天津師範大学副学長

［編著者］50音順

王　京蒂（おう　きょうてい／Wang Jingdi）
日本大学

鈴木秀美（すずき　ひでみ）
法政大学

中川裕三（なかがわ　ゆうぞう）
天理大学

李　琳瑩（り　りんえい／Li Linying）
天津師範大学

ネイティブ中国語──補語例解
©陳文芷，陸世光　2008　　　　　NDC820／viii, 366p／21cm

初版第1刷──2008年6月1日
　第3刷──2013年9月1日

主編者────陳文芷／陸世光
発行者────鈴木一行
発行所────株式会社　大修館書店
　　　　〒113-8541東京都文京区湯島2-1-1
　　　　電話03-3868-2651（販売部）03-3868-2290（編集部）
　　　　振替00190-7-40504
　　　　［出版情報］http://www.taishukan.co.jp

装丁者────石山智博
印刷所────倉敷印刷
製本所────三水舎

ISBN978-4-469-23248-6　　Printed in Japan

®本書のコピー、スキャン、デジタル化等の無断複製は著作権法上での例外を除き禁じられています。本書を代行業者等の第三者に依頼してスキャンやデジタル化することは、たとえ個人や家庭内での利用であっても著作権法上認められておりません。

中国関係出版物案内

中国語文法教室
杉村博文　著
A5判・306頁　本体2,600円

一歩すすんだ中国語文法
荒川清秀　著
A5判・256頁　本体2,300円

中国語学習ハンドブック　改訂版
相原茂　編著
A5判・338頁　本体2,200円

中国語学習　Q＆A101
相原茂、木村秀樹、杉村博文、中川正之　著
四六判・250頁　本体1,800円

中国語教室　Q＆A101
相原茂、荒川清秀、喜多山幸子、玄宜青、佐藤進、楊凱栄　著
四六判・250頁　本体2,200円

中国語　わかる文法
輿水優、島田亜実　著
A5判・424頁　本体2,900円

大修館書店　　　　　　　　　定価＝本体＋税　（2013年9月現在）